포스코명장

세계 최고 철강사를 만든 사람들의
불꽃 같은 도전

포스코 명장

포스코 커뮤니케이션실,
한득춘 공저

Book

머리말

24명이 아닌 2만 명 모두가 명장,
그것이 포스코의 힘

　　포스코는 우리나라, 아니 세계 철강사에서 유래를 찾아보기 어려운 성공 신화의 주인공입니다. 세계적인 철강 전문 분석 기관인 WSD가 13년 동안 연속으로 '세계에서 가장 경쟁력 있는 철강사'로 꼽을 정도입니다. 모든 성공과 실패에는 그 나름의 원인이 있게 마련입니다. 포스코의 성공에도 반드시 성공의 이유가 있을 터인데, 그것이 늘 궁금했습니다.

　　그러던 차에 포스코의 명장 분들을 만나서 인터뷰할 기회를 갖게 되었습니다. 우선은 걱정이 앞섰습니다. 짧은 만남, 불과 몇 시간의 질문과 대답 속에서 한 사람이 살아온 인생 역정을 알아낸다는 건 오만한 생각이겠지요. 아니 그들이 포스코라는 일터에서 좌충우돌하며 써 내려간 분투의 기록을 발굴해내는 것조차 힘겨운 일이었음을 고백합니다.

　　그래서 이 글을 통해 우선 인터뷰에 응해주신 명장 분들께 머리를 조아려 감사의 말씀을 전합니다. 자칫 서먹서먹해질 우려가 큰 인터뷰에서 이내 마음을 열어주시고, 성심성의껏 대해주셨기에 그나마 어려운 과정을 대과 없이 마무리할 수 있지 않았나 생각합니다.

인터뷰의 과정은 즐거운 경험이었습니다. 자신의 이야기들이 후배들에게, 동료들에게 그리고 회사에 조금이라도 보탬이 되길 바라는 그들의 진심은 인터뷰를 진행하는 저를 크게 감동시켰습니다. 그렇게 저는 그들의 이야기에 흠뻑 빠져들고 말았습니다.

어려운 기술적 설명들이 저를 곤혹스럽게 하는 경우가 많긴 했어도 명장들의 이야기는 진솔한 삶의 궤적이 고스란히 드러나는 스토리였기에, 듣고만 있어도 흐뭇해지는 행복한 시간이었습니다. 그렇게 이야기 듣는 재미에 푹 빠져 정해진 시간이 훌쩍 넘어버리는 통에 미리 준비해 간 질문들을 다 풀어놓지도 못한 경우조차 있었습니다.

그런데 딱딱할 수밖에 없는 명장들의 이야기에 왜 그렇게 빠져들 수밖에 없었을까? 되짚어 보면 그것은 '삶에 대한 진지함' 때문이 아니었을까 감히 짐작해봅니다. 그들의 이야기에 귀를 기울이다 보면, 명장은 역시 명장이구나 하고 실감하게 됩니다.

또 인터뷰를 진행하면서 깨닫게 된 것 중 하나는 '명장이 되는 길은 하나의 길만은 아니구나' 하는 점이었습니다. 명장마다 자신만의 방식이 있었습니다. 예를 들면 뭔가 해결해야 할 과제가 생기면 그 뿌리까지 탐구하는 — 어떻게 보면 저렇게까지 할 필요가 있을까 싶을 정도로 — 그런 집요함을 지닌 이도 있었고, 주변 사람들의 의견이나 돌아가는 상황들을 폭넓게 받아들여 자신만의 것으로 녹여내는 포용력을 자랑하는 이도 있었습니다. 그러나 모든 명장에게 공통되는 단 하나의 요소, 그것은 결코 포기하지 않는 끈기, 그것이었습니다.

또 한 가지 '이건 정말 포스코가 자랑할 만하구나' 싶었던 것이 있다면 — 명장들이 한결같이 입을 모아 자랑한 것이기도 한데 — 도전을 용인하는, 아니 권장하는 문화였습니다. 명장들의 이야기를 들어보면 '아니 어떻게 저런 비싼 설비를, 고쳐본 경험도 없는 이에게 한번 해보라며 맡기지? 그러다가 잘못되기라도 하면 그 엄청난 손해는 어떻게 감당하나?' 하는 걱정 아닌 걱정이 될 지경이었습니다. 그런데 포스코의 현장에서는 그러한 과감한 도전이 일상적으로 이루어지고 있었습니다. "도전 없이는 성과도 없다." 좋은 말이지만 실제로 적용하긴 쉽지 않은 명제이기도 한데, 도전을 권장하는 문화는 오늘의 포스코를 낳고, 명장들을 배출해낸 게 아닌가 생각하게 됩니다.

도전을 권장하는 문화가 도전하려는 의지를 지닌 이들과 만나 이루어낸 상승효과. 그 다채롭고 아름다운 문화적 컬러를 이번 인터뷰를 통해 다 기술해내지 못한 것은 순전히 작가의 역량 부족 탓임을 밝혀두며 제가 제일 아쉽게 생각하는 부분이기도 합니다. 여기 싣는 글들이 명장들의 성과와 삶의 폭넓은 스펙트럼을 충분히 드러내지 못했다면 이 또한 저의 책임입니다. 독자 여러분의 해량을 구합니다.

이렇게 스물네 명 명장과의 만남을 마치던 날, 저는 드디어 포스코 성공 신화의 이유를 발견한 게 아닌가 하는 생각이 들었습니다. 포스코를 움직이는 힘, 그 힘은 현장에서 답을 찾도록 지원하는 현장 중시 경영, 그 중심에 명장들의 열정이 더해졌다는 생각입니다. 그런데 그게 다가 아니었습니다. 명장은 이들 스물네 명만이 아니었던 것입니다. 눈에 띄지 않는 현장 곳곳에 또 다른 명장들이 활약하고 있었습니다. 무려 2만 명의 포스코인, 그들 모두가 명장이었습니다. 명장의 어깨 너머로 존재하는 실루엣처럼만 느껴졌던 그들. 인터뷰를 마칠 즈음 그들의 존재가 선연히 떠올랐습니다. 제철소의 고로보다 더 웅장한 그들의 존재야말로 포스코의 진정한 파워라는 것을 알게 되었습니다.

오늘 저는 고작 스물네 명을 만나고 그들의 이야기를 풀어내는 데 그치지만, 포스코인의 위대한 이야기는 여기서 멈추지 않을 것임을 확신합니다. 그래서 포스코의 신화도 영원토록 지속될 것 또한 믿어 의심치 않습니다.

바라건대 이번 인터뷰가 명장들의 피와 땀, 그리고 정성을 최대한 많이 전달할 수 있었기를 바라며, 포스코 성공 신화의 이면을 이해하는 작은 단서라도 될 수 있기를 바랍니다. 또한 이 글을 읽는 미래의 젊은 주역들이 조금이라도 자극을 받아 포스코명장을 꿈꾸며 계속 성장해나가길 희망합니다.

진심을 다해 인터뷰에 응해주신 명장님들께 이 자리를 빌려 다시 한번 감사의 말씀을 전하며, 인터뷰를 기획하고 진행을 지원해주신 포스코 커뮤니케이션실 관계자 분들께도 감사를 드립니다.

2023년 12월
한득춘

차례

머리말
24명이 아닌 2만 명 모두가 명장,
그것이 포스코의 힘 ———————————————— 4

포스코 명장

손병락 명장 ✦ 포항 EIC기술부
도전을 용인하는 문화가 저를 명장으로 키웠습니다 ——— 14

조길동 명장 ✦ 광양 제강부
나는 기록한다 고로 성장한다 ——— 30

권영국 명장 ✦ 포항 열연부
연연속열간압연기술 세계 최초 개발 ——— 46

김차진 명장 ✦ 포항 제선설비부
'설비'가 진정한 멘토, 그의 질문에 귀 기울였다 ——— 62

신승철 명장 ✦ 광양 냉연부
제품 생산도, 열정도 월드 톱 프리미엄 ——— 78

김성남 명장 ✦ 광양 EIC기술부
설비 가동음은 정비인의 심장을 뛰게 한다 ——— 94

남태규 명장 ✦ 포항 제강설비부
제강 설비 핵심 기술, 역수출 신화 쓰다 ——— 110

서광일 명장 ✦ 포항 압연설비부
상식을 뛰어넘는 엉뚱함, 위대한 전진의 씨앗이 되다 ——— 126

김용훈 명장 ✦ 광양 열연부
거듭된 기술 혁신, 포스코의 표준이 되다 —————————— 142

이경재 명장 ✦ 포항 EIC기술부
제철소 신경망을 구축한 계측제어 전문가 —————————— 158

배동석 명장 ✦ 광양 제선부
쇳물과 교감하는 뜨거운 열정의 소유자 —————————— 174

한병하 명장 ✦ 저탄소공정연구소
연주 설비 분야에서 포스코 고유의 기술을 확립하다 —————— 190

오창석 명장 ✦ 포항 제강부
우보만리(牛步萬里), 40년을 우직하게 걸어온 연속주조 기능인의 길 — 206

김공영 명장 ✦ 포항 STS제강부
격(格)이 다른 STS제강기술을 정립하다 —————————— 222

김종익 명장 ✦ 광양 압연설비부
포기를 모르는 열정으로 자동차강판 생산 핵심 설비를 책임지다! — 238

정규점 명장 ✦ 포항 EIC기술부
블랙아웃을 막아라! 제철소 전력공급 24시간 지킴이 —————— 254

이정호 명장 ✦ 포항 설비기술부
고속회전기계 그 중심에 서다 —————————————————— 270

손병근 명장 ✦ 광양 도금부
차(車)강판 도금기술 만루 홈런을 치다 ————————————— 286

김수학 명장 ✦ 포항 제선부
뜨거운 쇳물과 함께한 반평생, 내화물의 본질을 꿰뚫다 ————— 302

손광호 명장 ✦ 광양 냉연부
차트 속에서 찾은 길 기가스틸 시대 열다 ———————————— 318

이영춘 명장 ✦ 포항 후판부
포항소 건설 이주민에서 최고 후판 전문가로 —————————— 334

김제성 명장 ✦ 광양 화성부
세계 유일! 열간 상태 노체 보수 기술 확보하다 ————————— 350

이영진 명장 ✦ 포항 제강부
무결점 취련 36년, 전로 출강 작업을 자동화하다 ———————— 366

이선동 명장 ✦ 광양 제강설비부
특명! 연주 설비 수명을 늘려라 ————————————————— 382

인터뷰를 마치고
'맘껏 도전하라'는 문화가
명장을 낳고 또 길러와 ————————————————————— 398

포스코명장이란

포스코명장은 세계 최고 수준의 기술력과 인품을 겸비한 포스코 직원을 선발해 예우하는 제도로, 현장 기술인 최고의 영예이자 롤모델로 불린다. 포스코는 2015년 포스코명장 선발 제도를 신설하고, 매년 세계적 수준의 전문성과 노하우를 겸비한 현장 직원 2~4명을 선발해 포상해오고 있다.

포스코명장은 △사내 전문 분야 기술 전수 △신입사원·사내대학 특강 △협력사·고객사 설비 관리 강의 등 다양한 활동으로 회사의 기술경쟁력 향상에 기여하고 있으며, 정년퇴직 후에도 기술컨설턴트로서 기술과 노하우를 후배들에게 전수하고 있다.

포스코명장으로 선발된 직원에게는 특별 승진, 포상금 5000만 원 등의 혜택이 있으며, 명예의 전당에 영구 헌액된다.

포스코명장으로 선발되기 위해서는 포스코 기술역량 인증제도인 테크니컬 레벨(Technical Level; TL) 최고등급과, 기능장·기술사 자격, 우수한 품성과 인사고과 등의 요건을 갖추어야 한다. 탁월한 업무성과와 역량을 갖춘 직원은 담당 임원의 추천을 통해서도 후보 자격을 얻을 수 있다.

포스코는 현장 생산 기술직 직원들의 보유 기술력과 전문성, 회사에 대한 장기간 기여도, 품성 등을 종합적으로 평가하고 엄격한 예비심사와 본심사를 거쳐 포스코명장으로 최종 선발한다.

포스코명장

손병락 명장

◆ 포항 EIC기술부

"내가 더 멀리 보았다면, 이는 거인들의 어깨 위에 올라서 있었기 때문이다."

만유인력의 법칙으로 세상을 바꾼 진정한 거인, 영국의 과학자이자 수학자인 아이작 뉴턴이 한 말이다. 그토록 위대한 업적을 세운 뉴턴조차 자신의 업적은 선대의 업적이 있었기에 가능했다고 실토한 것이다. 문어도 지능이 꽤 높다고 하는데, 문어는 자신이 평생 습득한 것을 후대에 전하지 못한다. 그래서 후대의 문어는 모든 것을 처음부터 다시 시작해야 한다. 그러나 인간은 다르다. 인간은 선대의 업적을 기단(基壇)으로 삼고 그 위에 또 하나의 계단을 쌓는다. 그렇게 높은 탑을 만든다.

명장(名匠)을 만난다. 명장과의 대화를 통해 포스코 후배들이 그 명장, 거인의 어깨 위에 올라서 더 먼 곳, 더 먼 미래를 볼 수 있도록 하기 위해서이다. 처음 만나는 명장은 전기의 달인, 포항 EIC기술부 손병락 명장이다.

그의 이야기는 어린 시절 엉뚱했던 사건의 기억을 들추며 시작해보기로 한다.

전자석을 직접 만들어보다 집을 태워먹을 뻔하다

"초등학생이었죠. 과학 시간이었는데 선생님이 전자석 만드는 법을 알려주신 겁니다. 신기하더라고요. 나도 만들어봐야지 하는 생각이 들었어요. 전선을 구해다 피복을 벗기는 것까지는 좋았는데, 그 전선을 호미에 감았던 거예요. 그리고는 콘센트에 연결을 했죠. 어떻게 보면 안 죽은 게 다행이죠. 집이라도 홀랑 태워먹었으면 어쩔 뻔했나, 지금도 생각해 보면 식은땀이 납니다."

불꽃이 튀고, 얼굴에 화상을 입기까지 했다. 그런데 이 당돌한 꼬마, 이런 생각이 들더란다. '선생님은 되는데 나는 왜 안 되지?' 그와 '전기'의 인연은 이렇게 첫 단추가 꿰어졌단다. 그런 사고에도 불구하고 소년 손병락은 전기에 대한 호기심을 지울 수 없었고, 그 동경은 그의 삶의 행로를 전기 분야로 이끌었다.

6개월 걸릴 수리를 나흘 만에 성공해내다

이번엔 포스코 최고의 기능인으로서 기억나는 에피소드를 물어보았다.

"뭐니 뭐니 해도 불타서 고장 난 포항 2열연공장의 RM(Roughing Mill; 조압연) 전동기를 수리해냈던 일이죠. 2000년 어느 날, 2열연 전동기가 불타는 중대한 고장이 발생했습니다. 조업이 중단된 매우 긴박한 상황이었으니 무엇보다 신속히 수리하는 것이 중요했습니다. 전동기를 분해해서 살피고 있었는데, 과장님이 전동기를 재조립해야 한다고 급히 부르시더라고요. 알고 보니 복구 지원을 온 일본 기술자들이 한국에서는 고칠 수 없고 꼭 일본으로 가져가서 고쳐 와야 한다고 한 겁니다. 그러면서 일본으로 보낼 수 있게 다시 조립을 해놓으라고 하더군요. 그런데 고치는 데 무려 여섯 달이나 걸린다는 거였어요. 몇 가지 문제만 해결하면 우리가 수리할 수 있을 것 같아서 그 가능성을 확인해보려고 "제가 고쳐볼 테니 이틀만 여유를 주세요." 그랬죠. 그 이야기를 들은 부장님이 잠시 고민하더니 해보라고 하더라고요. 지금 생각하면 저도 무슨 배짱으로 해보겠다고 한 건지 모르겠고, 부장님은 어떤 마음으로 허락했는지 잘 모르겠습니다. 저에게 맡긴다는 게 말이 쉽지, 막상 실제 상황에서는 그런 결심하기가 쉽지 않아요. 만약 그렇게 일을 저질러놓고 못 고치면 이건 수습이 안 되는 거니까요. 그런데 우리가 수리를 시작하자 지켜보던 일본인 기술자들이 충분히 고칠 수 있다는 판단이 섰는지 고개를 끄덕이더군요. 그렇게 그 전동기를 우리가 고쳤습니다. 아까 6개월 걸린다고 했는데, 딱

명장과의 대화를 통해 포스코 후배들이 거인의 어깨 위에 올라서 더 먼 곳, 더 먼 미래를 보기 바란다.

나흘 걸렸죠." 될성부른 나무는 떡잎부터 알아본다고 하던가? 훗날 명장이 되고야 말 억척스런 기능인 손병락은 이렇게 일찍부터 대형 사고를 쳤다.

이로부터 한참 뒤인 2006년에도 손병락은 1열연 보텀 모터(bottom motor)에 문제가 생겼을 때, 또 한 번 일본 기술자들을 놀라게 했다. 그때도 그들이 일본에 가져가서 고쳐야 하고, 다섯 달은 족히 걸릴 거라며 손을 내저었지만, 그는 딱 열흘 만에 해결했다. 일본에서도 이 작업을 지켜보고 자신들의 작업 방식을 바꿨다고 한다.

도대체 이런 무모하기까지 한 도전은 어떻게 가능한 것일까?

도전을 가능케 하는 것은 위험을 감수하는 관리자의 결단

"그게 어디 저 혼자 잘나서 되는 걸까요? 생각해보세요. 설비 고장 같은 문제가 생겼을 때 제일 안전한 방식은 기존의 방식대로 하는 겁니다. 일본 기술자가 가져가서 고쳐 오겠다면 그렇게 하도록 두는 것이 사실 '안전빵'이죠. 그런데 그걸 우리가 해보겠다고 하면 엄청난 위험 부담도 함께 지는 겁니다. 그런 상황에서 저를 믿고 해보라고 맡기는 것은 정말 큰 결단이죠. 이런 도전이 가능한 것은 도전에 따르는 위험을 감수하는 관리자의 결단인 겁니다." 이 말은 손병락 명장의 겸손에서 나온 것만은 아닌 듯하다.

무엇이든 처음은 있게 마련이다. 그런데 처음이란 것은 반드시 성공한다는 보장이 없는 시도일 수밖에 없다. 아니, 오히려 실패할 확률이 더 높다. 그런데 처음이란 관문을 통하지 않고는 성장 혹은 발전이란 다음 단계로 나아갈 방법이 없다.

누구나 이런 경험이 있을 것이다. 병원에 갔는데 초보 간호사가 혈관을 찾지 못해 주사 바늘을 연달아 찔러넣으며 진땀을 뺀, 그런 경우 말이다. 물론 환자 입장에서는 내가 무슨 '실습 도구'냐며 화가 날 수도 있겠지만, 그런 미숙한 '처음'이 없다면 결국 병원에는 능숙한 간호사도, 의사도 없을 것이다.

그럼에도 불구하고 포스코에 이런 '처음'을, 이런 '위험'을 기꺼이 짊어지고 과감히 용인(容認)하는 문화가 있다는 사실이 참으로 다행이고, 또 자랑스러운 일이 아닐 수 없다.

공부를 하다 보니 실무의 원리가 눈에 들어와

그렇다고 하더라도 이런 커다란 사건에 덜컥 도전을 허락한다는 것은 역시 강한 신뢰가 없다면 어려운 일이다. 이러한 믿음을 가능하게 하는 것은 무엇일까? 그것은 바로 손병락이라는 캐릭터에 있다. 손병락은 늘 배움에 목말라하며 배우고, 익히고, 적용하는 것을 일상으로 여기는, 요즘 말로 '찐,' '진짜 기능인'이기 때문이다. 손병락 명장이 처음부터 이런 사람은 아니었다. 무슨 옛이야기에 나오는 것처럼 어려서 '사서삼경'을 줄줄 외우고, 반딧불을 등불 삼아 책을 읽을 정도로 공부에 푹 빠져 있는 캐릭터는 아니었다. 오히려 그 반대인 경우도 많았다.

우선 고등학교에 진학할 때 굳이 포철공고를 선택한 것도 당시 주변 사람들이 '공고 나오면 취직이 잘된다더라' 해서 간 것이지, '장래 큰 기능인이 되어야지' 하는 대단한 결심이 있던 것은 아니었다. 포스코에 입사한 뒤, 대졸 직원이 부러워서 방송통신대에 다닐 때도 그랬다. 전기 관련 지식이 부족함을 느꼈지만, 전기 공부가 하기 싫어 행정학과를 지원

도전에 따르는 위험을 감수하며, 미숙한 '처음'을 용인하고 격려하는 포스코의 문화야말로 명장을 키워내는 숨은 힘 아닐까?

했다. 그랬던 그가 언제부터 전기 관련 지식을 이렇게 쌓았을까?

"좀 부끄러운데, 전기라는 것을 다시 제대로 붙잡고 씨름하게 된 동기가 먹고사는 문제에 대한 고민에서 비롯했습니다. 한때 전기 등의 분야를 협력화한다는 루머가 사내에 퍼진 적이 있었는데, 덜컥 겁이 나더라고요. 이러다가 밥줄 놓치겠다 싶었죠. 그래서 전기를 다시 파기 시작했고 자격증도 허겁지겁 따기 시작했죠. 그런데 신기한 게 자격증 공부를 하다 보니 실무에서 잘 모르고 하던 것들과 새로 공부한 이론들이 아귀가 척척 맞아떨어졌습니다. 그러니까 슬슬 재미가 붙더라고요."

대장암, 용기를 준 사람들이 있어 극복해냈다 ✦

손병락 명장에게도 위기는 있었다. 아니 많았다. 그런데 그중 인생 최대의 위기가 있었으니 바로 2007년 암 진단을 받은 것이었다.

"대장암이라고 하더군요. 오진이기를 바랐죠. 요즘은 암이라고 다 죽는 거 아니다, 이렇게들 이야기도 하고, 저도 마음을 몇 번이고 다졌습니다. 그래도 암이라는 병명이 주는 무게가 대단하더라고요. 최종 진단 결과를 들으러 병원에 갔을 때 의사의 확진 판정이 어찌나 원망스럽던지…. 수술을 위해서 서울로 올라가던 날, 오만 생각이 다 떠올랐습니다. 자식들은 군 복무에, 학업에 아직 다 자라지 못한 상태였고, 아내는 세상 물정이라고는 모르는 사람이고, 또 연로하신 부모님은 어쩌나…. 내가 하던 일은 직원들에게 나누어 맡기기는 했지만 어찌될까 또 걱정이었고…."

수술을 마치고 퇴원하던 날, 항암 치료 잘 받고 견뎌 5년 생존하면 성공이라는 말에 그는 5년만 더 살 수 있게 해달라고 마음속으로 빌고 또 빌었단다. 그러고는 회사에 와서 팀장에게 용퇴 의사를 밝혔다. 그런데 회사의 결정에 그는 눈물을 쏟고 말았다고 한다. "자리에 그대로 앉아만 계세요." 그 말에 또 용기를 얻었고, 나를 믿어주는 사람들을 위해서라도 반드시 낫고 말겠다는 의지를 굳건히 할 수 있었다고 한다. 그렇게 그는 암을 극복해낸다.

"어쩌면 회사가, 일이, 나를 살린 건지도 모른다는 생각이 들어요."

포스코는 업무에 대한 자율권이 넘치는 일터

"천재는 노력하는 자를 이기지 못하고, 노력하는 자는 즐기는 자를 이기지 못한다." 독일의 심리학자 롤프 메르클레가 한 말이라고 한다. 그런데 손병락 명장의 이야기를 듣다 보면 이 말이 진실이라는 생각이 든다.

천재도 노력가도 아니었던 사람일지라도 어떤 계기로 노력을 하다 보면 알게 되고, 알게 되면 즐기게 되고, 즐기면 더 알고 싶어지고, 그래서 또 더욱 노력하게 되고, 결국 천재를 이기게 되는 게 아닐까? 그러한 이치를 몸소 깨우쳐 누구보다 잘 알고 있는 건 당연히 손병락 자신이었다. 그래서 그는 후배들에게 이렇게 말해주고 싶다고. "해봐라. 재미있다."

"후배들에게 정말 이야기해주고 싶어요. 정말 포스코만큼 업무에 대한 자율권을 주는 회사가 또 있을까? 제 경우를 되돌아보면 해보고 싶은 것은 다 해봤습니다. 그런데 후배들 중에는 종종 도전을 귀찮아하고 제안을 꺼리는 경우도 있죠. 제안을 하면 그 일이 결국 자신에게 떨어진다는 거예요. 그런데 그건 지극히 당연합니다. 어떤 문제를 제기했다는 건 그 문제에 대해 제일 잘 아는 사람이 본인이라는 뜻이고, 그러니 일이 돌아오는 겁니다. 그런데 그걸 싫다고 하면 발전이 없겠지요. 일을 혼자 떠맡는다고 생각하지 말고, 회사에 '이런 지원이 필요하다. 이런 인력이 필요하다.' 요청할 수 있습니다. 그러면서 일과 적극적으로 씨름하다 보면, 스스로를 발전시킬 수 있습니다. '일이 많다고 불평하지 마라. 오히려 감사해라.' 이렇게 이야기해주고 싶어요."

그는 그렇게 했다. 그렇게 하다 보니 일도 많이 했다. 일을 많이 하다 보니 일에 대해 잘 알게 됐다. 잘 알다 보니 어떤 문제가 생겼을 때 주변에서 맨 먼저 찾는 사람이 됐다. 그게 바로 그만이 가지고 있는 힘, 신뢰의 힘이 됐다. 동료들은 무슨 일이 생기면 '손병락'을 찾았다. 그는 스스로를 드러내지 않아도 빛이 나는 존재가 된 것이다. 스물아홉이라는 나이에 반장이라는 직책을 맡았고, 제일 어린 나이에 주임 자리에도 올랐다. 걱정하는 사람들도 있었고, 의심하는 사람도 있었지만 실력이 있으니 결국 모두 그를 믿고 존중했다.

남다른 특기를 가지되, 부특기 영역도 넓혀나가야

명장으로서 높은 산의 꼭대기에 오른 손병락. 그는 이제 어디를 바라보고 있을까? 또 새로운 봉우리를 바라보는 건지, 아니면 조금 쉬고 싶어졌는지 궁금했다.

"이제 제가 해야 할 일은 지금까지 일궈놓은 것을 후배들에게 전수하는 것입니다. 전수하는 방법은 크게 세 가지로 생각하고 있어요. 첫째는 제가 알고 있는 특수한 노하우를 오롯이 전수하는 것입니다. 나름 어렵게 이룬 것들이니 그냥 사장시킬 수는 없지요. 둘째는 회사 안에서 정비 관련 여러 과정을 전수하는 것입니다. 앞의 것이 전문과정이라면 이건 일반 과정이라고나 할까요? 세 번째는 대졸 사원, 즉 관리자급 인력에 대한 교육입니다. 이들은 현장 기능직원과는 달리 한자리에 오래 있지 않고 이동하기 쉽죠. 그러니 기능적인 부분의 세부 사항보다는 큰 틀에서 업무를 이해할 수 있어야 합니다. 여기서 중요한 포인트는, 이들이 단순히 전수를 받기만 하는 게 아니라, 그 지식을 또 다른 이에게 전수할 수 있도록 만들어야 한다는 것입니다. 그래야 중요한 노하우가 하나도 헛되이 사라지지 않고 포스코라는 울타리 안에서 가치를 만들어나갈 수 있겠죠."

포스코에서 기능인이라면 누구라도 현장을 끌고 가는 힘을 지닌 '명장'이라는 타이틀을 가슴에 달고 싶을 것이다. 그러나 명장이라는 명예가 누구에게나 주어지는 것은 아니라는 사실도 엄연한 현실이다. 원조 명장 손병락에게 명장이 되는 비결을 물어봤다.

"우선 남다른 특기를 가져야겠죠. 그런데 그냥 특기가 아니고 주특기와 부특기, 이렇게 두 가지를 두루 가져야 합니다. 주특기는 쉽게 말하면 대체 불가능한, 나만의 특기죠. 많이 공부하고, 일을 외면하지 말고 적극적으로 끌어안으면서 실전에서 갈고 닦아야 합니다. 그런데 이런 주특기를 가지는 것에 만족해서는 안 됩니다. 주특기를 중심으로 주변으로 자신의 능력을 확장해나가는 부특기도 가져야 합니다. 주특기와 같이 한 분야에 대해 탁월한 능력을 가지면 주변의 관심을 끌게 되고 점점 자신에게 묻고, 의지하는 사람들이 많아집니다. 그런 것에 대응하면서 부특기 영역을 넓혀나가야 합니다. 혼자 모든 것을 다 알 수는 없으니, 모르는 것은 모른다고 하는 용기도 필요합니다. 하지만 그렇게 끝나서는 안

"포스코만큼 업무에 대한 자율권을 주는 회사는 없을 겁니다. 도전을 즐기며 일과 적극적으로 씨름하다 보면 스스로를 발전시킬 수 있습니다."

됩니다. 모르는 것이 생기면 공부를 하고, 그래도 안 되면 '누구에게 물으면 알 수 있는지, 어떤 책이나 자료를 보면 해결할 수 있는지' 끝까지 찾아봐야 합니다."

책임은 내가 지고, 공은 나누어라

"아는 것만 많다고 충분한 건 아닙니다. 아무리 똑똑해도 혼자 모든 것을 알고, 혼자 모든 것을 해결할 수는 없습니다. 회사는 조직입니다. 조직의 힘은 개인이 당해낼 수 없고, 강한 조직을 가진 회사가 잘나가는 회사가 되는 겁니다. 그러니 자기 능력을 조직 속에서 녹여낼 줄 알아야 합니다. 제가 어린 나이에 반장, 주임이 되고, 때론 능력을 인정받으며 남보다 돋보이자 혼자 잘난 줄 알고 겉돌기도 하는 등 다양한 경험을 하며 깨달은 것이 있습니다. 요약해서 말하면 '책임은 내가 지고, 공은 나누어라.'라는 겁니다. 얼핏 손해만 보는 것 같지요? 자기가 공을 세운 일을 자랑하고 싶고, 자신이 잘못한 게 아니라면 변명하고 싶고, 그런 게 인지상정입니다. 그러나 저는 책임은 내가 지고 공은 나누면, 남들이 모를 것 같지만 결국 그 모든 공이 자신에게 조용히 되돌아오는 사례를 무수히 경험했어요. 더구나 한 명의 스타보다, 강인한 팀을 키워내려는 포스코문화 속에서 이것은 정말 중요한 요소입니다."

명장이란 후배를 위한 문을 열고, 넓혀나가는 존재

손병락 명장은 오늘의 자리를 쉽게 얻지 않았다. 어린 시절은 늘 찢어지는 가난과 함께였다. 안동에서 연천으로 올라갔다가 다시 포항으로 내

철강 제조설비 고유기술 개발을 통해 국가경쟁력 향상에 기여한 공로로 동탑산업훈장을 받은 손병락 명장 (2020.6.17).

려오고, 가난을 피해 이리저리 떠돌았지만, 가난은 끈질기게 그를 따라다녔다. 그러나 그 어려움 속에서도 늘 저녁이면 책을 손에 들던 아버지를 본받아 책과 자연스럽게 가까워졌다. 중학교 시절에는 보충 수업비를 면제해준다 해서 농악부에 가입하기도 하고, 할 수 있는 모든 것들을 동원해 열심히 살아냈다. 자칫 좌절하고, 힘없이 스러져가는 인생을 살 수도 있었다. 그러나 그는 오늘 아무나 오를 수 없는 자리, 명장의 자리에 우뚝 섰다. 그의 삶에서 성공의 결정적 요소를 하나로만 규정하고자 한다면 실망하게 될지도 모르겠다.

손병락 명장은 진정 명장이었다. 기능의 명장이며 조직 시너지를 끌어내는 명장이었다. 그러나 아직도 스스로를 완성형으로 여기지 않는다. 명장이 무엇이라고 생각하느냐는 질문에 그는 한 치의 망설임도 없이 대답한다. 명장이란 후배들이 지속적으로 명장의 반열에 오를 수 있도록 문을 열고, 또 열린 문을 넓혀나가는 존재라고.

손병락 명장은 이미 공인이 돼 불편한 점도 있단다. 어떤 행동을 하든 다른 사람이 볼 수 있다는 자기 검열이 그것이다. 명장이기 때문에 모든 행동이 조심스럽다. 또 명장이라는 이름의 가치에 맞는 사람이 되어야 한다는 강박도 있다. 늘 조금 불편하고 두렵다고 하는 그. 그는 알기 때문에 두려운 것이다. 그런 경지까지 가지 못한 사람은 두려움에 대해 무지하다. 하룻강아지가 범을 두려워하지 않는 것과 같다.

끊임없이 다가오는 위기와 기회의 파고 앞에 서서

최근 태풍 힌남노가 할퀴고 간 상처는 컸다. 사람으로 치면 중증 외상이랄까? 심지어 외부에서는 피해를 복구하기 위해서는 제철소를 새로 짓는 게 낫지 않겠나, 하는 극단적인 이야기까지 돌았다. 그런 상황에서 명장의 위기 대처 능력은 빛을 발했다.

환자의 상태가 중하면 현장에서부터 치료가 들어가야 한다. 그것이 손병락의 처방이었다. 주요 설비를 교체하기보다는 현장에서 수리하자는 생각이었다. 완전 복구까지 2년이 걸릴 것이라는 예상을 손병락 명장은 4개월로 줄여놓았다. 또다시 안 될 것만 같은 일을 되는 일로 바꾸어놓는 마술 아닌 마술을 연출했다. 그러나 그는 여기서 쉴 수 없다는 생각이다.

그가 바라보는 내일은 위기와 기회가 끊임없이 교차해 들어오는 시간이기 때문이다. 위기의 현장이든 기회의 현장이든, 그는 오늘도 현장이라는 오케스트라의 중심에서 역동적인 몸짓으로 지휘에 나서기 위해 옷깃을 여민다.

손병락 명장은 1958년 안동의 한 농촌 마을에서 2남 3녀 중 장남으로 태어났다. 어려운 가정 형편에도 부모님의 뜨거운 교육열 덕분에 포철공고 전기과에 진학했다. 고등학교를 졸업하기도 전인 1976년부터 현대중공업에서 직장 생활을 시작한 그는 1977년 4월 포스코에 입사, 본격적인 철강인으로서의 삶을 시작했다. 입사 후 전기수리과에 배치되자마자 제강공장 화재 사고 복구에 투입되어 불타버린 케이블, 전기배전반과 씨름하며 전기 설비와 인연을 맺었다.

스스로를 '뼛속까지 포스코인'이라 여기는 그는 '나라의 주인이 국민이듯이 회사의 주인은 직원'이라 여기며 남다른 성실함과 열정을 발휘, 설비 부문에서 최연소 반장(1987년), 주임 승진(2002년)이라는 기록을 잇달아 세우기도 했다.

이러한 과정에서 전기 설비 및 제철소 대형설비 장애복구 등의 분야에서 독보적 실력을 인정받아 '올해의 포스코인(2004년),' '철강기능인(2010년)' 등 사내 개인 및 단체 표창을 무려 50여 회나 받았으며 2015년 포스코명장이라는 영예를 안았다. 2018년에는 포스코명장 최초로 임원급인 상무보에 선임된 데 이어 2023년 상무(기술위원)로 승진했다. 2020년에는 43년간 철강 설비 기술 개발을 통해 국가경쟁력 향상에 기여한 공로로 동탑산업훈장을 받았다. 자기 계발에도 힘쓴 그는 입사 후 취득한 전기공사기능사 1급(1988년)을 포함해 10여 건의 자격증을 보유한 자격증 부자이기도 하다.

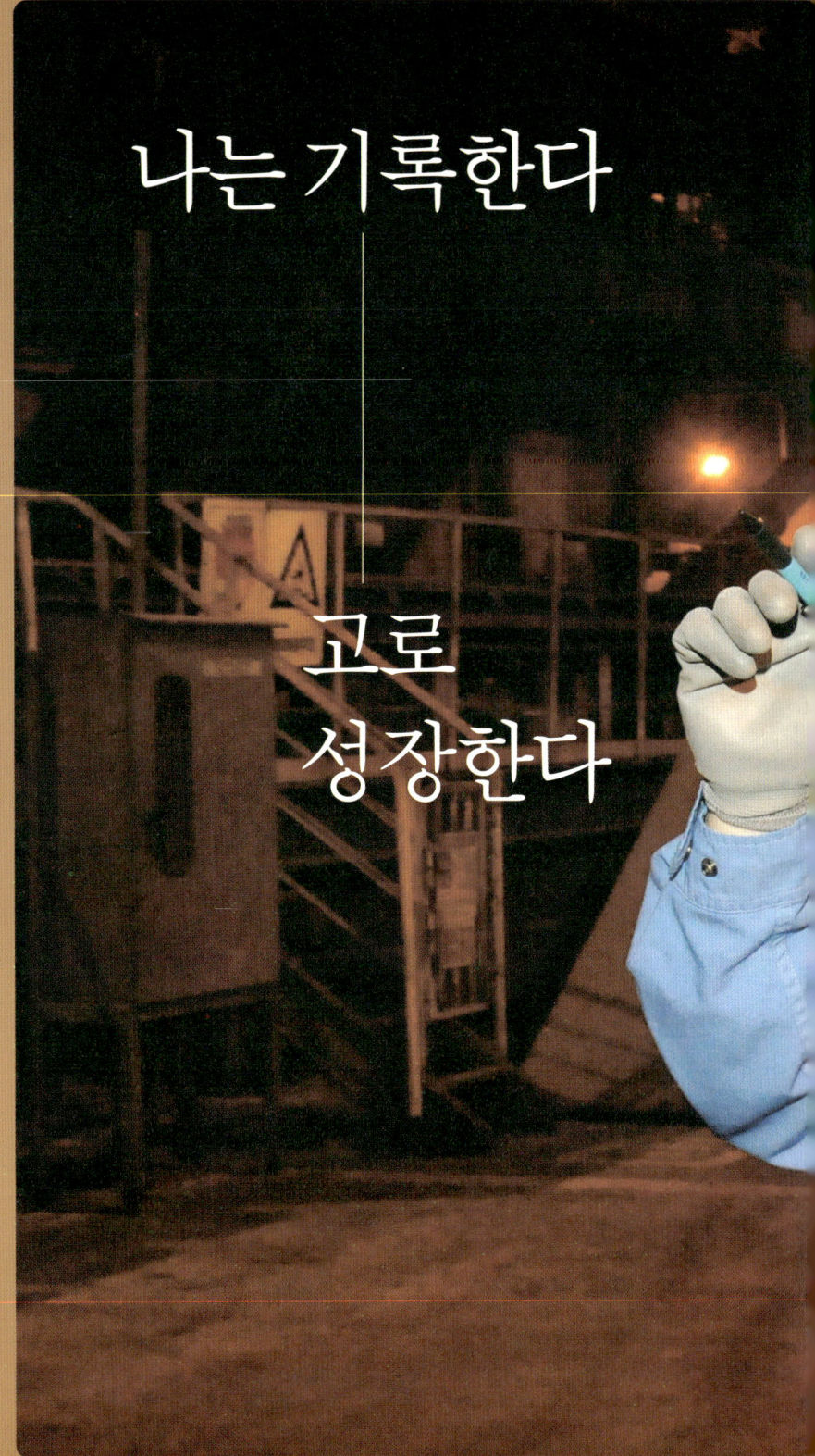

조길동 명장 ✦ 광양 제강부

나는 기록한다

고로 성장한다

✦

 '별똥별이 떨어지는 것을 보며 소원을 빌면 이루어진다.'는 말이 있다. 정말일까? 당연히 미신일 뿐이다. 물론 별똥별이 우리 소원을 들어준다는 허무맹랑한 뜻은 아니다. 소원을 이뤄주는 것은 바로 별똥별을 보며 소원을 비는 사람이 가진 '간절함'이다. 별똥별이 떨어지는 것을 보며 소원을 빌어본 사람이라면 알 것이다. 그 순간이 말 그대로 너무 '순간'이어서, '찰나'여서, 소원을 빌 틈이 없다는 것. 그럼에도 불구하고 소원을 비는 데 성공했다면, 그 소원은 평소 너무나도 간절해서 늘 생각하고 또 고민하고, 열망하는 그런 소원이었을 게다. 그렇게나 간절했다면 떨어지는 별똥별에 대고 소원을 빌었기 때문이 아니라, 그 소원을 이루기 위해 들인 노력이 소원이 이뤄지게 도운 것이리라. 이쯤 되면 소원을 비는 것은 '미신'이 아니라 일종의 '과학'이 된다.
 간절함은 욕심에서 나온다. 뭔가를 하고 말겠다는 욕심. 조길동 명장, 그는 입사 초기부터 욕심이 많았다. 배우겠다는 욕심이었다.

철강의 연금술사, '제강 인생'에 첫발 내딛다

조길동 명장은 1982년 포스코에 입사한 후 전로(轉爐)가 시뻘건 쇳물을 토해내는 포항 제강부에 배치되자마자 거대한 설비에 압도됐다. 그리고 그 거대한 설비로 해내야 하는 정교한 품질 관리에도 완전히 매료되었다. 알고 싶어졌다. 설비 구석구석, 돌아가는 원리, 그런 것들을 속속들이 알고 싶었다. 그러나 그가 제강부에 발을 디뎠을 때는 이미 설비가 다 제자리를 잡고 돌아가고 있었다. 변변한 매뉴얼도 구하기 어렵고, 이미 돌아가고 있는 설비의 원리를 따지는 사람도 없었다. 그저 선배들을 붙들고 이것저것 물어보는 수밖에 없었지만, 기초가 없어 무엇부터 물어야 할지도 막막했다. 제대로 된 질문을 하는 것부터가 어려웠다. 게다가 시키는 대로만 하면서 사고 없이, 문제없이 설비를 운용하는 게 당면 과제

조길동 명장은 입사 초기부터 욕심이 많았다. 배우겠다는 욕심이었다.

인 현실에서 그의 질문은 좀 엉뚱한 짓으로 비치기 쉬웠다. 답답함만 쌓여갔다.

그렇게 그는 포항제철소 2제강공장에서 4년 8개월 동안 크레인으로 쇳물을 전로에 부어넣을 때 신호를 하는 신호수 업무를 맡았다. 처음에는 이 일이 재미도 있고, 보람도 있었다. 그러나 그는 제강공장의 핵심 작업이라 할 수 있는 용강 취련 작업을 원리부터 배워보고 싶었다. 취련(吹錬) 작업이란 고로(高爐)에서 넘어온 쇳물, 즉 용선(鎔銑)에 산소 등을 불어넣으면서 불순물을 없앰으로써 용선을 용강(鎔鋼), 즉 쇳물을 강으로 만드는 작업으로, 제철소에서 제강공정은 제철공정의 꽃이라고 불리기도 한다.

"그러던 중 광양제철소 건설로 조업(操業)을 대비해야 하는 상황이 되자 저에게도 기회가 왔습니다. 조업 요원으로 직원들이 포항에서 광양으로 대거 이동하던 때였죠. 저도 1986년 11월, 취련을 기초부터 속속들이 알 수 있는 기회다 싶어 광양제철소 1제강공장으로 전입을 선택했습니다."

실패든 성공이든 상세히 적어두면 쓸모가 있으리란 생각으로 ◆

광양에 와보니 모든 것이 새로웠고, 배울 것투성이였으며 배울 기회도 무궁무진했다. 설비 설치부터 운용까지 처음부터 보고 배울 수 있었다. 어떤 이들은 이를 '일복이 터졌다.'며 힘들어했고, 또 어떤 이들은 익숙한 곳에서 바닥부터 다시 쌓아 올려야 하는 곳으로 온 것에 대해 원망하기도 했다. 그러나 그는 신바람이 났다.

1987년 4월 그는 오매불망 기대하던 광양에서 첫 준공한 1제강공장 취련 작업에 참여했다. 어려움이라면 포항에서 경험했던 것과는 설비가 달랐다는 점 정도였다. 포항의 설비는 일본 설비였고, 광양에서 만난 설비는 오스트리아 설비였다. 그러다 보니 설비 구조, 조업 프로세스, 제어 방법 등 하나부터 열까지 전부 새로 배워야 했다. 신나는 것은 신나는 것이고, 그렇다고 어려움이 없지는 않았다.

"첫 취련부터 설비 트러블이 생겼어요. 계속 트러블이 생기니까 몸도 마음도 피로도가 엄청나게 쌓였죠. 그런데 저는 트러블을 그냥 트러블로 두어서는 안 되겠다는 생각이 들더군요. 당장 내가 어떻게 할 수 없는 일이든, 모두가 힘써서 극복한 일이든, 이걸 상세하게 적어두면 반드시 쓸모가 있겠다 싶더라고요."

모든 것을 빠짐없이 기록하라, '제강실록'의 탄생

그래서 그는 모든 것을 기록하기 시작했다. 사고가 나면 사고 내용을 숨김없이 있는 그대로 기록했다. 사고 날짜, 시간, 일어난 이유까지. 또 어떤 부분이 문제였고, 어떻게 고쳤는지 등도 상세히 적었다. 사고 내용과 복구한 내용을 적으면서 설비 설명서를 찾아 설비 구조에 대해서도 번역해서 기록했다. 사소하다고 생각되건 중요하다고 생각되건, 무조건 기록했다. 자나 깨나 기록에 빠져 있던 그를 동료들은 '사마천'이라고 부르기도 했다.

이렇게 시작된 그의 기록 인생은 명장이 된 지금까지도 이어지고 있다. 그의 기록은 설비 트러블이 생겼을 때 그 문제의 원인과 해법을 기록한 데서 멈추지 않았다. 시간이 지남에 따라 제강조업 전반에 걸친 내용을 망라하게 되었다. 설비 구조, 조업 프로세스, 제어 방법 등 본 것, 들은

광양 1제강공장의 300톤 전로에 쇳물을 쏟아붓고 있다.

것, 배운 것, 연구한 것, 모든 것을 기록했다. 분량으로 따지면 권당 1000쪽 이상이 되는 책으로 쳐서 100여 권 분량을 훌쩍 넘는다. 이 기록은 이른바 '제강실록'이라 불리는데, 크게 과장된 표현 같지 않다.

기록의 중요성 '말'이 아닌 '행동'으로 모범을 보여

기록은 그 자체로 힘이다. 지식의 축적이기 때문이다. 정확하게는 지혜의 축적이라고 하는 게 맞겠다. 일찍이 기록의 힘을 깨우쳤던 조상들은《조선왕조실록》, 이순신 장군의《난중일기》, 서애 유성룡의《징비록》등을 통해 기록의 힘을 입증했다. 그러나 기록의 힘은 공유를 포함한 활용의 힘에 크게 의존한다. 국가나 사회에 국한된 것만은 아니다. 개인도 기록을 통해 지식을 쌓고, 지혜를 연마할 수 있다. 조길동 명장은 그 점을 본능적으로 깨닫고 있었다.

제강공정은 제철공정의 꽃이라고 불리기도 한다.

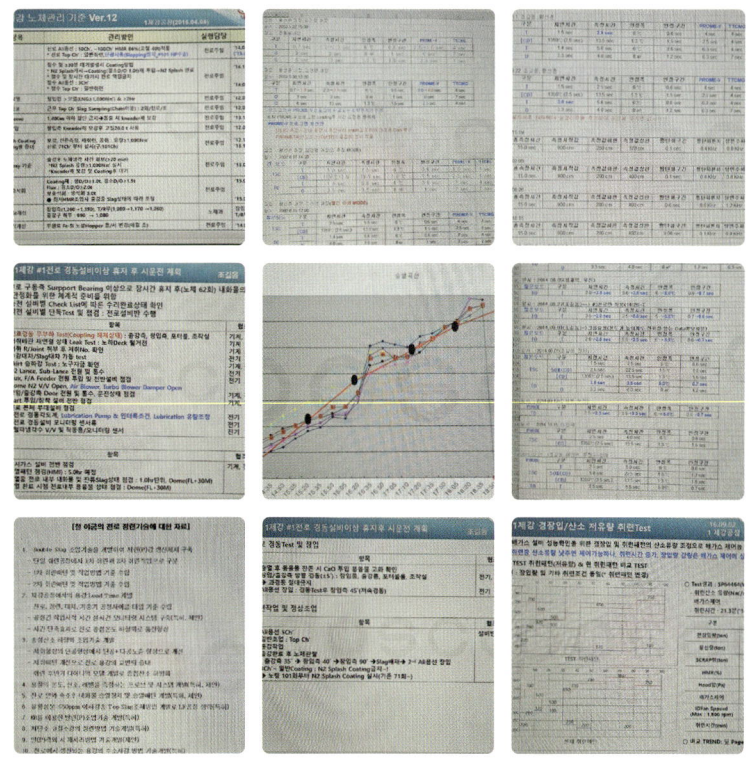

제강실록.

"후배들에게도 기록이 중요하다고 말은 하지요. 그렇지만 자꾸 기록해라, 기록해라 말하면 이른바 '꼰대'의 '지적질'이 되고 말지요. 제가 생각하는 가장 좋은 방법은 나 스스로 모범을 보이는 겁니다. 그래서 저는 모여서 회의하고 토의하고 한 것들을 반드시 정리해서 기록하고, 후배들과 공유합니다. 그렇게 해서 후배들이 조업이나 기타 다른 일로 그 기록을 활용함으로써 일을 더욱 쉽게 하거나, 해결법을 찾아내거나, 뭔가 개선을 할 수 있게 되면 스스로 기록의 힘을 체감하게 되지요. 열 마디 말보다 그렇게 체감하는 게 최고입니다."

그렇다. 조직 문화의 힘 역시 포스코 경쟁력의 중요한 요소일 것이다. 그 문화 중 조길동 명장의 기록 문화도 반드시 이어져야 할 소중한 문화가 아닐까 하는 생각이 들었다. 그렇게 그는 기록과 함께 고난을 이겨내며, 새로움을 배우는 재미에 흠뻑 빠져 있었다.

"일은 참 재미있었습니다. 주임도 빨리 되었고요. 그런데 주임이 되고 높은 지위는 아니지만 관리자의 일을 하면서 여러 가지 어려움을 겪었습니다. 후배 직원들과 선배 관리자들을 연결하는 중간 관리라는 업무가 힘겹기만 했습니다. 즐겁던 일조차 힘겹게 느껴졌습니다."

매너리즘의 위기에 마법처럼 다가온 HMI 시스템 구축 프로젝트 ◆

이것은 정말 그에게 큰 위기였다. 그런데 그때, 마법처럼 HMI(Human Machine Interface) 시스템 구축 프로젝트가 그를 찾아왔다. 당시 조업은 기계적, 아날로그적 작업이 주류를 이루고 있었다. 쉽게 표현하자면 뭔가 작동시키려면 작동시키는 버튼을 사람이 누르는 식이었던 것이다. 사람은 실수할 수 있다. 시스템이 실수를 걸러준다면 실수 때문에 생기는 설비 오작동은 줄어들 수 있을 것이다. 많은 설비는 개별적으로 작동한다. 이러한 운용을 통합적이고 유기적으로 할 수 있다면 생산성은 높아질 것이다. 시스템이 풀어야 할 문제였다. 이러한 문제를 해결하고자 한 것이 바로 HMI 시스템이었다.

HMI 시스템은 단순히 공학적 시스템만은 아니다. 경험치를 주어야 하는 시스템이다. 이세돌을 이긴 바둑 AI '알파고'도 과거의 무수한 대국 실적을 공부함으로써, 즉 스스로 입력함으로써 가능했다. 이 과정에서 큰 힘이 된 것이 바로 조길동의 '제강실록'이었다. 그는 제강실록의 내용과 함께 조업에 참여한 이들의 의견도 총망라했다. 사람에 의한 실수 사례를 집어넣은 것은 물론이다. 그렇게 시스템을 완성했다. 포스코에 처음 도입한 시스템이었다. 이 시스템은 생산성을 높이고 조업 사고를 예방하는 데 큰 몫을 했다. 지금까지도 그러하다.

"당시 에피소드가 하나 있는데요. 당시 HMI 시스템과 함께 PLC(Program Logic Controller)라는 시스템도 구축했습니다. HMI 시스템이 사람과의 인터페이스를 맡은 시스템이라면, PLC 시스템은 설비를 컨트롤하는 시스템이라고 할 수 있습니다. HMI 시스템과 PLC 시스템은 상호 연동이 되어야 하는데요. 이 PLC 시스템이 용량 문제 때문에 새롭게 구축된 HMI 시스템과 완벽한 짝을 이루지 못하는 안타까운 상황이었습니다. 용량 문제는 몇 년 뒤로 예정된 PLC 시스템 업그레이드 때에나 해결될 텐데 그때 PLC 시스템 쪽에 HMI 시스템과 호환될 기술 적용을 설비 공급사가 해줄 것인지가 문제였죠. 설비 공급사 담당 임원은 추후 기술 적용을 해주겠다고는 했지만, 구두 약속이 지켜질지는 알 수 없는 노릇이었습니다. 그런데 정말 몇 년 뒤 PLC 시스템 업그레이드 때가 되자 설비 공급사 임원이 그 일을 기억하고는 추가 개발 비용 없이 HMI 시스템과의 연동이 가능한 기술을 개발하고, 적용해주었습니다. 하나하나 비용을 따지는 냉정한 비즈니스의 세계에서 기술 자체를 사랑하는 따뜻한 마음을 내보여준 그 임원이 참 고마웠습니다."

세계 최초로 더블 취련 도입, 골칫거리 '인(P)'을 제어하다 ◆

제강 즉 전로 취련에 대한 자부심이 남다른 조길동 명장에게 제강에서 가장 핵심적인 작업이 무엇이냐고 물었다.

"제강은 어쩌면 인(P)과의 싸움이 아닐까 싶어요."

제강에서는 탄소(C) · 망간(Mn) · 실리콘(Si) · 인(P) · 황(S), 이렇게 다섯 가지를 5대 불순물이라고 부른다. 제강공정에서는 이러한 불순물을 제거하고 관리해야 하는데 가장 골치 아픈 것이 '인'이라고 한다.

"인은 무조건 낮아야 합니다. 그런데 이게 참 어렵습니다."

그 제강공정의 숙적인 인과의 싸움을 위해 조길동이 생각해낸 것이 바로 '전로 더블 슬래그(double slag) 조업 기술'이다.

"그때까지는 한번 취련으로 '인'을 포함한 모든 불순물을 제거하고 관리했었지요. 그런데 '인'이 계속 문제가 되니 '인'을 없애는 취련을 따로 한 번 더 하면 되지 않을까 하는 생각이 들더군요. 그래서 늘 해오던 일반 취련 전에 미리 '인'을 없애는 취련을 먼저 하게 되었습니다. 방법은 5분간 소프트 블로잉(soft blowing)이라고 하는 취련을 하는 것입니다. 이 과정을 거치면 전로에 담긴 쇳물인 용강 위로 찌꺼기인 슬래그가 떠오릅니다. 이 슬래그는 용강에서 뽑혀 나온 '인'이 포함된 찌꺼기로, 일단 이것을 제거합니다. 그다음 주로 탄소를 제거하는 본격적인 취련을 하면 되는 것이지요. 이렇게 하니 골머리를 썩이던 '인' 문제가 속 시원히 해결되었습니다. 용강 품질을 획기적으로 높일 수 있었지요. 그런데 어찌 소문이 난 건지, 조금 지나니까 경쟁사들도 이런 방식을 쓰더라고요."

연주로 이어지는 문제까지 해결해내다 ◆

제강공정은 전로에서 끝나는 게 아니다. 연주(連鑄)까지 공정이 이어져 있기 때문이다. 그래서 제강에서 '엄지척' 할 정도 기능인이라면 연주 쪽으로 이어지는 문제까지 해결해주어야 한다. 조길동 명장은 이 분야에서도 남다른 성과를 냈다.

그가 해낸 자랑스러운 개선작업은 바로 '제강 리드 타임(lead time) 관리 기술'이다. 제강에서 생산한 용강이 굳기 전에 바로 몰드(mould)를 통해 한 호흡으로 슬래브를 생산해내는 기술을 연주공정이라고 하는데, 이게 또 쉽지 않은 과정이다. 용강을 연주까지 연결하는 과정도 바로 되는 것이 아니라 몇 가지 공정을 거치는데, 연주에 들어가기 전에 용강이 너무 식어버리면 안 된다.

해결 방법은 두 가지. 첫 번째 방법은 용강을 일반적인 온도보다 더 뜨겁게 내놓는 것. 연주에 들어갈 때까지 용강이 어느 정도 식더라도 문제가 없도록 말이다. 그런데 여기서 또 '인'이 말썽이다. 용강의 온도를 높일수록 '인'을 제거하는 것이 어려워지기 때문이다. 그럼 품질이 문제가 된다.

또 한 가지 해결 방법은 용강에서 연주까지의 공정을 거치는 시간을 최대한 줄이는 것이다. 그러려면 공정별로 걸리는 최소시간을 정확하게 산출해내는 것이 필요하다. 즉 공정별 노하우를 결집해야 가능하다. 조길동 명장은 많은 이들과의 협업을 통해 이 문제를 해결했다. 리드 타임이란 전로에서 용강을 내놓은 순간부터 연속주조 작업을 시작하는 시점까지의 시간을 말하는데, 그는 이러한 공정별 최적 타임 기준을 설정하고 운영함으로써 연주공정의 최적화를 이룬 것이다.

전로 가스 회수로 쾌적한 환경 만든 것 또한 보람

"다른 공정에 비해 제강공정이 의외로 환경적 문제가 많습니다. 특히 전로 가스를 100% 잡아내지 못하는 것 때문에 작업장 환경이 열악해지

스스로 모범을 보이는 것이 가장 좋은 교육법이다.

는 문제가 있지요. 그래서 회사에서 많은 돈을 투자해 전로 가스를 회수하는 설비에 투자했어요. 그런데 제가 보니까, 투자하기 전이나 후나 별로 달라진 게 없는 것처럼 보이는 거예요. 곰곰이 따져보니까, 하드웨어적인 설비는 훌륭한데 조업 쪽에서 그걸 운영하는 데 문제가 있더라고요. 결국 PLC 시스템과 HMI 시스템, 이 양자를 최적화하는 것이 문제였는데 그걸 발견하고 문제를 해결하니 근본적인 문제가 해결되더군요."

제강공정에서의 환경 개선 문제에 대해서 조길동 명장은 나름 큰 자부심을 느끼고 있는 듯했다. '다른 공장에서도 이 환경 개선 문제에 대해 벤치마킹을 많이 왔다 갔다, 그리고 제강공정으로서는 처음으로 QSS(Quick Six Sigma) 대상도 받았다.'며 목소리를 높였다. 현장 조업에서의 높은 효율, 생산성만큼이나 후배들이 좋은 환경에서 업무의 본질에 집중할 수 있도록 하고 싶다는 그의 내심이 읽히는 대목이었다.

"명장이 되고 나서는 사실 좀 불편해졌어요. 업무적으로 늘 숙제가 주어지는 느낌이랄까, 부담감이랄까 이런 게 없을 수가 없더군요. 물론 설비 개선이든 새로운 프로젝트든 저 혼자 하는 것은 하나도 없지요. 기술연구소든, 조업 현장이든, 또 설비 공급사든 함께 해내야만 하는 일입니다. 그런데 그걸 조율하고 리드해야 하는 건 역시 책임감을 많이 느끼게 되는 일이지요."

현재에 최선을 다하면 꿈은 자연스럽게 이루어지는 것

명장이 되기 위해 특별히 노력한 것은 없다 한다. 호기심과 열정을 가지고 일을 하던 젊은 시기에 명장이란 제도가 있었던 것도 아니라 한다. 그저 눈에 보이고 필요하다는 것이 느껴져서, 개선하고 개발한 것뿐이라고. 이제 명장이란 제도가 정착된 상황이니 예전과 달리 명장이 되기 위해 갖추어야 할 스펙이라는 것이 분명 존재하겠지만, 후배들이 이런 스펙에 연연하지 않았으면 좋겠다는 말도 조심스럽게 꺼낸다.

"일단 다방면으로 호기심을 갖고 열심히 달려드는 게 중요하다고 봅니다. '할 수 있는 건 정말 부지런히 해봐라.' 이렇게 이야기하고 싶어요. 업무든 업무 외적인 것이든 말입니다. 그렇게 즐기면서 하다 보면 길이 보이고, 그 길 위에서 비로소 필요한 자격 등이 있으면 하나하나 갖추어 나가야 한다고 봅니다."

알고자 하는 호기심이 기록을 낳고, 기록이 데이터가 되어 새로운 시스템 개발의 토대가 된다. 보람이 의욕을 낳고, 의욕은 다시 호기심이 된다. 그렇게 젊음을 불태운 기능인 조길동은 그 선순환의 고리 속에서 명장이라는 자랑스러운 감투를 썼다. 감투를 쓰기 위해 노력한 것이 아니다. 자격을 갖춘 사람에게 감투가 자연스럽게 따라붙었을 뿐.

2022년 칸 영화제에서 남우주연상을 받은 송강호는 이렇게 말했다. "상을 받기 위해 연기를 할 수도 없고 그렇게 하는 배우도 없습니다." 조길동 명장도 그렇게 말하고 싶지 않았을까? "명장이 되기 위해 기술 개발에 진력할 수도 없고, 그렇게 하는 직원도 없을 것"이라고. 다만 최선을 다하는 과정의 끝에 주어지는 하나의 이름표일 뿐이라고.

조길동 명장은 1962년 전남 순천시 주암면에서 3녀 1남 중 막내로 태어났다. 그는 가정 형편상 고교진학을 생각하지 못하고 있었으나, 당시 중3 담임선생님의 강력한 추천 덕분에 포철공고 제강과로 진학할 수 있었다. 포철공고 졸업 후 1982년 4월, 포스코에 입사하여 포항제철소 2제강공장에서 근무한 그는 1986년 광양제철소 제강공장으로 전입했고, 혁신지원그룹, 후판부 등에서 근무하기도 했다. 2011년 6월부터는 원소속이라 할 수 있는 광양 1제강공장에서 근무했다.

제강 조업을 통해 경험하고 깨달은 모든 것을 기록한 '제강실록'을 남기는 등 제강 조업 기술 혁신에 매진해온 그는 철강기능상(2006년)을 거쳐 2015년 포스코명장의 영예를 얻었고, 이후에도 산업통상자원부 장관상(2020년)을 받았다. 이 밖에도 포스코 회장표창, 사장표창, 제철소장표창(9회), 제철소 부소장표창(11회) 등 수많은 수상 경력을 자랑한다. 포스코명장으로서 광양 1제강공장 부공장장으로 재임해온 그는 그간의 공로를 인정받아 2023년 상무보로 신규 선임됐다.

포스코 고유의 제강 기술 창조를 위해 노력해왔고, 또 노력하고 있는 그는 제강기능사(1981년), 주물조형기능사(1981년), 국소배기장치자체검사원(2003년), 제강기능장(2004년), 사용시설안전관리자(2005년), 기계정비산업기사(2008년) 등 다양한 자격증도 보유하고 있다.

권영국 명장

◆ 포항 열연부

제철소의 모든 공정, 즉 제선, 제강, 열간압연, 냉간압연 등에서 어느 하나 중요하지 않은 것이 있을까? 그러나 열간압연은 상대적으로 큰 빛을 보지는 못했다. 고로와 같은 상징적 외형도 없고 제강의 화려한 불꽃을 연출하지도 못한다. 냉간압연처럼 부가가치가 높다는 인식도 주지 못한다. 그래서 막 자리에 앉은 권영국 명장에게 물었다. '포항제철소에서 열연은 어떤 의미냐?'고. 대답하는 그의 입가에 옅은 미소가 떠오른다.

열간압연은 제철공정의 허리, 허리가 튼튼해야 모든 게 바로 선다 ✦

"열간압연은 전(前) 공정인 제선, 제강공정과, 냉연 등 후(後) 공정을 연결해주는 허리입니다. 사람은 머리, 가슴, 팔다리가 잘 움직이고 이상이 없으면 건강하다고들 하죠. 그런데 허리가 부실하면 모든 게 다 무너집니다. 다리가 건강해도 걷지 못하고, 팔로 뭘 할 수도 없습니다. 머리가 잘 돌아간들 생각한 바를 구현해내질 못합니다. 그래도 요즘은 허리가 중요하다는 걸 알고들 있습니다. 그래서 '코어 근육을 강화하는 운동이

"사람이 허리가 부실하면 모든 게 다 무너지듯, 제철소도 열간압연이 받쳐주지 못하면 전후 공정 모두 흔들리고 맙니다."

중요하다.'는 이야기들을 하죠. 제철소도 마찬가지입니다. 열간압연에서 조업이면 조업, 기술 혁신이면 기술 혁신으로 든든히 받쳐주지 못하면 전후 공정 모두 흔들리고 맙니다."

그는 포스코의 최종 제품들이 품질 면에서 획기적으로 좋아지는 시기를 잘 살펴보라고 말을 덧붙였다. 그 시기가 열간압연 부문에서 새로운 기술을 도입해 적용하고, 설비 개선 등으로 조업 안정을 이룬 시기와 맞아떨어진다는 것이다. 아마 그의 말이 맞을 것이다. 회사나 조직도 중간 관리자급, 즉 허리가 강할수록 뛰어난 회사, 뛰어난 조직이지 않은가.

연연속열간압연으로 세계 최초, 최고의 역사를 쓰다 ✦

그렇다면 포스코는 열간압연 분야에서 어떤 기술 혁신을 이루어냈을까? 세계 최고라고 할 수 있는 무언가를 갖고 있는 것일까?

"세계 최초도 있고, 세계 최고도 있죠. 바로 '연연속열간압연 기술'입니다."

본래 열간압연은 두툼한 직육면체 철강 덩어리인 슬래브(slab)를 1차로 압연해 좀 더 얇은 바(bar) 상태로 만든다. 그리고 이 바를 다시 압연해서 최종적으로 열연코일이라는 얇은 철판을 만든다. 물론 최종 철판은 두루마리 휴지처럼 둥글게 감은 형태, 즉 권취(捲取) 코일이다. 그런데 하나의 슬래브를 열연 코일로 만들면 맨 앞과 끝부분은 불규칙한 모양이 돼서 잘라내야 한다. 물론 버리지 않고 재활용하기는 하지만 아무래도 생산성은 떨어진다. 여기서 하나의 아이디어가 나왔다. 슬래브를 1차로 압연한 '바' 끝부분(tail)과 뒤따라오는 선단부(front)를 연결해 붙여서 한 호흡으로 압연하면 이렇게 잘라내는 부분이 없어진다. 게다가 슬래

현장은 늘 집중해야 하는 곳이다.

브 하나를 압연하고, 다음 슬래브를 또 압연하다 보면 대기 시간이 생길 수밖에 없는데, 1차 압연한 바와 바를 연결해 한 번에 압연하면 대기 시간도 필요 없게 된다. 높은 품질과 최대 생산을 큰 가치로 삼는 열간압연 부문에서 참 욕심나는 기술이다. 그래서 포스코는 이 기술을 적용하기로 했다.

"연연속열간압연은 세계 어디서도 하고 있는 곳이 없습니다. 우리가 도입한 게 2006년인데 아직까지도 하고 있는 데가 없습니다."

전례가 없는, 완전히 백지상태에서 시도하는 연연속열간압연. 철강인이라면 가슴 뛰는 시도이지만 낯설어서 두렵지 않을 수 없는 도전이기도 하다.

무모하다고 할 수 있는 시도, 그러나 환상적이고 새로운 감동

"말이 세계 최초지, 무모하다고 할 수 있는 시도지요. 그럼에도 우리 모두에게는 정말 환상적이고 새로운 감동을 주는 일이었습니다. 과연 두꺼운 바를 순식간에 접합하고 압연기에 통과시킬 수 있을까? 정말 계획한 대로 그렇게 빠른 속도로 진행하면서 앞뒤 소재의 위치를 정확하게 제어할 수 있을까? 이런 의문이 꼬리에 꼬리를 물었습니다. 마치 우리나라에서 우주 왕복선을 개발해 화성을 탐험하는 거대한 프로젝트에 도전하는 기분이랄까요? 신일본제철, JFE스틸 같은 세계적 일본 철강사들도 이 연연속열간압연에 도전했다가 실패했으니까요. 그런데 후발주자인 우리 포항 2열연공장이 연연속열간압연에 과감하게 도전하고 나선 겁니다. 그때 참 설레기도 했고, 걱정도 많았습니다. 밤잠을 설칠 수밖에 없었죠."

연연속열간압연 시험 조업을 할 때는 공장, 기술팀, EIC기술부, 기술

포항 열연공장.

실패를 두려워 말라. 중요한 것은 실패를 통해 배우는 것이다.

연구소, 일본 설비 공급사 엔지니어 등 모두가 현장에서 소재를 따라 뛰어다녔다고 한다. 실패하면 땅이 꺼져라 한숨을 쉬고, 접합이 성공하는 등 한 가지 시도를 성공하면 전부 한목소리로 기쁨의 환호성을 내지르면서…. 연연속열간압연이란 초유의 도전은 이렇게 걸음마를 시작했다.

"당시 일본 설비 공급사에서 '호리이(堀井)'라는 박사 한 분이 슈퍼바이저로 파견을 나와 있었습니다. 그분은 참 꼼꼼하고 예리한 분이었는데, 테스트를 하면 그 데이터를 하나하나 분석하고 정리해 보여줬습니다. 그렇게 얻은 결과는 다음 작업에 아주 유용하게 활용할 수 있었습니다."

권영국 명장은 이러한 모습에 큰 감명을 받았다. '새로운 기술인 연연속열간압연을 우리 것으로 만들려면 데이터를 모으고 분석하는 능력이 필수겠구나.'라는 생각을 하게 됐다고. 그래서 그도 하루하루 작업한 내

포항 2열연공장 통합운전실.

용과 기술 개발 내용을 데이터로 정리하기 시작했다. 지금도 2열연공장에서 생기는 일이라면 아무리 사소한 내용이라도 엑셀 시트에 빠짐없이 기록해두고 있다.

이렇게 달성한 세계 최초의 연연속열간압연 성공. 그런데 세계 최초이자 세계 유일이다 보니 자칫하면 이 분야에서 목표를 잃어버릴지도 모르는 상황이었다. 이에 포스코는 목표를 다잡았다. 연연속열간압연 기록에 대한 도전이 바로 그것이다. 차근차근 연연속열간압연으로 생산해내는 슬래브 매수를 늘려가던 포스코는 2013년 연연속열간압연 80매라는 신기록에 도전했다. 이는 권영국 명장에게 좌절과 희열을 동시에 안겨준 잊지 못할 도전이었다.

스스로의 기록을 깬 95매, 그렇게 나온 열연 코일이 자그마치 98km

"연연속열간압연 80매(슬래브 80개를 하나로 연결)를 생산하려고 연구소와 제철소 내 여러 부서의 도움을 받아 도전을 시작했는데요. 첫 번째 도전은 참으로 어처구니없는 문제로 고배를 마셨습니다. 연연속기술 자체의 문제가 아니라, 잘라낸 최종 제품 잔편(殘片)을 모아놓은 곳에서 잔편을 제때 처리하지 못하는, 말도 안 되는 부주의로 도전이 중단된 거죠. 어렵게 한 번 더 도전할 수 있는 기회를 얻었지만, 문제는 모여 있는 잔편을 처리할 시간이 모자랐습니다. 주변 사람들은 제때 처리하지 못할 거라며 포기하려는 분위기였습니다. 답답한 마음에 다른 이들이 모두 퇴근한 뒤 협력사의 도움을 받아 비옷을 입고 냉각수가 떨어지는 공장 지하로 내려갔습니다. 거기서 어렵게 잔편들을 밀고 당기며 처리했는데요.

이렇게 가까스로 다시 80매 연연속열간압연에 도전해 결국 성공했는데 그때가 새벽 3시였습니다. 잊을 수 없는 순간이었죠. 몸은 파김치가 됐지만 기분만큼은 하늘을 날 듯했습니다."

권영국 명장은 이런 게 바로 철강인의 사명이고, 또 보람이지 않겠느냐며 회상에 잠긴다. 이렇게 써 내려간 신기록 행진은 2013년 연연속열간압연 95매라는 기록에서 정점을 찍는다. 95매 연연속열간압연에 걸린 시간은 무려 '2시간 8분.' 긴 시간 동안 열간압연이 끊김 없이 지속되는 것을 상상해보라. 그렇게 해서 나온 열연 코일의 길이는 자그마치 '98㎞'였다. 열연만큼이나 뜨거운 열연인의 열정이 없었다면 불가능한 일이었다.

사고가 터지면… 골든 타임은 3분 ◆

권영국 명장이 열연이라는 평생의 벗을 만난 것은 고등학생 시절 견학을 나와서였다. 그는 열연공장이라는 곳을 처음 보자마자 어마어마한 규모에 압도당했다. 1200도가 넘는, 벌겋게 달아오른 슬래브가 요란한 소리를 내면서 지나가는 모습, 슬래브가 롤들을 지나면

연연속열간압연은 지금도 포항 2열연공장에서만 가능하다.

철강산업 발전에 기여한 공로로 철강생산직 직원으로는 한국철강협회 창립 이래 사상 처음으로 은탑산업훈장을 받은 권영국 명장(2018.6.8).

서 얇은 철판이 되어 나오는 모습 등이 신기하기만 했다. 롤을 지난 뒤에는 엄청난 속도로 내달리듯이 제품이 튀어나오는 것도 인상 깊었다고. 거대한 공장 안에 사람이 별로 눈에 띄지 않는 점도 생경했다고 한다. 여기서 권영국 명장은 자신도 학교를 졸업하면 이 공장에서 일해보고 싶다는 강렬한 열망에 휩싸였다. 그렇게 맺은 인연은 40년이 흐른 지금 더 끈끈한 인연으로 발전해 그에게 명장이라는 타이틀까지 안겨주었다. 이 분야 최고봉이라는 명예를 얻은 그는 그때 그 선택을 한 자신이 기특하다고 한다.

그렇게 포스코에 입사해 자신의 일터가 된 포항 2열연공장. 그곳에서 마주치는 거대한 설비들은 그에게 움직이는 거대한 생명체처럼 느껴졌다. 이 생명체는 사람이 조금만 실수해도 어디로, 어떻게 튈지 모르는 존재였다.

"사소한 실수가 엄청나게 큰 문제를 만들고, 엄청난 변화를 일으키는 걸 제 눈으로 수없이 봤습니다. 현장은 늘 집중해야 하는 곳이란 걸 느껴요."

당시 그는 수많은 사고(事故)를 경험하면서 올바른 사고 처리 방식도 익혔다. "사고가 터지면 맨 처음 해야 하는 일이 안전을 확보하는 겁니다. 그리고 나서 뜨거운 소재가 냉각되기 전에 현재의 상태를 정확히 체크해서 판단해야 합니다. 그다음 어떻게 처리해야 할지 방안을 선택하고 신속하게 움직여야죠. 이 모든 걸 해내야 하는 시간이 3분입니다. 골든타임이죠."

사고에서조차 긍정적 측면을 읽어낸다 ✦

그는 사고를 남다른 시각으로 읽는다. 사고는 나지 말아야 할 것임에는 틀림없다. 그러나 사고가 모두 같은 것은 아니다. 기존의 방식, 현재의 상태에서 일어난 사고는 절대 생겨서는 안 되는 사고이다. 다만 새로운 시도, 개선을 위한 시도 때문에 생기는 사고는 긍정적 측면도 분명 존재한다는 것이다.

"저도 사고 많이 쳤습니다. 지금도 그렇고요." 그는 사고를 스승으로 삼는다고 한다. 사고는 문제를 제기한다. 그리고 그 문제를 푸는 과정에서 기술 개발, 설비 개선 등이 일어난다. 결코 바람직하지 않지만, 전쟁이 일어나면 군수 관련 산업 중심으로 기술 혁신이 일어나는 것과 비슷하다. 문제는 일단 일어난 사고를 슬기롭게 극복해야 한다는 것이다.

"현장에 문제가 생기면 제일 먼저 달려갔습니다. 문제를 해결하지 못할 때도 많았어요. 그땐 절망도 하고, 좌절도 하죠. 하지만 해결했을 때 느끼는 즐거움은 엄청난 희열을 줍니다. 사고는 예방해야 하지만, 이미 벌어진 사고는 피할 수 없는 상황입니다. 피할 수 없다면, 즐기는 수밖에요. '피할 수 없으면 즐겨라.' 그래서 저는 이 말을 아주 좋아합니다."

'실패해도 괜찮아,' 과정에서 교훈과 노하우 얻어내길

이제 명장이 된 권영국. 권영국 명장에게 명장이라는 타이틀을 목표로 도전하는 후배들이 있다면 그들에게 어떤 말을 해주고 싶으냐고 물었다.

"일을 즐기면서 하라고, 그렇지만 일에만 매몰되지 말고 노는 것도 그만큼 열심히 하라고 하고 싶어요. 도전하는 것도 중요합니다. 처음부터 거창한 것에 도전하기는 힘드니 작은 일에라도 도전해야 합니다. 작은 성과가 모이면 커지는 것은 당연한 이치이기 때문입니다."

"긍정적인 자세도 중요합니다. 일에 임하는 태도는 결과에 막대한 영향을 끼칩니다. 그렇기에 긍정을 배우려고 노력해야 합니다. 그리고 배우는 데 주저할 필요가 없습니다. 멘토를 찾아 배우는 것이 으뜸이기에 주변을 돌아보고 멘토를 찾아 배우는 데 게으르지 말아야 합니다. 무엇보다 중요한 것은 실패에서 교훈을 얻으라는 것입니다. 실패했다는 것은 시도를 했다는 뜻이기도 합니다. 모두가 완벽할 수는 없기에 조금 부족하더라도 일단 실행해야 합니다. 그런 뒤에 실패에서든 성공에서든 교훈과 노하우를 얻어내야 합니다."

어떤 분야에서 세계 최고가 된다는 것, 금메달을 딴다는 것은 존중받아야 할 위대함이다. 한 분야에서 나름대로 잘나간다는 존재들이 치열하게 경쟁하는 것이 현대 사회이다. 그런 치열한 전장에서 최고의 자리에 선다는 것은 남다른 노력 위에 더욱 치열한 노력이 있었기에 가능한 일이다. 그러므로 포항 열연공장의 세계 최초, 세계 최고, 세계 유일의 연연속열간압연 기록은 자랑할 만한, 아니 자랑해야만 할 업적이 아닐 수 없다.

그 자랑스러운 기록의 한가운데 서 있는 뜨거운 열연인 권영국 명장은 오늘도 조용히 자신의 일터에서 새로운 시도를 꿈꾸고 있다.

1963년 충북 괴산의 시골 마을에서 2남 1녀 중 막내로 태어난 권영국 명장은 1979년 포철공고에 진학하면서 포항 땅을 밟았다. 1982년 4월 포스코에 입사한 그가 첫 근무지로 만난 곳은 포항제철소 2열연공장으로 이곳에서 열간 마무리압연 운전을 담당하며 현장을 누볐다.

압연반장으로 근무하던 중 2005년에 2열연공장 신예화 마무리, 연연속 운전을 담당하게 되면서 새로운 경험을 하게 됐다. 새로움 속에서 더 큰 발전의 기회를 찾아낸 그는 2열연 신예화 연연속과 마무리압연에 진력하는 한편, 새로운 운전 방안을 정립하고 기술 개발을 통해 열간압연 전문가로 차분히 성장하며 2015년 포스코명장으로 선발됐다. 현재는 열연공정 관리 업무를 진행하면서 후배들에게 자신이 축적한 노하우 전수에 진력하고 있다.

압연기능장(2003년), 금속재료기능장(2018년), 산업안전기사(2010년) 등 현업에서의 응용성이 높은 분야의 자격증을 취득해온 그는 창립기념 모범사원 2회(2009년, 2014년), 산업현장교수(2018년), 우수숙련기술자(2020년) 등도 수상했는데, 특히 2018년에는 철강생산직 직원으로서는 한국철강협회 창립 이래 사상 처음으로 '철의 날 은탑산업훈장'을 받았다.

김차진 명장 ✦ 포항 제선설비부

'설비'가 진정한 멘토,

그의 질문에 귀 기울였다

제철소의 아이콘은 뭐니 뭐니 해도 '고로(高爐)'다. 고로는 철광석인 소결광과 석탄인 코크스를 집어넣고, 열풍을 불어넣어 액체 상태의 철인 쇳물, 즉 '용선'을 생산하는 설비로, 흔히들 '용광로(鎔鑛爐)'라고 말한다. 우리나라 철강산업의 상징인 포항제철소의 아이콘 역시 고로일 수밖에 없다. 도도히 흐르는 형산강을 굽어보며 우뚝 서 있는 이 고로들은 세계 10위권 경제 대국 대한민국을 뒷받침해온 저력이다. '아, 이걸 사람이 만들었다니.' 올려다보면 누구라도 감탄케 하는 이 고로도 가끔, 아니 생각보다 자주 탈이 난다. 거인과 같은 고로가 병에 걸리면 누가 치료해줄까? 이 역시 사람일 수밖에 없다. 고로를 쥐락펴락하는 '고로 전문가.' 그가 손을 대면 중증에 시달리던 고로도 건강을 되찾는다 하여 모두 '고로 명의'라고 부르는 이. 김차진 명장을 만났다.

모든 것은 주선기가 던져준 의문에서 비롯

그가 처음부터 고로와 사랑에 빠진 것은 아니었다. 정비라는 업무 특

쇳물을 생산하는 고로가 탈이 나면 고치는 고로 명의 김차진 명장.

성 때문이었다. 정비라는 업무를 사전적으로 해석하면 의욕적으로 일할 분야이기 어렵다. 고장이 나면 고치는 데 이미 정해진 방식이 있기 때문이다. 의사가 환자를 진료할 때 염증이 있으면 소염제를 쓰고, 찢어진 외상이 있을 땐 꿰매듯이 말이다. 다소 기계적인 업무이다. 그런데 이렇듯 정해진 업무의 쳇바퀴에 의문을 던지는 사람이 있다. 자꾸 고장이 나면 '이거 고장이 잘 안 나게 할 수는 없나?' 하고 말이다. 김차진 명장이 그런 사람이다. 그 역시 반복되는 업무에 의욕도 잃고 매너리즘에 빠진 시절이 있었다. 일도 사람도 모두 짜증 나는 그런 시간이었다. 그때 하나의 설비가 그의 눈에 들어왔다.

대단한 설비는 아니었다. 부대설비 중 하나인 주선기(鑄銑機)였다. 주선기는 주물선고로에서 생산한 쇳물을 '몰드'라는 거푸집에 부어 굳혀서 '형선(pig iron)'이라는 '철 덩어리'를 만드는 설비이다. 이 철 덩어리는 주물용 제품으로 쓰였다. 그런데 형선을 만드는 과정에서 형선이 밑으로

포항제철소 4고로. 제철소의 상징인 고로는 세계 10위권 경제 대국 대한민국을 뒷받침해온 저력이다.

떨어지는 것을 막아주는 일종의 받침대가 문제였다. 둥근 봉 모양의 막대가 선반처럼 늘어선 형태인데, 뜨거운 열과 엄청난 무게를 받다 보니 오래 버티지 못하고 축 늘어져 사흘이 멀다 하고 교체해야 했다.

김차진 명장은 생각했다. '꼭 이렇게 자주 교체해야 할까?' 근본적인 의문이었다. 질문을 던지고 보니 금세 아이디어가 따라왔다. 막대를 빨대 같은 둥근 모양 대신 나무젓가락처럼 사각형 모양의 봉으로 하면 어떨까 싶었다. 교체도 봉 하나하나를 하는 게 아니라 전체를 모듈로 해서 쉽게 바꾸면 좋겠다고 생각했다. 시험을 해보니 결과는 대성공. 석 달 정도 효과를 검증한 것도 합격점이었다. 이것으로 김차진 명장은 우수제안 4등급을 받았다. 포상으로 그는 어머님과 장모님, 아내와 회사 휴양시설인 울진 백암수련원(온천)을 다녀왔다. 어깨가 으쓱했다. 이 작은 사건이 그의 회사 생활에 터닝포인트가 될 줄은 당시에는 알지 못했다.

오늘도 설비 개선을 위해 출근한다

이 사건을 계기로 그의 업무에 대한 시각이 바뀌었다. 정비 분야에는 이런 말이 있다고 한다. '나는 오늘도 설비 개선을 위해서 출근한다.' 그랬다. 정비라는 업무의 본질은 고장 난 것을 고치는 데 있는 것이 아니었다. '애당초 고장이 나지 않도록 고민하는 것, 고장이 나더라도 빠르고 쉽게 고칠 방법을 고민하는 것'에 있었다. 그것이 바로 설비 개선이었다. 그렇게 김차진 명장의 가슴속에 설비 개선이라는 열정이 서서히 똬리를 틀기 시작했다.

말이 좋아서 설비 개선이지, 고로라는 거인을 앞에 두고 설비 개선을 운운하려면 많은 준비가 필요했다. 뭘 알아야 고치든지, 개선을 하든지 할 게 아닌가? 마침 그때 회사에 들어온 것이, 문서작성 프로그램 '일사천리(1472)'였다. 요즘에야 워드, 파워포인트, 엑셀, 한글 등 수많은 사무 프로그램이 있고, 필요하다면 더 전문적인 프로그램도 사용할 수 있다. 그러나 당시에는 설비를 공부하려면 도면을 종이에 옮겨 그리고, 색칠해가며 막노동식으로 하는 방법밖에 없었다. 그러니 관련 노하우를 체계적으로 정리하려고 해도 엄두가 나지 않았다.

그런데 일사천리(1472) 프로그램은 그가 관련 노하우를 연구하고 결과를 축적하는 데 큰 도움이 됐다. 막 배움에 대한 열정이 치고 올라오는 시점에 맞춰 관련 도구까지 손에 쥐게 되니, 그는 신바람이 났다. 업무 시간 이후, 남들이 인정해주지도 않는 자발적 야근과 휴무일 근무를 하며 노하우를 차근차근 모아갔다. 당시의 자료들은 지금도 여전히 김차진 명장의 보물이다. "일사천리로 작성한 것이지만, 워드하고도 호환이 돼서 지금도 활용 가치가 큰 보물들입니다."

포항제철소 고로 출선 장면.

출선구 개공기를 획기적으로 개선하다

자료만 쌓이는 게 아니었다. 머릿속에 지식도 함께 쌓여갔고, 가슴속 열정도 더욱 커갔다. 이즈음엔 혼자만의 성과가 아니라 팀 파워를 통해 일을 조율하고 통합하면서 성과를 공유하는 관리자의 위치에 올라서 있었다. 그리고 다시 한번 그에게 운명처럼 새로운 도전이 다가왔다.

1고로와 2고로에서 문제가 생긴 것이다. 고로에서 쇳물을 뽑아낼 때 고로 아래쪽에 개공기라는 장비로 구멍을 뚫는다. 이를 쇳물이 나오는 구멍이라 하여 '출선구(出銑口)'라고 하는데, 개공기로 출선구를 뚫을 때 개공기에서 송곳 역할을 하는 해머(hammer)가 문제였다. 구멍을 뚫는 곳이 흙으로 막아놓은 쇳물이 나오는 통로이다 보니 뜨거운 것은 물론이고 마찰열도 커서 냉각수로 개공기를 식히며 작업을 해야 하는데, 이때

정비의 본질은 고장 난 것을 고치는 데 있는 게 아니라 애당초 고장 나지 않도록 하는 것이다.

냉각수가 해머를 경유하게 되어 있었다. 그런데 고열과 개공 작업의 충격 때문에 냉각수가 해머를 경유하는 과정에서 빈번하게 고장 났다. 하룻밤 작업에 해머를 세 번씩이나 교체하는 일도 있을 정도였다. 이런저런 방법을 시도해보았지만 개선은 쉽지 않았다.

"아무리 해도 방법이 없었죠. 그때 저와 설비 담당자가 함께 이런 이야기를 했어요. 문제를 완전히 다른 방식으로, 그러니까 뒤집어서 생각해보자고요. 그래서 생각해낸 게 냉각수가 해머를 경유해서 분사되는 방식이 아닌, 우회해서 분사되도록 하는 거였죠. 물론 기술적 어려움이 있긴 했지만 개념을 바꿔 접근하니까 해결의 길이 보이더군요. 이것이 바로 '모바일 보스(mobile boss)'입니다. 워낙 획기적인 방식이다 보니, 우수제안 3등급에 선정됐고, 국제특허까지 출원했습니다."

"저를 명장으로 만들어준 것은 주변 사람들과 설비입니다."

그저 롤모델로 있기만 해도 후배들은 잘 따라올 것이라 믿는다.

이 새로운 방식은 포항 1고로와 2고로에 적용됐고, 1고로는 비록 종풍(2021.12.29)됐지만 아직도 이 획기적인 방식은 2고로에서 제 역할을 다하고 있다.

끼니를 걱정해야 하는 어려운 환경은 그를 기능인의 길로 인도하고 ✦

김차진 명장은 '개천에서 용 났다.'는 사례를 보여주는 전형적인 경우라 해도 과언이 아니다.

"아버지는 일제강점기 열아홉 나이에 일본으로 건너가 철공소에서 기술을 배우셨습니다. 제법 인정받는 도금 기술자가 되었지만, 태평양전쟁 막바지 빈손으로 귀국하게 되었죠. 가족들 몰래 땅 팔아서 일본에 갔던 경우라, 돌아온 아버지에게는 아무것도 남은 게 없었습니다. 농사는 젬병이셨고요."

어찌나 가난이 혹독했던지 그의 어머님이 눈 내리던 어느 날 길게 이렇게 탄식하셨다고 한다. "저 눈이 다 쌀이면 얼마나 좋을까?"

"초등학교 4학년 이후로는 방학이면 날마다 지게를 지고 산에 가서 땔감을 했습니다. 방학이 끝날 때쯤이면 제가 해둔 나뭇짐 무더기가 초가삼간보다 높았을 정도였습니다. 참 어렵던 시절이었습니다."

그런 상황에서도 소년 김차진은 호롱불 아래서 숙제를 하며 책을 손에서 놓지 않았고, 유달리 눈에 띄는 손재주로 선생님을 놀라게 하기도 했다고. 이렇듯 풍족하지 못했던 그의 환경은 그를 대학이 아닌 기능인의 길로 인도했고, 포스코라는 운명의 일터를 만나게 되었다고 한다.

시련은 새로운 도약의 밑거름으로

한편, 포항 1, 2고로의 문제를 해결한 김차진 명장에게는 거칠 것이 없어 보였다. 그런데 호사다마라고 할까? 그에게도 시련의 시간이 다가오고 있었다. 1고로와 2고로가 안정기에 접어들자, 이번에는 3고로가 그를 불렀다. 그런데 3고로는 그렇게 만만한 상대가 아니었다. 중소형급인 1, 2고로와는 달리 3고로는 대형 고로였기 때문이다. 3고로는 지금까지 그가 겪어보지 못한 전혀 새로운 상대였다.

"그때가 3고로 2차 개수를 끝내고 화입(2006.5.4)을 해서 조업을 시작한 지 얼마 안 된 시점이었어요. 일반적으로 설비들은 라이프사이클로 볼 때 조업 초기에 트러블이 많이 생깁니다. 그 트러블을 잘 넘기면 안정기에 접어드는 것이고요. 이런저런 트러블을 어떻게 잘 넘겼지요. 그런데 설비가 너무 빨리 늙어버린 겁니다. 조업은 연일 출선비 신기록을 경신하면서 잘나가는데 정작 설비는 지친 거죠. 증상이 나타난 곳은 고로

본체 냉각설비인 스테이브 쿨러(stave cooler)였는데요. 스테이브 쿨러가 급격하게 마모돼 제 역할을 못 하게 된 겁니다. 스테이브 쿨러가 제 역할을 못 하면 고로 몸체 외부인 '철피'가 벌겋게 가열되는데 이 상태로는 조업을 정상적으로 할 수 없는 노릇이었죠."

해결책은 스테이브 쿨러가 다 못 하는 역할을 보조해줄 수 있도록 고로 몸체에 보조냉각반을 설치하는 것이었다. 문제는 시간. 고로를 오래 멈춰둘 수가 없기 때문이다. 바깥에서 고로 철피에 구멍을 뚫고 그 구멍에 보조냉각반을 설치하면 될 것이라고 쉽게 생각했다. 48시간 동안 고로를 멈추고, 철피에 구멍 64개를 뚫기로 했다. 그런데 정작 구멍을 뚫으려니 도무지 뚫리지가 않았다. 철피를 뚫고 들어간 드릴이 안쪽에 있는 스테이브까지 뚫지는 못했다. 뚫는 데 성공한 것은 겨우 4개뿐이었다. 실패, 실패, 대실패였다.

"눈물이 다 나더군요. 중도에 포기를 하다니…. 상상도 할 수 없는 일이었어요. 그 당시 우리 모두가, 특히 고로라면 자신 있다 생각했던 제가, 지나치게 자만했던 거죠."

두 번의 실패는 안 될 일

위대한 탐험가들이 공통적으로 하는 말이 있다. '자만하는 순간 위험에 빠진다.' 자연을 상대로 한 도전이든 일을 상대로 한 도전이든, 사람이 모든 것을 빠짐없이 알고 항상 완벽하게 대처할 수는 없는 노릇이다. 의외의 상황은 늘 생기고, 예상은 종종 빗나간다. 이러한 상황에 맞닥뜨렸을 때 자만한 자는 적절히 대처하지 못하고 고집을 부리다가 실패하고, 겸손한 자는 상황을 인정하고 사태를 수습한다.

"다시 도전할 때는 저희도 나름 대비를 했습니다. 당시 고로정비과장이 참여할 수 있는 인원을 총동원하고, 훈련도 철저하게 했습니다. 두 번의 실패는 안 되는 거잖아요."

결국 목표는 달성했다. 그러나 이 시련은 김차진 명장에게 지워지지 않을 아픔으로 남았다. 이 시기에 장모님이 별세하셨지만 자리를 비울 수 없었던 개인적 아픔까지 겹쳤기 때문이다. 3고로 문제는 결국 3차례에 걸쳐 철피를 교체함으로써 마무리됐다. 하지만 기능인 김차진 명장은 시련을 시련으로만 남겨두지 않았다. 그는 시련이 있을 때마다 이를 반드시, 새로운 도약을 위한 밑거름으로 삼았다.

명예 회복의 기회는 얼마 후 4고로에서 찾아왔다. 4고로 스테이브 쿨러가 일찍 마모돼 조치가 필요하게 된 것이다. 이번에는 3고로의 전철을 밟지 않았다. 구멍을 뚫어 조치를 취하는 대신 스테이브를 교체해버릴 심산이었다. 그래서 해외 사례를 살펴보았다. 일본은 고로를 완전히 식힌 뒤 안에 들어가서 내부를 교체하는 방법을 쓰고 있었다. 이 역시 문제는 시간. 두 달은 족히 걸리는 작업이었다. 포스코에 맞는 방법은 아니었다. 소문에 스페인에서는 다른 방법을 쓴다고들 했다. 그래서 스페인까지 날아갔다. 하지만 알아보니 그 역시 일본과 같은 방법이었다. 결국 해외 사례에서는 신박한 해결책을 찾아낼 수 없었다. 그런데 스페인에 간 것이 헛된 시간은 아니었다.

스페인 구상으로 탄생한 '디스맨틀링 디바이스' ◆

"결국 해결책을 자체적으로 내놓을 수밖에 없는 상황이 된 거죠. 스페인에서 아무 성과 없이 돌아가야 하는데 참 막막했습니다. 그런데 궁하면 통하는 걸까요. 그때 이런 생각이 들었어요. 고로 위쪽에 있는 원료를 뿌려주는 장치에 새로운 장치를 덧대어 활용하면 고로 내부에 스테이브를 붙일 수 있지 않을까?' 생각이 여기에 미치자, 힘도 나고 한국에 돌아갈 면목도 서더군요."

한국에 돌아온 김차진 명장은 곧바로 아이디어를 현실에 적용해보았다. 도면을 그리고, 시뮬레이션도 하고, 마침내 실전 적용에 성공했다. 그 결과 2015년부터 이 방법으로 총 여섯 차례에 걸쳐 스테이브 쿨러 260매를 4고로 안쪽에 바꾸어 끼우는 데 성공했다.

철강 기술 선진국도 놀랄 일이 아닐 수 없었다. 그는 이 장치를 '디스맨틀링 디바이스(dismantling device)'라고 이름 붙여보았다며 멋쩍게 웃었다.

"사실 제가 명장이란 명예를 얻은 것도 다 이 디스맨틀링 디바이스 덕이라고 봐야죠. 제가 생각해도 이건 좀 자랑스러운 부분이 있어요. 그래서 감히 창업자이신 박태준 회장님의 '하와이 구상'을 생각하며 저 스스로 '스페인 구상'이라고 불러보고 싶네요."

그는 '표절'이라면서 수줍게 웃었다. 상황이 비슷한 건 사실이다. 제철소 건설 자금을 구하러 하와이까지 날아갔으나 얻지 못하고 대신 청구권 자금 전용이라는 획기적 아이디어를 생각해낸 '하와이 구상'과, 고로 문제 해결을 위해 스페인까지 날아갔으나 소득 없이 돌아오게 된 상황에서 획기적 해결책을 생각해낸 '스페인 구상.' 둘 모두 포기하지 않고 반드시 해결하겠다는 의지로 '불가능을 가능'으로 만들어낸 경우가 아니겠는가.

하심과 겸손 그리고 부지런함

그에게 좌우명을 묻자 '하심(下心)'과 '겸손(謙遜)'을 말한다. 누구라도 그와 대화를 나누어보면 알 수 있을 것이다. 이 말이 결코 허언이 아님을. 인터뷰 내내 그는 어쩔 수 없이 자신의 공을 이야기해야 할 경우, 표가 날 정도로 얼굴을 붉혔다. 또 질문을 하면, 미리 적어온 내용을 여러 번 확인하며 신중하게 대답했다. 이렇게까지 자랑할 게 많으면 먼저 나서서 말할 법도 한데 말이다. 그래서일까? 그는 후배들에게도 무엇 하나 강요하지 않는다고 한다. 그저 앞에서 롤모델로 있기만 해도 후배들은 잘 따라올 것을 믿기에.

그리고 또 하나 중요하게 여기는 것이 있다면 부지런함이라고 덧붙였다. 신입사원 시절 그의 부지런함은 모르는 사람이 없을 정도였다. 어찌나 현장 곳곳을 뛰어다녔던지 안전화가 남아나질 않았다고. 그런데 보급이 넉넉하지 않았던 시절이었던지라 안전화를 새로 받으려면 반드시 정비과장에게 검사를 받고서야 받을 수 있었다. 김차진 명장은 안전화가 어찌나 빨리 닳는지 받으러 가야 하는 상황이 잦았다. 그래서였을까? 정비과장이 그에게만 일종의 '프리패스' 권한 같은 것을 주었단다. 김차진 만큼은 안전화가 닳으면 그냥 자재 창고에 가서 바꿔 신으라는 것. 회사 물품 소비 관련 규정이 엄정했던 시절, 이 정도 예외를 인정받으려면 웬만하지 않고서는 안 되는 일이었다. 일종의 '성실한 김차진이라면 OK'라는 생각을 누구나 하고 있었다고 해도 과언이 아니지 않을까?

그는 말한다. 자신을 명장으로 만들어준 것은 주변 사람들과 설비라고. 주변 사람들까지는 이해가 되지만 설비라는 말은 좀 의외였다.

"설비가 질문을 던지지 않았다면 제가 답을 찾는 여행을 시작할 수 없었을 겁니다. 설비야말로 제 스승이자 멘토지요. 동료들이 있고 설비가 있는 그 자리에 우연히 제가 있게 된 행운이 있었을 뿐입니다."

명장 김차진. 요즘도 그는 때때로 설비 앞에 가만히 서서 설비의 속삭임에 귀를 기울이곤 한다. 그리고 설비가 던지는 질문을 곰곰이 곱씹는다.

김차진 명장은 1958년 경주에서도 30리 정도 떨어진 '천북면 동산2리'라는 시골에서 3남 4녀 중 둘째 아들로 태어났다. 경주공고 3학년 2학기 때 다들 기업체 실습을 나가는 동안 동네 산속 재실(齋室)에서 공부에 매진하며 포스코 입사에 뜻을 두었다. 포스코 입사는 두 차례의 도전 끝에 1976년 3월에 성공했다. 입사 후 줄곧 근무했던 곳은 고로정비과. 그러나 1년간(2012년~2013년) 투자그룹으로 '외도 아닌 외도'를 하며 설비 전반에 대한 안목을 키웠다. 이후 다시 고로정비과로 복귀, 포항의 모든 고로에 대해 주치의를 자처하고 있다. 포항제철소에서 '살아 있는 전설'로 통하는 그는 기계정비산업기사(2000년), 용접기능장(2016년), 산업안전기사(2020년) 등 '자격증 부자'이기도 하지만 현장 활동을 위한 노력 역시 자타가 인정하는 바이다. 이러한 노력을 인정받은 그는 우수종합지식 1등급(2010년), 올해의 용선인(2010년), 포스코패밀리대상(2011년), 정비명인(2014년), 철강기능상(2015년), 포스코기술대상(2016년), 포스코명장(2016년), 기타 제철소장 표창(7회), 사장표창(6회), 회장표창(3회) 등 일일이 열거하기 어려울 정도의 수상 경력을 자랑한다.

신승철 명장 ✦ 광양 냉연부

제품 생산도,
열정도

———

월드 톱 프리미엄

"아이 하나를 키우는 데 온 마을이 필요하다." 아프리카의 속담이다. 한 아이가 성장해 번듯한 사회 구성원으로서 제 역할을 다하도록 키우기 위해서는 주변의 배려와 영향이 차지하는 위치가 그만큼 크다는 의미이다. 세상 모든 아이가 그런 호사를 누리는 것도 아니고, 또 반드시 그래야만 아이가 훌륭하게 자라는 것도 아니겠지만, 아이가 자라나는 환경이란 또 그만큼 중요하다는 것, 부정할 수 없는 사실이다. 그런 면에서 신승철 명장은 어쩌면 좋은 환경을 타고났다 할 수도 있겠다.

포스코명장을 내는 데는 온 가족이 필요했다

신승철 명장은 경기도 양주, 전형적인 시골 마을에서 태어났다. 조부모님과 함께 3대가 한집에 살았는데 아버지는 회사를 그만두고 가업인 농사를 짓고 계셨다. 물론 경제적으로 풍족하지는 않았다. 3남 1녀의 학비를 대는 것도 빠듯했다고. 그러나 부모님의 자식 교육에 대한 열정만큼은 최고라고 할 수 있었다. 초등학교 육성회장도 오래 하셨을 정도였다.

고품질 자동차 외판 생산의 바탕을 만든 신승철 명장.

그러한 좋은 환경이 그를 둘러싸고 있었기에 그는 공부에 전념할 수 있었고, 당시 최상위권 학생들만이 입학 원서를 낼 수 있었던 포철공고에도 당당히 합격할 수 있었다.

"모두 부모님 덕분이었죠. 어려운 가운데서도 제가 공부에 전념할 수 있도록 환경을 만들어주셨으니까요. 포철공고에 합격했을 때도 엄청 기뻐하셔서 저도 덩달아 행복했습니다. 포스코명장이 되었을 때 임명패를 들고 고향을 찾았는데 그때 정말이지 뿌듯했습니다. 아버지께서 동네 노인정을 찾아 '우리 아들 포스코명장 됐다.'고 어린아이처럼 자랑하시던 모습이 지금도 눈에 선합니다."

월드 톱 프리미엄 제품의 시대

"철강 불모지에 제철소를 세우고, 산업의 쌀인 철강을 생산한다."
모래바람만 가득하던 영일만에 제철소를 세웠던 창립 세대의 외침이

광양제철소 냉연 창고에서 출하를 기다리고 있는 자동차강판.

다. 그 뒤로 시간이 흘렀고, 시대가 바뀌었다. 철강이라는 필수 소재를 공급하는 것만으로도 회사가 먹고살고, 나라가 먹고살 수 있던 고도성장 시대는 저물고 있었다. 2000년대 들어 포스코는 창립 이후 한 번도 경험하지 못했던 도전적인 환경과 마주해야 했다. 국내에 경쟁사가 등장했고, 중국이 어마어마한 물량을 생산해 저가 공세를 펼치면서 국내로도 밀려들어왔다. 국제시장의 경쟁 상황은 점점 첨예해졌고, 국내에서도 경쟁은 피할 수 없었다. 이제 포스코도 포스코만의 독자적인 제품으로 국내외 시장에서 싸워야만 하는 시대가 온 것이었다. 포스코는 이런 제품을 월드 톱 프리미엄(World Top Premium; WTP) 제품이라 이름 짓고 사활을 걸었다.

두렵지만 설렜던 도전, 자동차강판 품질 확보

신승철 명장은 1982년 포스코에 입사한 후 포항제철소 냉연부에서 일하며 냉연인의 길에 들어섰다. 1988년 광양으로 근무처를 옮긴 뒤에도 그는 냉연인으로서 한길을 걸어왔다. 그런 그에게도 시대적 도전의 바람이 불어왔다. 당시 광양제철소는 '자동차강판 전문제철소'라는 비전을 선포하고 자동차강판 중에서 최고의 기술이 요구되는 자동차 외판재 생산 도전에 나섰다. 그러나 기술적 한계에 부딪혀 국내 자동차용 외판만 생산하고 품질 조건이 까다로운 수출용은 엄두도 못 냈다. 수출용 차(車)강판 외판재 양산 기술이 시급했던 광양제철소는 '최고 품질이 필요한 일본향 자동차 외판 제품을 개발, 양산하라'는 미션을 신승철 명장에게 부여했다. 일을 피해본 적이 없고, 오히려 즐겨왔던 그에게도 이 도전만큼은 부담스럽고, 또 두려웠다. 그래서일까, 그는 이 시기를 직장 생활 중 가장 힘들었던 때로 꼽는다.

"자동차 외판은 지금도 그렇지만 과거에도 상당히 고급 제품이었고, 수요자와 소비자들이 품질을 까다롭게 따지는 제품 중 하나입니다. 자동차 자체가 고가이다 보니 그 외부를 책임지는 강판은 두께, 강도, 표면, 색상 등 종합적인 품질에 까다롭지 않을 수가 없죠."

그가 이 어려운 과제에 본격적으로 참여하게 된 것은 2009년 통합파트장으로 보임되면서부터였다. 압연 부문에 주어진 목표는 '월드 톱 프리미엄 제품의 생산 기술 확보와 양산 체제 구축'이었다. 그 핵심은 일본향 자동차 외판 양산 기술이다. 그런데 그가 근무하는 광양제철소 냉간압연 부문 소둔 설비는 제철소에서도 가장 오래된 설비였다. 가장 오래된 설비로, 가장 좋은 제품을 만들어내라는 것은 어떻게 보면 모순이었다. 자동차 외판재로 쓰는 강판은 여러 품질 요건들 중 특히 표면의 미려함이 중요했다. 즉, 고품질 연속 대량생산이라는 두 마리 토끼를 잡아야 하는 작업이었다. 100% 성능이 아닌 오래된 설비로 강판 품질을 확보하자니, 어려움이 많았다.

"모르는 사람들은 제철소에 설비를 한번 설치하고 그저 매뉴얼대로 스위치만 조작하면 제품이 뚝딱 나오는 줄 압니다. 사실 그게 아니거든요. 설비를 가동하고 조업을 하면서 수도 없이 많은 개선 사항이 생깁니다. 이 개선 사항들에 잘 대응해서 이른바 '요소 기술'들을 많이 확립해야 합니다. 얼마나 노력하느냐에 따라 똑같은 설비에서 나온 제품이라도 그 품질은 천양지차입니다."

자신감을 갖고 과감하게 설비 개선, 조업 기준 개선에 도전해야 ✦

하지만 신승철 명장은 이런 어려운 과제에 도전하기를 즐기는 사람이다. 이런 겁 없는 도전의 바탕에는 '긍정 마인드'가 자리 잡고 있다. 그는 '요소 기술' 확보에 필수적인 설비 개선부터 꼼꼼히 따져봤다. 쉽지는 않았다. 설비 개선에는 기술적 난관뿐만 아니라 심리적, 조직 문화적 난관도 존재한다.

"운전실에서 근무하는 직원들은 일반적으로 설비에 대한 부담을 가지기 쉽습니다. 이름만 들어도 아는 굴지의 설비 공급사들이 가져다 놓은 설비를 보면 '내가 감히 이 거대한 설비를 고치고 수정할 수 있을까? 그래도 되는 걸까? 그랬다가 문제가 되면 내가 감당할 수 있을까?'라는 생각을 하게 됩니다. 저도 이해합니다. 그럼에도 필요하고, 문제가 된다 싶으면 과감하게 설비를 개선하고 조업 표준을 새롭게 정립해야만 합니다.

"호기심을 가지면 배우게 되고, 배워서 알게 되면 도전할 수 있는 자신감도 생깁니다."

자신감을 가져야 돼요."

"자신감을 가지고 도전하세요." 후배들에게 강조하고 싶은 말이 있느냐는 질문에 그는 한마디로 이렇게 답했다. 호기심을 가지면 배우게 되고, 배워서 알게 되면 도전할 수 있는 자신감도 생긴다. 그리고 도전을 통해 '성공 체험'이 쌓여가면 이러한 자신감은 커진다. 신승철 명장 역시 세계에서 인정하는 포스코 제품을 만드는 데 일조했던 '성공 체험'이 쌓이며 자연스레 자신감을 얻었다. 바로, 일본향 자동차 외판이었다.

연속소둔로 조업 기술 확립으로 자동차 외판 생산 체제 구축 ◆

당시 포스코가 자동차 외판 생산에서 가장 이루고 싶어 했던 목표는 '일본향 자동차 외판 생산품질 확보'였다. 왜 하필 '일본향'이었을까?

"당시 일본향이라고 하면, 도요타, 혼다, 미쓰비시 등에 공급한다는 의미였습니다. 일본의 자동차 외판 고객사들은 품질에 엄청 까다로웠고, 그중에서도 혼다가 첫손가락에 꼽혔습니다. 우리가 제품을 생산해 이들 업체의 품질 기준을 통과하면 그것은 세계 어느 곳에서도 통하는 제품이라는 뜻이었죠. 하지만 당시 우리 능력은 그에 미치지 못했습니다. 수율(收率)로 따지면 절반 정도 된다고 해야 할까요."

그는 연속소둔라인(Continuous Annealing Line; CAL) 설비를 개조, 개선하고 작업공정을 표준화해 일본향 자동차 외판을 양산하는 일을 맡았다.

포스코센터 제품 전시관. 노력 여하에 따라 같은 설비에서 나온 제품도 품질은 천양지차다.

사실 이 '연속'이라는 말은 조업하는 이들에게 큰 부담을 주는 단어이다. 절대 품질을 확보하면서 공정 중단 없이 고급 제품을 연속 생산해야만 한다는 뜻이기 때문이다. 쉬지 않고 빠르게 진행되는 공정이 '연속'이고, 연속은 대량생산의 필수조건이다. 그와 동료들도 설비 개선과 개조, 강판 표면 품질 테스트를 거의 쉴 틈 없이 무한 반복해야 했다. 그러나 그는 한 번도 포기하겠다고 생각한 적이 없다.

포기할 수도 없었고, 포기하고 싶지도 않았다

"포기할 수도 없었고, 포기하고 싶지도 않았습니다. 반드시 성공할 수 있다고 믿었습니다. 물론 쉽진 않았습니다. 고품질 자동차 외판을 생산하려면 연속소둔뿐만 아니라, 전 공정인 냉간압연, 후 공정인 정정공정에서도 많은 노력이 필요했습니다. 당시에는 두 공정이 성공하면 한 공정에서 문제가 생기고, 실패했던 공정을 개선하면 또 다른 공정에서 문제가 생기는 등 고난의 연속이었습니다. 그중에서도 품질의 핵심 공정인 연속소둔은 해결할 문제가 너무 많았어요."

특히 당시 설비가 구형이다 보니 소둔로의 설비들이 블랙박스화돼 있어 내부에서 일어나는 일을 관찰하고 관리하기가 어려웠다. 신승철 명장은 설비의 구동 상태를 모니터링할 수 있도록 소둔로 최적화 시스템을 개발해 문제 해결의 첫 단추를 끼웠고, 개선 후 설비 모니터링 강화로 조업 과정 관리가 훨씬 쉬워졌다. 그렇지만 실패와 좌절도 연달아 찾아왔다. 전후 공정을 연계해 소재 품질에서부터 최종 공정인 제품 검사까지 프로세스를 최적화하고 설비의 관리 기준을 재정립하는 등 밤낮을 가리지 않고 노력했다.

공동체 · 책임 의식 가져야 좋은 성과 나와

그는 제품 검사에도 심혈을 기울였다.

"당시 제품 검사는 좀 형식적이었어요. 검사가 형식적이면 불량 제품이 다음 공정으로 넘어갈 수도 있습니다. 이렇게 불량품을 놓치면 불량품의 발생 원인과 개선 방법 연구의 토대가 되는 중요한 정보도 얻지 못합니다. 품질을 개선할 소중한 기회를 잃어버리는 거죠."

그냥 두고 볼 수 없었던 신승철 명장은 검사가 형식적이고 부실해진 근본 원인부터 찾았다. 문제는 검사용 시편의 길이가 너무 짧고, 시편 채취를 하려면 라인(line)을 정지하고 가동 설비에 진입해 철판을 외부로 들어내는 등 안전에도, 생산에도 부담이 되기 때문에 제대로 이행이 되지 않는다는 것이었다. 그는 라인 정지 없이도 자동으로 5m까지 시편 채취가 가능한 제품 검사 시스템을 개발했다. 이전에는 검사 시편을 사람이 직접 들어내서 검사했는데, 시스템 도입 이후에는 일정 주기로 자동으로 시편을 채취해 검사할 수 있도록 만든 것이다. 주기도 일정하고, 밝은 조도가 확보된 오프라인에서 정밀 검사를 실시하면서 제품 검사의 수준이 올라갔다.

"조업에 참여하는 모든 이들이 정보와 인식을 공유해야 합니다. 제품 검사공정이 매우 중요하고 의미 있는 작업이라는 사실을 작업에 참여하는 모든 직원이 알아야 한다는 겁니다."

고품질 자동차 외판 생산의 바탕을 만든 신승철 명장. 그는 직원들이 작업에 대해 책임의식을 가지는 것이 얼마나 중요한지 다시 한번 강조했다. 그가 항상 공동체 의식을 가지고 솔선수범하는 모습을 보여주려 노력하는 이유일 것이다.

기가스틸은 지금도 진행형, 온 힘 다해 세계 최고 차강판 만들 터 ✦

그에게도 아직 도전하고 싶은 프로젝트가 있을까? 망설임 없이 대답이 나왔다.

"이미 저는 '기가스틸'에 도전 중입니다. 과거 포스코의 새 먹거리가 자동차 외판이었다면 현재 이 부분은 어느 정도 자리를 잡았죠. 물론 경쟁이 치열하니 기술 개발이나 설비 개선은 끊임없이 해나가야겠지만, 큰 고비는 넘었다고 할 수 있습니다. 초창기 생산에 고전하던 기가스틸도 현재는 급랭 열처리 기술이 완성되어 고품질로 양산하고 있습니다. 최근에는 진보한 저합금 MART(Martensite)강 생산기술 개발과 전기 자동차용 무방향성 전기강판 생산기술 개발에 매진하고 있습니다."

철강은 이렇게 경쟁 우위를 유지하기 위해서 기술 개발에 박차를 가하고 있지만 알루미늄이나 마그네슘, 심지어 플라스틱 등의 비철, 신소재 산업과도 경쟁해야 한다. 이러한 도전에 대응하여 포스코 고유의 특화된 조업기술 개발이 절실하지만 결코 쉽게 이루지는 것은 아니다. 그러나 신승철 명장은 '새롭고 어려운 도전일수록 더 설렌다.'라고 했던 사람답게, 긍정적인 모습으로 자기 자신과 후배들의 분발을 독려하는 모습이다.

제철소 업무는 선후배가 함께하는 계주, 지적보다 이해가 우선 ✦

"기가스틸은 고강도여야 하기 때문에 망간, 실리콘 등이 많이 들어갑니다. 이런 것들이 들어가면 산화가 불가피해지고, 산으로 표면을 세정하는 산세(酸洗)공정에서도 이들을 다 제거하는 게 어렵죠. 그러면 강판이 열을 받아들이고 내보내는 복사율이 달라집니다. 이때 달라진 부분을 조업에서 충분히 감안해줘야 합니다. 이 과정에서 온도를 정확하게 계측하는 '계측기 신뢰성'을 높이는 것이 가장 중요합니다."

조업을 중심으로 성장해온 기술인 신승철 명장은 특히 '요소 기술'이라는 개념을 강조했다. 과거에는 우선 '자동차강판이 우리 차세대 먹거리다.'와 같이 큰 틀에서 방향성을 제시하는 문제가 가장 중요했다. 그 방향성에 맞는 설비 투자를 진행한 뒤, 설비가 한정해주는 능력의 범위 안에서 문제없이 조업을 해내면 됐다. 그러나 이제 시대적 요구가 달라졌다. 큰 목표는 계속 추구해야 하지만, 그 과정에서 동일한 설비로 다른 품질의 제품을 만들어낼 수 있도록 만드는 현장 설비 관리 기술 등 '요소 기술'의 중요성이 높아지고 있다.

"요소 기술의 확립은 저와 같은 현장 기술인의 숙제입니다. 그래서 후배들에게도 이러한 점을 늘 강조합니다."

그는 후배들에게 자기 계발과 성장은 자전거 타기와도 비슷하다고 말한다. 앞으로 나가거나 넘어지거나 둘 중 하나라는 것이다. 기술인도 마찬가지. 계속 성장하지 않으면 넘어지고 만다.

그는 후배들에게 이런 말도 덧붙였다.

"최근 회사에서 기술과 로열티로 무장했던 베이비부머들이 매년 정년 등으로 대거 퇴직하는 상황입니다. 저도 베이비붐 세대고요. 그런데 그 뒤를 빈틈 없이 메워야 할 후배들은 정서적으로나 환경적으로 완전히 다른 의식을 지니고 있습니다. 이 지점에서 모두가 생각해야 할 것이 많습니다. 후배들에게 문제가 있다는 이야기를 하는 것이 아닙니다. 선후배의 정서가 서로 다르다는 것이고, 다른 점을 서로 이해해야 한다는 것이죠. 어차피 배턴(baton)을 넘겨야 하는데 지적만 한다면, 배턴은 땅바

"세대 교체가 필요한 지금, 누구에게 문제가 있는지를 따질 게 아니라 선후배의 정서가 서로 다르다는 것을 인정하고 이해해야 합니다."

닥에 떨어지고 말겠죠."

그는 명장으로서 후배들에게 자부심과 근로 의식을 고취할 방법에도 고민이 많은 듯했다. 오래 생각해온 아이디어를 조심스레 꺼내는 그의 모습에서 후배들을 향한 깊은 애정을 느낄 수 있었다.

"명장과 같은 제도도 물론 좋지만, 그 중간 과정 단계 단계마다 현장 직원이 목표로 삼을 수 있는 다양한 제도와 방법론이 구체적으로 제시되면 더욱 좋을 거란 생각을 해봅니다. 직원들이 명장과 같이 다소 먼 목표보다, 자신에게 가까운 목표를 단계별로 성취해나가면서 성장해나갈 수 있을 테니까요."

'무지'의 '지'를 바탕으로 삼위일체 기술인을 꿈꾼다

철학자 소크라테스는 "나는 단지 내가 모른다는 것을 알 뿐이다. 내가 진정으로 아는 것은 없다."라고 말하면서 이 '무지(無知)의 지(知)'에 근거해 끊임없이 철학적 성장을 하며 살았다. 신승철 명장은 이런 소크라테스의 삶을 몸소 실천하는 기술인이다. 스스로 모르는 게 너무 많다고 공공연하게 이야기하고 다니지만, 다른 사람들은 그에게 자꾸 질문을 던진다. 그도 이러한 질문에 답하며 함께 성장하는 것을 즐기지만, 결코 자신이 '완벽하게 다 아는 사람'이라고 자만하지는 않는다.

"저는 복 받은 사람입니다."

신승철 명장은 말했다. 냉연 열처리 분야 조업 경험, 대형 프로젝트 엔지니어링 참여, 설비 투자 및 기술 개발 업무 등 다양한 경험과 기회로 성장할 수 있었던 것은 최고의 행운이었다. 현장 경험, 다양한 업무 참여, 이론적 지식이라는 기술인의 '삼위일체'를 갖출 수 있었기 때문이다.

그러나 신승철 명장은 아직도 배고픈 소크라테스이다. 그는 아직도 질문을 하고 답을 찾으며 성장한다.

신승철 명장은 1963년 경기도 양주시 농촌 마을에서 3남 1녀 중 막내로 태어났다. 유년기와 고등학교 이전의 학창 시절은 양주에서 보냈다. 학창 시절 우등상을 놓치지 않는 학생이었던 그는 당시 최상위권 성적을 내는 학생들만 입학 원서를 낼 수 있었던 포철공고 압연과로 진학했다.

1982년 2월 포스코에 입사해 포항제철소 조질공장 소둔계에서 본격적인 냉연인의 길에 들어선 뒤 1988년 8월 광양으로 근무처를 옮긴 뒤에도 냉연공장 소둔계에 근무하며 한길을 걸어왔다. 지식에 대한 남다른 갈증으로 2005년 전문학사, 2007년 행정학사를 취득한 뒤, 2009년에는 진주 경상대학교 경영대학원을 졸업, 경영석사 학위까지 취득했다.

새로운 도전을 즐기며 낸 많은 공적으로 2016년 회장표창을 받았고 같은 해 포스코명장에 선정됐다. 명장 임명 이전에도 광양 냉연부 '올해의 냉연인'(2012년), 사장표창(2014년), 우수제안(2014년)을 수상한 바 있다. 압연기능장(2003년), 기계정비산업기사(2009년), 산업안전기사(2021년), 인간공학기사(2021년), 건설안전기사(2021년) 등 다양한 자격증도 보유하고 있다.

김성남 명장 ◆ 광양 EIC기술부

설비 가동음은
정비인의
심장을 뛰게 한다

"정비인은 정비인의 자부심이 있습니다. 자부심을 가질 만하기도 하고요." 누구나 자신이 맡은 업무, 자신이 속한 분야에 대해 자부심을 갖게 마련이다. 그러나 김성남 명장이 정비인으로서 지니고 있는 자부심은 '자신이 얼마나 열심히 했다. 자신이 이러저러한 성과를 냈다.' 하는 차원에서 비롯한 것이 아니다. 그가 말하는 자부심은 포스코의 역사를 통해 면면히 이어져 내려오는, 뿌리를 지닌 것이다. 그것은 포스코 역사의 아픈 손가락이자 고난을 극복해내는 불굴의 의지를 보여주는 한 사건에서 비롯됐다.

1977년 제강 사고. 개인의 실수로 용선이 누출된 사고였지만 건설 초기, 건설과 조업을 병행하면서 어렵게 운영해가던 포스코에는 청천벽력과 같은 일이었다. 복구하려면 서너 달은 걸릴 것이라던 일본 기술진의 말과 달리 포스코 정비인들을 주축으로 한 복구 인력은 이 사고를 불과 34일 만에 극복해냈다. 이 사고 극복의 의지는 포스코 정비인들에게 하나의 DNA로 이어져 내려오고 있다. 김성남 명장 또한 이러한 정비인 중 하나이다.

"의욕이 결국 저를 명장이란 영예로 이끈 게 아닌가 싶어요."

정비인은 의사, 그에 걸맞은 자부심과 책임감 가져야

"정비인은 의사에 비교할 수 있을 것 같습니다." 그는 정비인을 이렇게 규정했다. 그리고 이러한 생각을 후배들이 꼭 공유해주기를 바란다고 했다.

"환자가 병원에 가면 의사는 혈압을 재고, 혈액 검사를 하고, 엑스레이(X-ray)나 CT, MRI를 찍으면서 환자의 병이 무엇인지, 원인이 무엇인지, 어떻게 고치고, 그 치료법을 썼을 때 예후는 어떠할지를 고민하고 모색합니다. 설비도 마찬가지입니다. 문제가 생긴 설비는 환자, 정비인은 의사와 다를 바가 없습니다. 설비가 내는 소리에 귀를 기울여야 하고, 상태를 체크해야 합니다. 이상 조짐이 보이면 가능한 모든 검사를 해보고 그 결과를 조합해서 설비가 어떤 문제를 겪고 있는지 정확하게 판단해야 합니다. 의사가 진단부터 한 다음 치료를 하듯이 정비인은 설비에 어떤 문제가 있는지를 먼저 판단한 다음 수리에 나섭니다."

의사가 하는 중요한 일 중 하나가 후진 양성이다. 인턴, 레지던트 등 단계별로 교수급 의사의 지도 아래 유능한 의사로 커나간다. 김성남 명장도 후배들을 양성하는 데 남다른 고민을 하고 있다.

"개인적 역량이 뛰어난 후배들이 참 많아요. 우리 때는 왜 그렇게 하는지 꼼꼼히 따지기보다는 일단 행동하는 걸 미덕으로 여겼습니다. 또 이것저것 따지기보다는 일단 저지르고 난 뒤에 생각해야 하는 상황이기도 했지요. 그런데 요즘 세대는 영민합니다. 그래서 포스코가 기술적 측면에서 쌓아온 역량을 더욱 발전시키는 데 무리가 없을 것이라 믿습니다."

다만 김성남 명장이 걱정하는 것은 후배들의 자신감, 영민함이 자칫 개인 속에 갇혀버리지 않을까 하는 점이다.

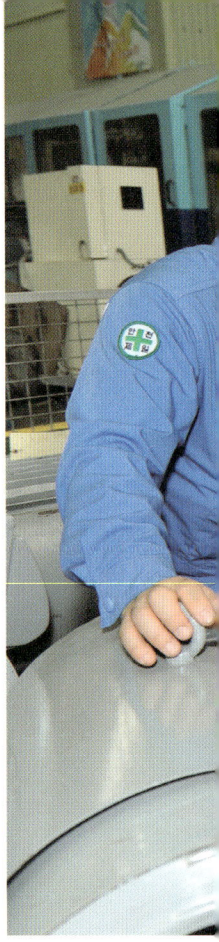

필요할 때 도움을 청하는 것이야말로 최선을 다하는 것

"독불장군이라는 말이 있잖아요. 개인의 역량이 아무리 뛰어나도 유기적으로 결합한 조직의 역량을 넘어설 수는 없어요. 그리고 조직이 제대로 시너지를 발휘하려면 조직을 구성한 개개인이 인간관계로 맺어져야 하죠. 개인에 함몰되는 건 도움을 주고받는 문제에도 해당합니다. 요즘 젊은 직원들이 잘 못 하는 것 중 하나가 도움을 요청하는 거예요. 도

혼자 해결할 수 없는 것은 도와달라고 요청해야 한다. 도움을 요청하는 것은 모자람을 고백하는 것이 아니다.

움을 요청하는 것은 모자람을 고백하는 게 아닙니다. 서로의 역할을 다하면서 자신의 역할이 아닌 부분을 메워달라고 요구하는 당당한 작업입니다. 우리가 흔히 최선을 다했다고 말할 때, 그 최선이라는 개념에는 도움을 요청하는 것까지 포함된다고 생각해요. 개인이 해결해낼 수 없는 것을 도와달라고 요청하기 전까지는 최선을 다한 게 아니라는 말이지요."

사실 도움을 요청하는 것 자체가 능력인 경우가 많다. 도움을 요청하려면 도움을 주고받을 수 있는 유기적 관계를 찾아내거나, 평소 만들어

뒤야 하기 때문이다. 김성남 명장이 이루어낸 대부분의 성과가 이러한 유기적 관계 덕분에 가능한 것들이었다. 그중 그가 자랑스럽게 생각하는 것 중 하나가 바로 '모터 절연 열화 진단 시스템' 구축이다.

"포스코만큼 고전압 모터를 많이 쓰는 공장도 없을 겁니다. 제철소 현장에는 3000대가 넘는 모터가 있어요. 모터도 기계이다 보니 사용하다 보면 어느 부분이 낡아서 고장 납니다. 특히 고전압 모터는 절연 부분이 시간이 지날수록 낡아가는 열화(劣化) 현상이 나타나는데 이게 고장의 주요 원인입니다. 그러다 보니 끊임없이 진단해서 열화 정도를 파악하고, 일정 수준 이상 열화가 진행되면 교체해야 하는데, 이 열화 정도를 정밀하게 진단해내는 것이 매우 어려웠어요. 정확하게 표현하면 진단할 수가 없었죠."

이에 김성남 명장은 상사를 조르고 졸라 값비싼 진단 장비를 구매했다. 그러나 의욕만으로 모든 것을 해결할 수는 없었다. 장비를 효과적으로 운용할 노하우가 없었기 때문이다. 그가 이 문제를 해결한 방법이 바로 '도움을 요청하는 것'이었다. 전기에 관한 수많은 전문 인력과 노하우를 보유하고 있는 한국전력과 관련 회사 관계자들에게 SOS를 쳤다. 한국전력 관련 전문가들과의 협업으로 그는 모터의 잔존 수명을 체크할 수 있는 전문가 시스템을 구축할 수 있었다. 혼자서 할 수 있는 일은 물론 아니었다.

드라마 '꽃피는 팔도강산'이 맺어준 인연 ◆

"어릴 때 봤던 드라마 중에 '꽃피는 팔도강산(1974.4.14~1975.10.17)'이란 것이 있었습니다. 당시에 꽤 히트한 드라마였는데요. 드라마 주인공인

드라마 '꽃피는 팔도강산' 포스터.

김희갑 씨의 다섯째 딸 윤소정 씨가 포스코 직원(문오장)의 부인이었습니다. 드라마 장면에 포항제철소 정문이 나왔는데, 그걸 보면서 막연하게 포스코에 입사하는 꿈을 키웠습니다."

그러나 드라마 외에도 김성남 명장을 포스코의 품으로 이끈 요소는 많았다. 그의 호기심이 그중 하나. 어려서부터 장난꾸러기였던 그는 궁금한 것도 많고 하고 싶은 것도 많았다. 라디오 같은 전자 제품이나 기계 장치를 보면 뜯어보기 일쑤였고 그러다 보면 망가뜨리는 일도 부지기수였다. 서울의 11평짜리 좁은 집에서 12명 가족이 복작거리며 살던 어려운 살림살이 탓에 그의 호기심은 열정으로 읽히기에는 어려운 상황이었다. 다행히도 그의 열정은 스스로 탈출구를 찾았는데 그것이 바로 기능인으로서의 삶이었다.

"전기와 기계에 대한 호기심 탓에 포스코에 들어오게 된 게 맞습니다. 제가 가진 관심사와 적성, 능력을 발휘할 수 있는 최고의 일터라고 생각한 거죠. 그래서 고등학교를 졸업하자마자 날 듯이 입사를 했고요."

포스코와 기능인으로서의 적성이 그에게 '이상형' 같은 것이었다면, '꽃피는 팔도강산'이라는 드라마는 '중매쟁이' 정도의 역할을 한 셈이리라.

사고는 불행한 사건이지만 개선을 이끌어내는 스승이기도 ◆

정비인으로서의 자부심을 준 1977년 제강 사고는 사실 김성남이 직접 겪은 사건은 아니다. 그런데 불행일까, 다행일까? 그에게도 하나의 사건이 찾아왔다.

"1980년이었습니다. 포항제철소 1냉연공장에서 모터 정비를 하고 있는데 갑자기 소방차가 오고, 난리가 난 거예요. 화재가 났다기에 뛰어나가 보니, 정말 난리가 아니었습니다. 그런데 그때 조업하는 이들의 마음가짐 또한 우리 정비인과 다르지 않다는 걸 뼈저리게 느꼈습니다. 불을 끄려면 소방 호스를 끌어와야 하는데 조업하는 직원 하나가 울면서 호스를 끌고 오더라고요. 순간 '아, 이 직원들이 설비를 사랑하는 마음이 나와 다르지 않구나.' 하고 느꼈죠. 그렇게 화재를 진압한 뒤 저의 일이 시작됐습니다. 정비인의 자부심을 몸소 증명하려니 고달픈 건 어쩔 수 없더군요. 2교대로 20일을 정신없이 복구에 매달렸습니다. 사고가 난 게 그해 12월이었는데 공장이 다시 정상 가동을 시작한 게 1월, 송구영신(送舊迎新)의 해 넘김을 화재 복구 현장에서 고스란히 보냈습니다."

이뿐만이 아니었다. 2013년 광양에서도 그는 또 한 번의 화재 사건과 마주하게 된다. 2제강공장 지하 공동구에 전기적 문제로 화재가 일어나 2제강공장의 전로 3기 모두 가동을 멈춰야 했다. 이때는 회사가 태스크포스팀(TFT)을 만들어 복구에 전력을 기울였는데 김성남 명장 역시 이 작업에 참여해 3개월 동안 직원들과 땀범벅이 돼가며 복구에 전력을 기울였다.

"이런 사고는 사고 자체로는 큰 불행이지만 얻는 것도 많습니다. 사고가 나면 왜 사고가 생겼을까 고민하지 않을 수 없지요. 그런 과정에서 '케이블을 이렇게 포설하는 게 낫겠다, 방염 처리를 저렇게 하는 게 좋겠다.' 여러 방안들이 나옵니다. 반면교사가 돼준다고 할까요? 이 사고는 워낙 큰 사고다 보니 이후 새로운 기준도 많이 생겼습니다. 그래서 저도 덩달아 바빠졌습니다. 다른 공장에도 이러한 새로운 기준을 적용해야 했기에 공장들을 돌아다니며 새로운 기준이 적용됐는지 감독하고 확인하는 작업으로 한동안 눈코 뜰 새 없이 바빴습니다. 새로운 기준은 포항에도 모두 적용됐지요."

다양한 경험에서 쌓은 노하우를 후배들에게 전수하는 것이 명장의 역할이다.

명장이란 부담스러우면서도 흥분되는 자리

명장을 만나면 던지곤 하는 질문을 김성남 명장에게도 했다. "현장에 많은 기능인이 있는데 왜 당신이 명장이 됐을까요?"라고. 그만의 비결이나 노력이 궁금하기 때문이다.

"글쎄요. 정말이지 비결은 없고 남들보다 더 노력했다고 말하기도 조심스럽네요. 상황이 도움이 됐다고 해야 할까요?"

"사실 제가 처음 입사했을 당시 전기 분야에서는 PLC 기술, 즉 제어 기술이 막 보급돼 모두 이 분야를 주목했습니다. 요즘 표현으로 '핫한 분야'였죠. 그런데 선배 한 분이 이런 이야기를 했어요. '지금 전기 분야에서 발전기·전동기·변압기 등 비교적 강한 전류를 다루는 전기 부문인 강전(强電)이 뒷전으로 밀려났다고들 하는데 결코 그렇지 않다. 여러 가지 첨단 분야가 떠오르고 있긴 하지만 강전 분야는 결코 죽지 않는다. 기본이고, 허리이기 때문이다.' 그때 그 말이 왠지 모르게 귀에 쏙 들어오더라고요."

"그래서 기본이 되는 이 분야에 매진해야겠다고 결심했습니다. 그런데 안타깝게도 전통적인 분야임에도, 기술 서적이 드물었어요. 설비가 들어올 때 같이 온 매뉴얼 정도뿐이었죠. 하지만 그것도 우리에겐 소중했습니다. 한 번은 프랑스에서 설비가 들어왔는데 영어로 된 요약본 비슷한 짧은 매뉴얼이 있더라고요. 이거라도 한번 열심히 공부해보자 하는 마음이 들었는데, 영어가 그리 능숙하지 못해서 동료 한 명과 밤을 새워가며 번역했습니다. 그런 의욕이 결국 저를 명장이란 영예로 이끈 게 아닌가 싶어요."

이번에는 그에게 명장은 어떤 의미인지 물었다. 그는 '남다른 영예'라고 망설임 없이 답했다. 가족에게는 자랑스러운 남편, 아버지가 됐고, 후배들에게는 갈 길을 미약하게나마 제시할 수 있기 때문이다. 다만 그전까지는 자신의 분야에서만 잘하면 됐는데 명장의 자리에 오르니 이런저런 질문도 많아지고 관여할 일도 많아지더란다. 이런 일들이 한편으로는 부담스럽지만 공부할 기회가 된다는 점에서 흥분된다고.

"배운다는 건 늘 흥분되는 일이죠. 사실 저는 명장이 되기 전, 파트장 자리에서 용퇴를 한 경험이 있습니다. 파트장 같은 직책을 맡으면서 회사에 기여하는 것도 의미가 있지만 다른 부담 없이 기술을 더욱 파고들고 싶었어요. 당시 기술에 전념한 게 제가 명장이 되는 데 큰 도움이 되지 않았나 생각합니다."

얼굴이 확 달아오르는 '아내와의 추억'

그가 포스코명장의 자리에 오른 것은 일에 대한 의욕이 있었기에 가능한 일이었지만 그는 그 공로를 가족들, 특히 아내에게 돌렸다. 아내와 함께한 시간을 되짚다 보면 다시 생각해도 얼굴이 달아오르는 추억이 떠오른다고.

"저는 광양에서 결혼했습니다. 그런데 아내는 서울 사람이었어요. 저 하나 보고 결혼을 결심하는 것도 쉬운 일이 아닌데 남쪽 끝자락 광양까지 와서 살아야 하는 그 결심이 쉬웠겠습니까? 저로서는 갖은 수단을 동원해서, 시쳇말로 '잘 꼬셔야' 하는 상황이었죠. 그래서 1988년 아내를 광양으로 초대해 일단 주택 단지를 한 바퀴 돌며 보여줬습니다. 거기까지는 좋았습니다."

"그런데 주변에 다른 시설이 없으니, 뭐라도 하려면 광양읍까지 나가야 했어요. 제가 그때 오토바이를 탔었는데 호기롭게 아내를 뒤에 태우고 나갔습니다. 하필 비포장길인 데다가 어두컴컴했는데 갑자기 길 한복판에 큰 돌덩어리가 보이는 겁니다. 급하게 피하려다 그만 오토바이가 쓰러지고 말았지요. 저는 길바닥에 널브러졌는데 어디선가 아내가 살려달라고 외치는 소리가 들렸습니다. 정신을 차려보니 아내는 높이가 사람 키쯤 되는 논둑에 떨어져 있더군요. 다행히 크게 다친 데는 없었지만 폼 좀 잡으려다 점수만 깎인 셈이었습니다. 체면도 많이 구겼고요."

그렇게 결혼한 아내의 도움 덕에 포스코명장이라는 영예도 얻을 수 있었던 게 아닐까, 명장은 웃으며 말했다.

김성남 명장과 부인.

이론도 중요하지만 '현장 경험'에 무게를 두어야

그가 또 하나 강조하는 것은 '현장 경험'이다. 그는 이론도 중요하지만 현장 경험에 무게를 둬야 한다고 거듭 말했다. 그래서 포스코와 같은 경험을 제공하는 현장은 그에게 매우 소중한 자리이다. 특허나 우수제안 같은 것도 중요하지만, 현장의 '작다면 작은' 개선 활동을 계속 축적해나가다 보면 작은 것들이 모여 설비 안정화를 이룬다. 그렇기에 중앙정비라는 업무는 그에게 현장 경험을 풍부하게 제공해주는 만찬과 같은 기회이다.

"기술적 이론도 중요하지만 경험이야말로 가장 소중한 자산입니다. 지금까지 전기 설비 진단과 점검을 주로 해왔지만 이 업무의 궁극적인 목적은 케이블이나 설비의 수명을 판단하는 거예요. 수치적으로 이론에 맞게 확인해야 하지만, 경험으로 판단해야 하는 상황도 매우 많아요. 즉 진단 경험이 판단 능력으로 이어집니다. 제가 가진 기술의 가장 큰 노하우는 기술 그 자체라기보다 입사 후 현재까지 쌓아온 '경험'이라고 할 수 있습니다."

경험을 중시하는 그이기에 김성남 명장은 후배 사원들과 그 경험을 공유하려고 동분서주하고 있다. 그러나 후배들이 김성남 명장처럼 다양한 경험을 직접 하기는 어려워 여러 가지 궁리를 하고 있다. 큰 사고와 같이 집약적인 경험을 할 수 있는 기회를 기대하는 것도 바람직하지 않고, 또 기대한다고 오는 것도 아니니 후배들의 입장에서는 경험을 체득한 명장의 존재가 매우 소중할 것이다.

'설비 가동음은 정비인의 심장을 뛰게 한다.'는 김성남 명장은 불가능에 가까운 설비 문제를 마주할 때마다 포스코의 정비 및 복구 역량은 세계 최고라는 것을 체감한다고 한다.

"정비인은 설비에 문제가 생겼을 때 가장 먼저 뛰어가는 사람입니다. 그리고 설비가 다시 건강한 가동음을 낼 때까지 책임지고 고쳐야 하는 의사입니다. 자신감도 있어야 하고 자신감을 뒷받침하는 능력도 있어야 합니다. 고장 난 설비가 수리를 거쳐 건강을 되찾고, 정상적인 가동음을 낼 때, 발끝에서 머리끝까지 짜릿하게 전해지는 쾌감. 그것을 느낄 수 있어야 진짜 정비인입니다."

 김성남 명장은 1959년 서울에서 4남 1녀 중 둘째 아들로 태어났다. 서울에서 학창 시절을 보내고 성동기계공고 전기과를 졸업한 그에게 포항의 철강회사가 눈에 띈 것은 어릴 때 보았던 드라마 '꽃피는 팔도강산' 덕분이었다. 그는 드라마 때문에 어릴 때부터 막연히 꿈꿔왔던 포스코에 입사 원서를 넣었고 1978년 1월, 포항제철소 공무부 전기수리과로 배치되면서 스스로 그리는 새로운 드라마의 주인공이 됐다. 1985년 11월 광양제철소 일반설비부로 전입해 건설 지원 업무를 시작한 그는 명장이 된 지금도 전기기술섹션에서 '늘 같지만 또 늘 새로운' 기능인이자 정비인의 삶을 살고 있다.

'정비인은 설비 사고를 예방하고 또 치료하는 의사'라는 자부심을 가지고 있는 그는 모범안전유공 제철소장표창(1991년), 모범사원 제철소장표창(1996년), OJT 우수 제철소표창(2001년), 모범사원 회장표창(2006년), 6시그마 유공 부문장표창(2011년), 2제강 복구유공 제철소장표창(2013년) 등을 수상했으며, 2016년 포스코명장에 임명되었다. 2022년에는 그가 제작한 포스튜브(동영상 업무 교재)가 광양제철소 우수 포스튜브에 선정되는 등 후배들에 대한 노하우 전수의 열의를 인정받기도 했다. 2006년 전기기능장 자격을 취득한 그는 2018년에는 초경량 비행장치(드론) 조종 자격을 취득해 접근이 어려운 고소와 고위험 지역 점검도 수행하고 있다.

남태규 명장

◆ 포항 제강설비부

제강설비 핵심 기술

흔히들 제강 부문을 '제철소의 꽃'이라고 한다. 제철소의 생산량도 제강 부문에서의 생산량인 조강량으로 표시한다. 그만큼 중요하단 뜻이다. 외적으로도 화려해서 뉴스 등에서 제철소를 보여줄 때 화려한 불꽃이 튀어 오르는 전로를 소개하곤 한다. 사정이 이러하니 누가 뭐라 해도 제강 부문 포스코 제1인자이자 우리나라 제1인자인 남태규 명장의 자부심이 어떠할까?

제철소에서는 전 분야가 최고, 최선이어야만 최종 제품이 된다

"제철소에 더 중요하거나 덜 중요한 곳은 없습니다. 어느 한 군데라도 비끗하면 전부 망하는 거고, 어느 곳 할 것 없이 전부가 최고, 최선이어야만 최종 제품이 됩니다."

잘못 짚은 걸까? 아니면 겸손의 표현인 걸까?

"자부심이란 표현은 좀 뭣하고, 자존심은 있습니다. 넓게는 철강인으로서의 자존심, 좁게는 제강인으로서의 자존심이라고 해두죠. 밖에서 그렇게들 제강, 제강 하는데 그에 걸맞은 책임감은 분명히 있다고 봐야죠."

그는 제강 부문이 생산하는 쇳물인 용강 품질과 그 용강을 만들어내는 생산성에 있어서 포스코가 세계 최고가 되는 데 젊음을 바친 진정한 철강인이라고 할 수 있다. 그에 걸맞은 자존심은 어쩌면 너무나 당연하다는 생각이 들었다.

지상 22m를 수없이 오르내린 끝에 해결책을 찾다

그의 직장생활은 고난과 극복이 한없이 교차하는 삶이었다. 어려웠던, 그러나 보람을 느꼈던 일을 이야기해달라는 부탁에 그는 기억을 더듬는다.

"전로는 작업 공간이 수직으로 되어 있습니다. 위아래로 오르락내리락할 일이 많다는 거죠. 쉽게 설명하자면, 전로는 펄펄 끓는 쇳물인 용강을 담고 있는 그릇과 같은데요. 여기에 막대기처럼 생긴 것 2개가 위로부터 내려와 작업을 합니다. 하나는 '메인랜스(main lens)'로 용강에 산소를 불어넣는 '취련(吹鍊)'이라는 작업을 하고, 또 하나는 '서브랜스'로 용강에 살짝 담겼다가 나오면서 용강의 성분, 온도 등 필요한 정보를 얻어내는 작업을 합니다. 그런데 제가 졸병이던 시절 이 서브랜스가 정말 악마 같았어요. 말썽도 자주 일으키고, 한번 문제가 생기면 해결하는 것도 만만치가 않아서 그럴 때면 직원들은 차라리 휴가를 내고 도망가고 싶을 정도였죠."

고로에서 생산된 쇳물은 순수한 '철(iron)'이다. 아직 현대문명을 지탱하는 소재인 '철강(steel)'이 되지는 못한 상태이다. 쇳물은 제강공장 전로에 넣고, 온도를 1700도까지 올리면서 산소·부원료·합금철 등을 넣어

'제철소의 꽃'으로 불리는 제강공정

가며 최종 제품이 되도록 성분을 조정하는 작업을 거치는데 이러한 일련의 과정을 '취련'이라고 한다. 80% 정도 취련이 진행됐을 때 명장이 이야기하는 문제의 작업이 시작된다.

서브랜스를 전로 안 용강 속에 넣어 온도와 탄소량을 측정해서 운전실 컴퓨터로 보내면 운전자가 데이터를 보고 취련을 더할 것인지, 마칠 것인지를 결정한다. 또 취련이 끝나면 서브랜스는 다시 한번 용강 속으로 들어가 온도, 산소량을 측정해 그 값을 운전자에게 알려주는데, 이때

어려움이 닥치면
피하기보다 부딪쳤다.
자꾸 넘다 보면
어느새 완전히
극복할 수 있는
힘이 생긴다.

인생은 길다. 힘겨운 상황을 외면하기보다, 아프고 힘겹더라도 그것을 통해 극복의 실마리를 쌓는다면 결국에는 완전히 극복할 수 있다.

측정된 온도와 성분은 후 공정인 탈가스 설비와 승온 설비를 거쳐 연주 조업이나 슬래브, 블룸을 생산하는 조업에서 활용한다. 한마디로 서브랜스는 용강의 최종 품질을 책임지는 핵심 요소인 것이다. 따라서 서브랜스 작동에 문제가 생기거나, 잘못된 측정값을 운전자에게 보내는 것은 매우 큰 문제라고 할 수 있다.

남태규 명장과 그곳에서 일하는 이들이 어려움을 겪는 것은 이 서브랜스의 작동 방식에 있었다. 서브랜스가 데이터를 측정해 보내려면 센서를 달고 있어야 한다. 이 센서를 '프로브(probe)'라고 하는데 워낙 고온에 담기다 보니 한번 용강에 들어가서 데이터를 측정하고 나면 수명을 다하게 된다. 일회용인 것이다. 상황이 이러하니 서브랜스는 용강에 정확한 깊이로, 정확한 시간 동안만 담겨 있어야 한다. 정확하게는 $1m$ 깊이에 5초 동안 머물도록 조종해야 한다.

"문제는 서브랜스가 공중 높은 곳에 머물다가 전로의 용강 표면으로부터 $1m$ 깊이까지만 정확하게 이동해야 한다는 겁니다. 기본적으로 서브랜스는 용강 표면에서 $22m$ 상공에 머물러 있으므로, 용강 표면까지 $22m$를 이동하고 거기서 $1m$ 더 들어가야 하는데요. 전로 내부의 깊이가 조업을 반복함에 따라 조금씩 변하기 때문에 프로브를 서브랜스에 장착할 때마다 서브랜스 이동 거리인 '$22m$'가 조금씩 변할 수밖에 없어요. 따라서 설비 담당자가 매번 정확한 위치를 찾아 이동 거리를 조정해야만 했습니다."

진짜 문제는 여기서부터이다. 운전자가 작업하는 곳은 1층, 지상 $0m$인 반면 이동 거리 조정은 7층, 지상 $22m$ 상공에서 이뤄진다. 작업자가 $22m$ 상공에서 작업하면서 지상에 있는 운전자와 소통해야 하는 것이다. 심지어 무선장비로 교신하는 것도 아닌 데다 설치된 엘리베이터도 고장 나기 일쑤여서 작업자는 7층 높이를 수시로, 그것도 계단으로 오르내리는 고역을 치러야 했다. 한번 작업을 시작하면 수십 번 오르내리는 것은 기본, 약 3시간에 걸친 작업 끝에 전로 내에 들어가는 정확한 길이를 세팅할 수 있었다.

"우여곡절 끝에 서브랜스 수리를 마치고 집에 가면 코피가 나기도 하고, 다리에 쥐가 나서 그대로 쓰러져 잠든 적도 많았어요. 하루는 제가 자면서 하도 잠꼬대를 하니까 아내가 '무슨 큰일이 났나?' 하며 걱정을 하기도 했습니다."

같은 높이의 파도는 더 이상 신발을 적시지 못한다 ◆

어떤 사람은 고난을 마주하면 상황을 원망한다. 또는 그 상황을 모면

할 궁리를 하는 사람도 있다. 그러다 보면 때론 요령 있게 그 상황을 모면하는 데 성공하기도 한다. 하지만 인생은 길다. 그러한 상황은 바닷가 파도처럼 밀려가는 듯하면서 또다시 밀려든다. 그때마다 원망하고, 요령 부리는 것만으로는 해결될 리가 없다. 결국 고난에 굴복하고, 무너지고 말 것이다. 반면 어떤 사람은 고난을 극복할 궁리를 한다. 상황을 외면하기보다, 아프고 힘겹더라도 그것을 통해 극복의 실마리를 쌓아간다. 한 번에 극복하지 못할지라도 고난이 반복될수록 극복의 실마리가 쌓여가고, 결국에는 완전한 극복을 이룬다. 이제 그에게는 동일한 종류의 고난은 더 이상 고난이 아니며, 그가 서 있는 자리는 예전의 자리가 아니다. 똑같은 높이의 파도는 그의 신발을 적시지 못한다. 그가 바로 남태규 명장이다.

"서브랜스 설비 구조도와 취급 설명서를 수도 없이 들여다봤습니다. 분명 해결책이 있을 것 같아서요. 그러던 어느 날 '이거다' 싶은 순간이 오더라고요. 방법은 서브랜스 이동 거리 신호를 받을 수 있는 디지털 위치 검출기 도입이었습니다. 그 결과 프로브 교체 때마다 생기는 서브랜스 이동 거리 오차를 없앨 수 있었습니다."

이뿐만이 아니다. 당시 서브랜스의 기준 위치를 검출하는 장치는 지나가면서 '툭 치는' 형태의 스트라이크형 터치 바였는데 이 터치 바가 서브랜스 작동에 따라 미세하게 움직여 검출한 기준 위치가 흔들리곤 했다. 이에 그는 검출 장치가 물리적으로 닿는 방식이 아닌, 물체가 접근함에 따라 신호를 주고받는 방식, 즉 무접점 방식으로 위치를 검출할 수 있도록 했다. 그렇게 하니 오차가 사라졌다.

축구를 사랑했던 소년, 이제 축구로 위로받는다

사실 그는 어렸을 때부터 무언가를 고치는 것을 무척이나 좋아했다. 손재주가 좋아 누군가 버린 것을 새것처럼 고쳐놓기도 했다. 한번은 옆집 친구가 텔레비전을 샀다면서 고장 난 라디오를 버렸다. 그는 몰래 그걸 주워다가 고치고, 칠을 해서 새것처럼 만들었다. 그리고는 어머니가 밭에서 오실 때에 맞춰 틀어놓았다. 어머니는 라디오를 보시고는 아버지가 산 걸로 착각하셨지만, 아들이 '버린 것을 고쳐놓았다.'고 말하자 화를 내셨다고 한다. "그런 손재주로 기술자가 될 생각 말고, 공부 많이 해서 의사, 박사가 돼야 우리 집이 살지. 이 녀석아!" 그렇게 말씀하시면서도 라디오 음악에 맞춰 어깨를 들썩이시던 어머니, 그는 그런 어머니를 보며 기쁘고, 힘이 났다고 회상했다.

어린 시절 이야기가 나온 김에 한 가지 더 덧붙이자면, 그는 축구를 매우 잘했고, 또 좋아했다고 한다.

"저희 시절 많은 이들이 그랬지만, 저희 집도 참 가난했지요. 초등학교 입학 첫날부터 결석을 해야 할 정도였으니까요. 그런 제가 좀 잘한다 하는 게 있었는데 그게 바로 축구였어요. 저희 학교 축구팀이 전국대회에서 준우승을 했는데 그때 당당히 일익을 담당했습니다."

그런데 가난은 그가 그렇게 좋아하던 축구마저 그에게서 떼어놓고 만다. 그런데 삶이란 신기한 게 돌고 돌아 포스코에서는 다시 그의 취미로 돌아왔다. 시골 소년의 꿈은 이제 그의 삶을 풍요롭게 해주는 벗이 된 것이다. 휴가조차 제대로 즐길 수 없는 바쁜 일상 속에서 그를 달래주고 격려해주는 것이 바로 유일한 취미 활동인 축구인 것이다.

"때론 축구장에서 땀을 흘리며 달리고, 공을 차고 하다 보면 어린 시절

"실패를 두려워하면 아무것도 할 수 없다. 그러나 두 번 실패해서는 안 된다."

의 저로 잠시나마 되돌아가는 듯한 느낌을 받곤 합니다."

일본 슈퍼바이저도 인정한 설비 개선 실력

남태규 명장이 설비 개선을 반복해나가자 주변으로부터 우려 아닌 우려의 소리를 듣기도 했다. 특히 관리자들의 걱정이 컸다. 생산성을 높이고, 문제를 줄이는 것도 좋지만 일단 설비를 안정적으로 가동해야 할 책임을 맡은 관리자들의 우려는 일견 타당성이 있는 것이기도 했다.

"쓸데없이 잘 돌아가는 설비에 손대지 마라. 검증되지 않은 방식은 리스크가 너무 크다. 일본 사람들이 나름의 경험과 노하우로 최적으로 세팅해둔 건데 경험도 일천한 우리가 손대는 것은 무리다. 괜히 공장 세우지 말고, 하던 대로 하는 게 최선이다."

그러나 남태규 명장은 동의할 수 없었다. '일본인이 한 것이 개선의 여

지가 없는 최적의 해법이라는 것을 납득할 수 없다. 그들이나 우리나 영원히 미완성의 존재이고, 그러니까 그들 또한 자체적으로 끊임없이 개선의 노력을 기울이고 있지 않은가. 그들이 개선하고 검증하길 기다릴 게 아니라 우리도 우리 나름대로 얼마든지 개선할 수 있지 않을까?' 이것이 그의 생각이었다. 결과적으로 그의 생각은 옳았다. 그가 개선을 시도하자 일본 슈퍼바이저들은 처음에는 연신 고개를 갸우뚱했다. 그러나 나중에는 일본말로 "나무상, 이찌방데스요! 이찌방(南さん 一番ですよ. 一番)."이라면서 엄지를 척하니 치켜세웠다고 한다.

"생각은 그 자체로는 힘이 없다. 실천에 옮겨야 한다." ◆

남태규 명장이 서브랜스 리밋 스위치 자동 조절 장치를 개발해내면서 3명이 3시간 동안 할 일을 2명이 10분 만에 끝낼 수 있게 됐다. 획기적인 성과가 아닐 수 없다. 이러한 성과는 현재 1·2·3 제강 모두에 적용돼 포스코의 표준이 됐다. 이러한 뚝심은 어디서 나오는 걸까?

"생각은 생각만으로는 힘이 없습니다. 하면 된다는 신념으로 실천에 옮겨야죠. 물론 무모하게 실천만 한다고 되는 건 아닙니다. 준비를 철저히 해야겠죠. 준비는 결과를 좌우하니까요. 제가 명장이라는 명예로운 자리에 오른 비결이라면 실천과 준비를 중시한 것도 하나의 비결이 될 수 있지 않을까 생각합니다."

대형 사고를 남긴 새로운 시도가 기술 역수출의 발판 마련 ◆

물론 실천에는 리스크가 따르기 마련이다. 그러나 리스크가 무서우면 아무것도 못 한다. 남태규 명장도 예외는 아니었다. 한번은 이런 도전 정신 때문에 인사위원회까지 경험했다며 멋쩍게 웃었다.

제철소에서 가장 큰 사고는 쇳물이 유출되는 사고이다. 과거 포스코가 태동한 지 얼마 안 된 시점에 터진 제강 사고는 포스코인이라면 모르는 이가 없는 대형 사고. 남태규 명장도 비슷한 사고를 친 경험이 있다.

전로가 취련을 마치면 용강을 래들에 옮겨 부어야 한다. 그런데 이 과정이 그렇게 간단하지가 않다. 래들을 아래에 두고 전로를 기울여 붓듯이 용강을 래들로 옮긴다. 전로를 이렇게 기울여주는 장치가 '전로경동 설비'이다. 그런데 전로 크기를 생각하면 이 전로를 기울이는 모터의 힘과 정교함 또한 상상 이상이어야 한다. 정교하게 하려면 일종의 컨트롤 장치도 필요하다. 작업자가 기울이도록 조치하면 전로가 기울어지고, 멈추도록 조치하면 전로도 멈추어야 한다. 여기서 조금이라도 문제가 생기면 전로 안에 가득한 펄펄 끓는 용강이 공장 내부로 튀거나 흘러내릴 것이다. 상상조차 하기 싫은 상황이다. 그런데 이 컨트롤을 가능하게 하는 장치가 종종 말썽을 일으킨다. 컨트롤을 가능하게 하는 미세한 장치의 접점에 일종의 전기 불꽃인 '아크(arc)'가 생기곤 하는데 그때 컨트롤이 먹히지 않는 것이다. 그래서 남태규 명장은 '이 부분을 아크가 생기지 않도록 진공관 속에 넣자. 진공에서는 아크가 생기지 않을 테니.'라고 생각했다. 아크 문제를 해결하면 작업자가 정교하게 전로를 컨트롤하는 데 어려움이 없을 것이었다. 이론은 완벽했고, 시험 운전에서도 문제가 발견되지 않았다.

"그런데 정작 실제 조업에서 문제가 터졌습니다. 진공관이 터져버린 겁니다. 상상하기 싫은 사고가 발생한 것이죠. 용강 유출 사고가 난 겁니다. 당시 사고로 전로를 무려 14시간 동안이나 세워야 했고, 용강도 15톤

제강 후배들. 친구 같은 동료들이 있어 오늘의 남태규 명장이 가능했다.

이나 유출됐습니다. 그야말로 초대형 사고죠. 면직 징계를 받는 것 아닌가 생각했습니다. 정말 암담했습니다."

그런데 상황은 예상치 못한 방향으로 흘러갔다. 인사위원회는 오히려 남태규 명장을 위로했다. 여태까지 수없이 많은 개선으로 회사에 끼친 유익함이 이번 사고로 끼친 해로움을 크게 앞선다는 것이었다. 게다가 개선을 위해 누가 강요한 것도 아닌 리스크를 스스로 짊어졌으니 징계를 할 문제가 아니라는 것이었다. 구두 경고로 상황은 마무리됐다. 당시 정비과장은 "실패를 두려워하면 아무것도 할 수 없다. 그러나 이번 일을 교훈 삼아 두 번 실패를 해서는 안 될 것"이라며 용기를 주었다고 한다. 그리고 이 개선의 결과는 놀라웠다. 일본조차 남태규의 방식을 따라하게 됐으니 말이다. 일본인 슈퍼바이저가 놀라는 일, 일본이 일하던 방식을 바꾸는 일. 그 역수출의 놀라운 성과는 남태규 명장의 실력을 반증한다.

사물인터넷으로 전기실 안전 출입 시스템 구축

자기 자랑을 쑥스러워하는 남태규 명장도 살짝 자랑하고 싶은 일이 있다. '전기실 안전 출입 관리 시스템'이 그것이다. 전기실은 높은 전압의 설비가 줄지어 있는 장소. 만일 그곳에서 사고가 난다면 사고의 규모도 문제지만, 제철소 전체 전기 공급이 끊기는 총체적 재난을 겪을 수 있다. 더욱이 이곳에서 전기로 인한 안전사고가 발생한다면 심각한 상황이 될 것임이 분명하다. 그래서 일찌감치 이곳 출입은 작업이든, 견학이든 몇 단계에 걸친 엄격한 출입 관리가 시행되고 있었다. 그러나 그 단계라는 것이 오프라인상으로 사람과 대면하고 검증하는 방식이라 번거롭기 그 지없었다. 또 사람이 하는 일이라 한순간의 방심이 예상치 못한 결과를 초래할 수도 있었다.

이에 남태규 명장은 명장이 되기 전인 2014년부터 이 출입 관리를 전자동화로 바꿀 결심을 했다. 온라인상으로 체크할 것은 체크하고, 출입문 개방 등의 안전 관리가 가능하게 했다. 대면으로 해야 할 일은 화상통화 등으로 해결하고, 감시 체계도 화상으로 해결했다. 마치 요즘 유행하는 사물인터넷을 당시부터 구현했다고 보면 이해하기 쉽겠다. 이러한 그의 노력은 2020년 드디어 결실을 맺었다. 또 워낙 첨단 시스템이다 보니 포스코 해외법인들도 모두 이 시스템을 적용하려 하고 있다.

"동료들이 제각기 실력을 발휘해 이뤄낸 값진 결과물입니다. 제겐 친구와 같은 동료들의 도움이 없었다면 혼자 힘으로는 성공하기 어려웠을 일이지요. 더없이 고마울 따름입니다."

남태규 명장은 전수의 중요성을 누구보다 잘 알고 있다. 그리고 일방적인 전수보다 효과적인 전수를 모색한다. 그래서 회사의 동영상 업무

교재인 '포스튜브'를 활용한 전수에 많은 힘을 쏟고 있다. 그의 희망대로 그가 보유한 모든 노하우가 끊김 없이, 유실되지 않고 오롯이 포스코의 현장에 남아주길 기대한다.

남태규 명장은 1959년 경북 영덕에서 2남 3녀 중 장남으로 태어났다. 1965년 영천으로 이사와 초·중학교를 영천에서 보낸 뒤, 포철공고 전기과에 진학하면서 전기와의 인연이 시작됐다. 기술인으로서의 삶을 걷기 시작한 것은 1978년 1월, 포스코에 입사하면서부터이다. 처음 발을 디딘 곳은 포항제철소 1제강공장이었으나 1981년 11월, 정비부서로 자리를 옮기면서 정비인으로 변신했다. 광양제철소 화재 복구와 한보철강, 포항 3제강공장 건설, 인도네시아 일관제철소 프로젝트와 브라질 CSP 프로젝트 등에 참여하며 제철소 전기 설비에 대한 깊이 있는 노하우를 쌓았다.

특허 15건, 우수제안 32건, 일반제안 1800건, 지식등록 156건 등을 통해 전기분야 기술 개발을 선도해온 그는 제철소 제안왕(1994년), 대한민국 품질명장(1994년), 전국품질관리발표 은상(1995년), 올해의 포철인 패밀리대상(1998년) 등 이루 헤아릴 수 없는 많은 상을 휩쓸고, 2002년에는 설비 개선과 혁신 분야 최다 수상자에 이름을 올리기도 했다. 이후에도 대한민국 철강기능상(2007년), 포항제철소 정비명인(2014년) 등을 거쳐 2017년 포스코명장으로 선정됐다.

현재는 1·2·3 제강공장 설비 장애 복구와 재발 방지 대책 수립에 힘을 쏟는 한편, 설비 투자와 개선 과제를 통해 원가절감, 생산성 향상, 안전성 향상에 주력하면서 축적해온 노하우를 후배들에게 전수하는 데도 힘을 쏟고 있다.

서광일 명장 ◆ 포항 압연설비부

상식을 뛰어넘는
엉뚱함,

위대한 전진의
씨앗이 되다

일찍 철 든 소년, 서광일

서광일 명장은 포항 북구 송라면 조사리, 한적하기 그지없는 바닷가 마을에서 2남 1녀 중 장남으로 태어났다. 넉넉지 못한 가정 형편에 장남으로 태어났다는 것의 의미는 더 길게 설명할 필요도 없는 일, 개인의 꿈보다는 가족을 위해 서둘러 생활 전선으로 나아가야 한다는 뜻이다. 가난한 집의 아이들은 '일찍 철이 든다.' 서광일도 그랬다.

그래서 그는 송라중학교를 졸업할 무렵 일찌감치 대학의 꿈을 접고 이공계 고교 진학을 염두에 두었다. 엎친 데 덮친 격으로 어업에 종사하던 아버님은 원인 모를 병으로 고생하고 계셨다. 사정이 이렇다 보니 어린 서광일은 자신이 '실질적 가장'이라는 책임감을 짊어지게 되었다. 부모님은 총명한 서광일이 대학에 가길 바랐으나 집안 사정을 뻔히 아는 그는 때마침 모집 공고가 뜬 포철공고로 향했다.

그러면서 그는 속으로 생각했다. 자신이 돈을 많이 벌어 아버지를 큰

때로는 엉뚱함이 현장을 혁신하기도 한다.

병원에 모시고 가겠노라고. 그러나 아버지는 기다려주시지 않았다. 서광일이 고2 때 먼 길을 떠나시고 만 것이다. 비록 아버지는 가셨지만 아버지의 가르침은 서광일의 가슴에 남았다. 그리고 그렇게 방향 지어진 서광일의 삶은 훗날 포스코명장이라는 항구를 향해 자신도 모르는 새 흘러가고 있었다.

세상을 바꾸는 엉뚱함으로

'엉뚱하다'는 말은 진지한 상황에서는 그리 좋게 받아들여지지 않는 단어이다. 현재의 생각과 상식에서 벗어날 때 우리는 '엉뚱하다'고 얘기한다.

그러나 시야를 약간만 넓혀보자. 세상은 엉뚱한 사람들의 참신한 생각 때문에 앞으로 나아갔다. 일론 머스크가 발사했던 로켓을 재활용하겠다고 했을 때, 그게 가능하다고 생각한 사람은 얼마나 될까? 모두가 상식 수준에서 생각하고 행동한다면 세상은 어제나 오늘이나 또 내일이나 제자리걸음일 것이다. 엉뚱함은 앞으로 나아가는 힘이기에 현재의 가치와 충돌할 수밖에 없다. 엉뚱함이 세상을 바꾸는 것은 그 속에 매우 견고한 뭔가가 숨어 있기 때문이다.

서광일 명장은 '엉뚱하다'라는 표현과 딱 들어맞는 인물이다. 본인 자신도 이렇게 말한다. "엉뚱하다는 것은 나쁜 것도 아니고 모자란 것도 아닙니다. 저는 저 스스로도 엉뚱한 면이 있다고 생각합니다. 저를 말할 때 '이 엉뚱함을 빼면 뭐가 남을까?' 하는 생각도 합니다." 엉뚱함으로 현장을 혁신해온 인물이 바로 서광일 명장이다.

새로운 방식으로 뽑은 '시편(試片)'은 곧 완벽한 '제품(製品)'이었다 ✦

서광일 명장이 최고로 꼽는 본인의 업무 성과 중 한 가지도 이런 엉뚱함과 관련이 있다. 그는 일하면서 가장 기억에 남는 프로젝트로 2017년 전기강판 3ZRM(Zimna Reversing Mill; 박물전용압연기) 시운전을 떠올렸다. 당시 그와 동료들은 처음부터 끝까지 누구의 힘도 빌리지 않고 시운전을 해냈다. 여기에는 단순한 시운전 성공 이상의 의미가 담겨 있었다.

이 무렵 전기강판 분야는 새로운 시대적 과제와 마주하고 있었다. 전기강판을 사용하는 분야 중 하나가 '모터'인데, 에너지 소모는 적고 효율은 좋은 모터에 대한 수요가 폭증하고 있었다. 이런 효율적인 모터를 만들려면 모터에 쓰이는 전기강판도 고품질로 생산해야 했다. 새로운 제품을 생산하기 위해 새로운 설비인 20단 압연기를 도입했다. 문제는 설비

생산 완료된 전기강판 코일. 서광일 명장의 무모하리만치 엉뚱한 발상은 사실 꾸준한 공부가 밑받침된 것이었다.

도 제품도 그가 이전에 한 번도 경험해보지 못한 것이라는 점이었다.

처음 써보는 새로운 설비로 한 번도 압연해낸 경험이 없는 최고급 무방향성 전기강판을 생산하려면, 설비를 최적의 설정값으로 세팅해야 했다. 그런데 최적값을 알 방법이 없었다. 이렇게도 해보고 저렇게도 해보면서 최적값을 찾아내야 했는데, 고가의 장비를 써서 '아니면 말고' 식으로 시간을 낭비할 수는 없었다. 게다가 소재가 압연 과정에서 찢어지기라도 한다면, 찢어진 소재 때문에 압연기의 롤까지 손상되고 롤도 교체해야 했다. 제품은 제품대로 설비는 설비대로 다 문제가 생겨, 시간과 인력, 비용을 모두 낭비하게 된다. 이런 경우 가장 큰 문제는 원하는 제품을 어떻게 하면 생산할 수 있을까인데, 아무런 결과치를 얻지 못했으니 처음부터 다시 할 수밖에 없다. 그때 서광일 명장이 남다른 아이디어를 내놨다.

시뮬레이션 아이디어를 내놓았으나 덜컥 겁이 나기도

"이건 아니다 싶었습니다. 그래서 이 과정을 시뮬레이션해보자는 아이디어를 내놨습니다. 압연기를 돌리기는 하는데 소재를 집어넣지 않고 돌리면서 각종 수치들을 체크해보는 거지요. 그러자 다들 말도 안 된다는 반응을 보이더군요. 실제로 해보지도 않고 '그게 되겠나?' 이런 반응이었던 거죠. 시뮬레이션만 일주일 정도 걸리는 일정으로, 시간이 만만치 않게 걸리는 작업이었기 때문입니다."

현장 직원들은 쓸데없이 시간만 일주일 날리는 거 아니냐는 부정적인 반응을 보였다. 그러나 서광일 명장은 자신이 있었다. 현장의 반대가 워낙 심해 두려운 마음이 생기기도 했지만, 용기를 냈다. 그때 힘이 된 것은 그의 편에 서줬던 동료들이었다. 한번 결심하면 쉽게 물러서지 않는 서광일 명장의 스타일을 아는 팀장은 그의 아이디어를 수용하기로 결단을 내렸다.

세상을 바꾸는 엉뚱하고 신선한 발상이란 바로 이런 것이다. 그리고 이런 엉뚱함에는 큰 용기가 필요했다. 결과는 대성공이었다. 시뮬레이션으로 찾아낸 최적의 결괏값으로 실제 소재를 넣고 압연을 해보니 아무런 문제 없이 시편(試片)이 나왔다. 놀랍게도 '시편'이라기보다 곧바로 그냥 납품해도 될 정도로 완벽한 '제품(製品)'이었다. 현장의 모두가 놀라고 설비 메이커도 놀랐다. 한 번도 해보지 않은 방식을 주장한 무모하리만치 엉뚱한 그의 시도는 이 분야의 작업 방식에 혁신을 불러일으켰다. 이제 현장에서는 이런 시뮬레이션 방식을 도입해서 적용하는 데 주저함이 없다.

설비를 알고자 공부한 일본어, 인생의 터닝포인트가 되다 ◆

서광일 명장은 공붓벌레이다. 그의 엉뚱하고 참신한 발상은 느닷없이 찾아오는 '영감'이 아니라 공부해서 익힌 지식에서 나온다. 그러니 공붓벌레가 될 수밖에. 공부를 더욱 열심히 하게 된 재미있는 계기도 있다.

"공부를 많이 해두면 어떠한 상황에서도 대처할 수 있게 됩니다."

"제가 처음 냉연 쪽에서 일할 때, 우리는 모든 게 미숙했고 일본이 많이 앞서 나가고 있었습니다. 우리는 현장에서 우왕좌왕하는데, 일본 기술자들은 자기가 할 수 있는 일, 해야 하는 일들을 잘 알고 하더라고요. 자기 분야를 완벽하게 이해하고 있어야 가능한 일이었습니다. 일본 기술자들로부터 배울 게 많았습니다. 그런데 언어가 문제였습니다. 사실 우리가 바이어니까 '갑'이어야 하고, '을'인 일본 기술자들이 우리말을 배우면서 일해야 하는데 현실은 그렇지 않았죠. 조금 속상하긴 했지만 그들에게서 뭔가 하나라도 더 배우려면 제가 일본어를 배우는 수밖에 없었습니다."

그때부터 그는 속성으로 일본어를 공부했다. 학창 시절 제2외국어로 일본어를 조금 공부하긴 했지만 문법만 조금 아는 수준일 뿐, 실제 일본인과 대화를 한다는 것은 전혀 다른 이야기였다. 누가 보면 미쳤다고 할 만큼 열정적으로 공부했다. 어찌나 열심이었던지 당시 그가 살던 월세방 주인이 '공부를 손에서 놓지 않는 성실하고 기특한 청년'이라며 자기 조카와 중매를 설 정도였다. 당시 그 조카가 지금 서광일 명장의 아내가 됐으니, 공부하는 자세는 여러모로 그의 인생에 터닝포인트를 가져왔다고 해야겠다.

일본어 공부를 하다 보니, 어학뿐만 아니라 다른 배움에도 차츰 눈을 떴고 자신감도 붙었다. 일본을 넘어설 수 있다는 확신도 생겼다. 일본을 배우기 위해 일본어를 공부했지만, 일본어를 배움으로써 일본을 넘어설 수 있는 계기도 마련했다.

간단하게 하는 것 역시 용기가 필요한 일이다. 그 용기 또한 공부가 바탕이 된다.

설비에 문제가 생겼을 때, 그 뿌리를 해결하지 않으면 문제는 재발한다.

공부 없이 잘할 수 없고, 잘하는 것은 열심히 하는 것 이상의 무엇! ✦

"저는 하루 한 개씩이라도 무언가를 꼭 배우려고 했습니다. 보통 일은 열심히 하는 것보다 잘하는 게 중요하다고 하죠. 맞습니다. 그런데 공부가 뒷받침되지 않고서는 잘할 수가 없습니다. 공부를 많이 해두면 어떤 상황에서든 당황하지 않고 대처할 수 있습니다."

그는 '명장은 외로운 존재'라고 말한다. 어려운 문제가 생겨도 물어볼 사람이 없는데, 주변에서는 '명장이니까 당연히 알겠지.' 하며 다가온다. 그러니 더 공부할 수밖에 없다. 그래서 그는 정작 명장이 되고 난 후 실력이 더 늘었다. 관리 업무에서 해방되면서 공부하는 데는 더할 나위 없이 좋은 환경이 됐기 때문이다.

공부를 통해서 어떤 일에 정통하게 되면, 이는 곧 참신함, 엉뚱함을 만들어내는 원동력이자 자양분이 된다. 엉뚱함이 말 그대로 엉뚱하기만 하면 무모하기만 하고 일이나 생활에는 전혀 도움이 되지 않는다. 그러나 지식을 바탕으로 깊은 고민 끝에 나온 엉뚱함이라면, 이는 성공으로 가는 지름길이 될 수 있다.

1냉연 2차 합리화, 1냉연 신예화를 이끈 정비인이자 조업인

공부와 지식을 바탕으로 현장을 바꿔온 서광일 명장에게는 자주 새롭고 놀라운 상황이 찾아오곤 했다. 그는 정비 분야로 포스코에 입사한 '정비인'이다. 그런데 포스코에서 보낸 40여 년 인생은 그에게 또 다른 정체성을 선사했다. 바로 조업인이라는 제2의 정체성이다.

지금은 설비 투자 업무를 전문 스태프 분야에서 맡아서 하지만, 예전에는 하나의 프로젝트로 상정하고 태스크포스를 구성해 진행했다. 그는 그 일에 20년가량 몸담았다. 설비 도입의 필요성이 생기면, 어떤 설비가 필요할지 검토하는 일부터 설비 메이커를 찾아내 협의하는 일까지 도맡아 했다. 또 설비가 들어오면 설치부터 설비 가동, 나아가 정상 조업 달성까지 전 과정에 개입했다. 그는 이렇게 1냉연 2차 합리화, 1냉연 신예화 등 굵직한 프로젝트를 성공으로 이끌었다.

"저는 정비인이기도 하고 조업인이기도 합니다. 가끔 가만히 생각하면 저도 제 정체성이 아리송합니다. 그런데 복잡하게 이런 경계를 가르는 일이 무슨 의미가 있겠어요?"

심플 이즈 베스트!

포스코에서 일한 40년 인생을 곰곰이 되돌아보던 서광일 명장이 이렇게 되묻는다. 그의 말에서 '간단하고 단순한 것이 아름답다.'는 그의 인생철학을 읽을 수 있다. 그가 자주 하는 말 중의 하나가 바로 '심플 이즈 베스트(simple is best)'이다. 그는 설비도, 일도 간단하고 단순한 것이 가장 좋다고 말한다. 세상은 날이 갈수록 복잡해지는데, 기술인인 그는 왜 '단순함'을 강조하는 것일까?

"조업 현장을 보면 더 잘해보자는 의미로 뭔가를 자꾸 추가하는 경향을 볼 수 있습니다. 그런 설비나 장치들은 나름대로 다 필요가 있고 쓸모가 있다고 생각하게 되죠. 그런데 기본에 뭔가 자꾸 덕지덕지 붙이다 보면 그 자체가 여러 가지 문제를 일으키는 경우가 많습니다. 이때 사람들은 문제의 원인이 그 복잡함에 있다고 생각하지 못한 채 해결 방법을 고민합니다. 비유하자면, 병의 원인을 파악하지 못하고 증상으로 나타난 문제만 해결하려고 하는 것입니다. 그러다 보면 어떻게 어떻게 해결했다 싶어도 문제가 또다시 반복되고 맙니다. 이런 경우, 저는 그 복잡함을 과감하게 쳐내고 단순하게 만들어버립니다. 처음 이렇게 하면 주변 사람들은 경악을 하죠. '도대체 뭐 하는 거냐?'라는 식으로 항의도 합니다. 그런데 그렇게 해서 정말 거짓말처럼 문제를 깔끔하게 해결한 경우가 많습니다."

간단하게 만드는 것 역시 새로운 시도만큼 용기가 필요하고, 그 용기는 공부해서 쌓은 지식과 깊은 고민에서 나온다. 서광일 명장이 보여준 과감한 행보의 바탕에는 그런 노력들이 있다.

포스코명장뿐 아니라 인생에서도 명장이 되고자…

그가 또 중요하게 생각하는 게 하나 더 있다. 후배들에게도 자주 이야

솔직하게 마음을 열면 상대도 다가온다.

기할 정도로 중요하게 생각하는 것은 바로 '인간관계'이다. 그는 이 이야기를 하며 존경하는 아버지의 목소리를 떠올린다.

"아버지가 저에게 강조하신 것이 두 가지 있습니다. 하나는 '참되게 살라.'는 것이었습니다. 참되다는 게 참 막연해서 이건 아직도 제게 숙제입니다."

서광일 명장은 살면서 '참'을 추구한다. 일에서도, 일상생활에서도 요즘 후배들 말로 '찐'이 되고자 한다. 사람을 만날 때나 놀 때도, 그는 진짜 서광일을 그대로 드러내려 노력한다. 진솔한 모습을 보여주면 다른 이들도 진심으로 다가올 것이라고 믿는다. 그래서일까, 그의 주변에는 사람이 많다. 솔직하게 마음을 열면 상대도 다가온다는 그의 믿음이 틀리지 않았음을 보여준다.

"아버지께서 늘 '참되게 살아라,' '모임에 불려 나가는 사람이 돼라.'라고 하셨죠. 일에서든 삶에서든 '참'을 추구하고, 진솔한 태도로 사람을 대하라는 뜻이겠지요."

일에서도 마찬가지로 '참'을 추구한다. 그는 '적당히,' '대충대충'을 아주 싫어한다. 어떤 문제를 임시변통으로 적당히 넘어가면, 언젠가 반드시 대가를 치를 날이 온다고 믿기 때문이다. 그는 근본을 해결해야 한다고 강조한다. 특히 설비에 문제가 생겼을 때, 그 뿌리를 해결하지 않으면 문제는 재발한다. 그것이 그의 흔들리지 않는 신념이다.

명장이 된 이후 그의 일상은 오히려 타이트해졌다. 회사에 머무는 시간이 더 길어진 것이다. 오전 8시 출근이지만 오전 5시 30분~6시쯤이면 집을 나선다. 그래서 아내에게는 못내 미안하다고. 아침 준비 때문에 덩달아 새벽잠을 설치기 일쑤라서이다.

명장이 되고 보니, 문제가 있는 현장에 호출되는 것도 일상이 되었다. 그런데 막상 현장에 가면 기술적인 문제 외에도 그를 기다리는 어려운 장애물이 하나 더 있었다. 그건 바로 현장 인력들과의 관계였다. 현장 인력들은 본인들이 상황을 더 잘 안다고 생각하고, 문제를 노출하면 책임을 져야 한다는 걱정이 있어 적극적으로 협조하길 꺼리는 경우가 많다.

이런 상황에서 우호적인 반응을 끌어내는 것이 쉽지만은 않았다. 또 아무리 명장이라도 모든 문제에 대한 해답을 즉시 내놓을 수도 없는 노릇이다. 이런 상황에서 그는 아버지의 말씀을 떠올리곤 했다. 해답은 결국 '인간관계'에 있다. 서광일 명장은 현장 동료들과 허심탄회하게 대화하고 협력해 가장 최선의 해결책을 내놓으려 노력했다.

"이럴 때는 윈윈(win-win)할 수 있는 태도로 접근해야 되더라고요. 그들이 제일 아쉬워하는 부분, 불편해하는 부분들에 초점을 맞춰 해결하면서 마음을 풀어나가면 다른 것들도 술술 풀리기 시작합니다."

누군가는 '엉뚱하다'고 표현하는 사람, '참'을 지향하고 '사람'을 사랑하는 사람 서광일 명장. 그에게서 우리는 '포스코명장'뿐만 아니라 '인생의 명장'이라는 영롱한 오라(aura)를 목격할 수 있다.

서광일 명장은 1964년 포항시 송라면 조사리에서 2남 1녀 중 장남으로 태어났다. 고향에서 초등학교, 중학교를 마치고, 포철공고 전기계장정비과에 진학했다. 1982년 4월, 포스코에 입사하면서 철강인으로서의 삶을 시작했다.

처음 배치된 부서는 포항제철소 냉연전강정비과였으나, 2006년 5월 전기강판정비과로 근무 부서를 옮겼다. 그 뒤로 EIC기술부, 압연설비그룹 등을 거쳐 2019년 1월 압연설비1부 설비안전섹션으로 보직 변경 후 현재까지 전기제어수리 업무를 하고 있다.

타고난 성실성과 투철한 사명감으로 포스코의 전기강판 조업 기술력을 한 단계 업그레이드한 냉간압연제어 분야 최고 권위자로 자타가 공인하는 그는 제철소장표창(3회), 회장표창(2회) 등을 수상했고, 2017년 포스코명장에 선발됐다. 이외에도 2009년 기계정비산업기사를 취득했고, 2015년에는 압연기능장을 취득하는 등 자기 계발에도 부지런한 모습으로 후배 사원들의 귀감이 되고 있다.

김용훈 명장
✦ 광양 열연부

거듭된 기술 혁신,
포스코의
표준이 되다

뭐라고 설명하면 그를 잘 표현할 수 있을까? 망설임이 없다. 저돌적이다. 지나치리만큼 긍정적이다. 일단 하고 본다.… 일단 그의 말을 먼저 들어보자. "저는 회사가 가라고 하면 갑니다. 인도네시아도 좋고, 남미도 좋고 어디든 갑니다. 또 무엇이든 합니다. 가리는 게 없다고 할까요?"

인도네시아 크라카타우제철소에서 돌아온 지 얼마 되지 않은 그이지만 해외 근무에 대한 피로감은 찾아볼 수 없다. 오히려 새로운 라운드를 치르고 온 선수처럼 차오르는 아드레날린을 주체하지 못하는 에너지가 느껴진다. 김용훈 명장, 그는 첫눈에 보기에도 도전을 즐기고, 도전 속에서 삶의 의미를 찾고 있다는 것을 알 수 있었다.

글로벌 포스코의 후배들은 외국어에도 신경 써야

"이제 포스코는 글로벌 기업입니다. 과거에는 코일센터 등으로 해외 진출을 도모했다면 이제 포스코는 인도네시아, 인도, 미주 등을 중심으로 일관제철소 형태로 해외에 진출하고 있죠. 후배들에게는 해외 근무의 기회가 활짝 열렸다고 할 수 있습니다. 활짝 열린 해외 무대로 나아가려면 직무 역량 향상도 물론 중요하고, 글로벌 인재로서의 역량도 갖춰야 합니다."

명장답다. 자신의 이야기보다 포스코의 미래를 책임질 후배들에 대한 조언이 먼저 나온다. 새로운 기회의 문이 열리는 시대에 그는 후배들이 어떤 노력을 해야 한다고 생각하는 것일까?

"다른 건 몰라도 포스코의 열연 기술력은 세계 철강사에서도 주목하고 있습니다. 그건 제가 해외 근무를 하면서 절실하게 느낀 겁니다. 후배들의 기술도 마찬가지라고 생각해요. 그런데 문제는 언어입니다. 물론 현장에서 지지고 볶으면서 몸으로 부딪치면 결국 의사소통은 됩니다. 그러나 해외 진출이 빈번한 요즘은 원활한 의사소통의 툴을 배워두는 것

"다른 건 몰라도 포스코의 열연 기술력은 세계 철강사에서도 주목하고 있습니다."

광양 열연공장 조업 장면.

이 대단히 중요합니다. 후배들도 해외 근무에 대비해 외국어에 좀 더 신경을 쓰는 게 좋다고 봅니다."

그는 회사에도 바라는 게 있다고 했다. 인력 운영이 매우 타이트하다 보니 어려움이 있는 것은 잘 알지만 그래도 후배들이 해외에서 일정 기간 근무하는 경험을 쌓게 하는 것이 필요하다는 것이다.

"그건 회사를 위해서도 중요하다고 생각합니다. 제가 해외에 가보니까, 어떤 설비는 우리 것보다 더 최신 설비였습니다. 우리가 현장에서 고민하는 문제가 이미 개선된 설비 또는 프로그램으로 해결돼 있는 경우도 있었습니다. 물론 우리가 오랜 노력과 경험으로 극복해온 설비와 조업 문제를 그대로 겪으며 해결을 바라는 문제도 있었고요. 그래서 후배들이 이런 곳에서 짧게라도 일정 기간 근무하며 경험을 쌓으면 돌아와서 우리 현장을 개선하고, 기술을 업그레이드하는 데 큰 도움이 될 거라고 생각합니다. 국내에서 고민하는 것도 좋지만 이런 기회로 새로운 혁신이 가능할 거란 얘기죠."

광양 2열연공장, 자동화에 대한 의문은 쌓여만 가고

남다른 후배 사랑 덕분에 이야기 순서가 좀 바뀌었다. 이제 시간을 거꾸로 돌려 김용훈 명장의 햇병아리 시절부터 명장으로의 행로를 더듬어 보자.

그는 스스로를 '우물 안 개구리'였다고 표현했다. 그런 그가 우물 밖을 마주하게 된 것은 바로 군 복무 시절이었다. 그 시절 많은 이들이 그러했듯 김용훈 명장도 넉넉하지 못한 집안 사정으로 대학보다는 취업을 마음에 두고 군 복무를 먼저 시작했다. 그가 근무한 곳은 영천에 자리한

3사관학교로, 이따금 사관생도를 인솔해 산업체 견학을 다니곤 했다. 그때 간 곳이 바로 '포항제철소.' 대충 철을 만드는 회사 정도로 생각했던 그가 눈으로 목도한 광경은 경이로움 그 자체였다. 규모에 압도되고, 주택단지 등 복리후생에 감탄한 그는 자연스럽게 '나중에 여기서 근무하자.'라는 생각에 이르렀다. 운명적이게도 그때 본 현장이 열연공장이었다고 하니, 만날 사람은 어떻게든 만나게 되고 이어질 인연은 결국 이어지나 보다.

1990년 3월 포스코에 입사한 그는 광양 2열연공장에 배치됐다. 그가 입사할 당시 2열연공장은 막 준공을 마치고 조업에 들어간 상태였다. 그곳에서 김용훈 명장은 열연코일 생산라인 운전을 담당했다. AI까지 도입된 지금도 제철소 조업은 작업자의 능력, 기술이 제품의 품질 수준을 좌우하는데 당시에는 작업자들이 설비 전반을 직접 운전해야 했다.

수학 공식처럼 어떤 소재는 어느 정도로 조작해야 된다는 데이터가 확립돼 있지 않은 상황이니 믿을 건 경험뿐. 그러나 신입사원에게 그런 경험이 있을 리 만무했다. 결국 선배에게 묻는 수밖에 없고, 만약 실수가 나오면 그 실수를 거듭하면서 스스로 노하우를 쌓아가는 수밖에 없었다. 그렇게 시간이 지나면서 운전 기술은 늘어갔지만 그의 마음속에는 '이렇게 할 수밖에 없는 걸까? 데이터를 축적하고 적용해 자동화할 수는 없는 걸까?' 하는 의문이 쌓여만 갔다.

운전 자동화의 시발점에 서다

"'마무리압연 운전 직원 한 명 키우는 데 3억 원이 든다.'라는 말이 있었지요. 경험을 쌓으려면 막대한 시간과 비용, 또 기회비용 등이 필요하

기술을 배우고, 연구하고, 적용하고, 개선하는 즐거움은 세상 어떤 것보다 달콤했다.

다는 것이지요. 그런데 그런 것들을 신입사원이 들어올 때마다 되풀이해야 한다면 문제가 있습니다. 그런 비용들은 누적된 경험이 적용되면서 차츰 줄어들어야 하는 것 아니겠어요?"

이른바 운전 자동화의 시발점이 된 순간이었다. "한 번은 외빈이 공장 견학을 왔는데 악수를 청하더라고요. 그런데 제가 운전대에서 손을 놓으면 오작동 문제가 생길 수 있어서 그냥 외면해버렸어요. 조업에 집중하는 건 좋은데 자동화 정도가 지나치게 떨어지는 문제는 개선해야 했습니다."

이런 문제의식이 쌓이자 그는 2003년 '2열연공장 FM(Finishing Mill: 마무리압연) 노터치 오퍼레이션 TFT(no touch operation Task Force Team)'이 구성된다는 소식에 만사를 제치고 적극 참여했다. 목표는 마무리압연공정에서 수작업을 최소화해 운전자에 따른 결과 편차를 줄이는 것이었다. 그러나 이 프로젝트는 김용훈 명장의 마음을 흡족하게 할 만큼의 성과를 내지 못했다. 설비적 한계도 있었고, 다양한 시험을 하려면 어쩔 수 없이 나오는 품질 불량, 생산량 감소 등의 문제도 걸림돌이 됐다. '처음 설비를 놓을 때부터 이런 문제에 대한 고민을 반영했다면 좋았을 텐데…' 하는 아쉬움은 있었지만 그래도 김용훈 명장은 주어진 한계 속에서 조업으로, 또 이러한 활동으로 문제점을 확인하고 극복하려는 노력을 이어갔다.

2열연공장 근무 시절, 완전한 성과를 이루어내지는 못했지만, 6시그마를 접하면서 기술의 깊이에 대한 진한 맛을 알게 된 것은 의미 있는 성과였다. 기술을 배우고, 연구하고, 적용하고, 개선하는 즐거움은 세상 어떤 것보다 달콤했다. 휴일이면 만사 제쳐놓고 달려가던 취미인 낚시조차 잊을 정도로 말이다. 이 시기 그는 비록 높이 날아오를 수는 없었지만 차곡차곡 쌓은 내공으로 머지않아 화려한 비상의 날갯짓을 할 터였다. 그러던 중, 드디어 그에게 기회가 찾아왔다. 4열연공장 신설이 결정된 것이었다.

압하 운전과 스피드 운전의 통합, 우려를 극복하고 포스코의 새로운 표준이 되다

새롭게 지어진 광양제철소 4열연공장은 포스코에 큰 의미가 있다. 4열연공장은 열연공장으로서는 최초로 일본 기술자의 힘을 빌리지 않고 온전히 포스코 자체 기술만으로 지었다. 게다가 통상 짓고 나서 반 년, 길게는 일 년 걸리는 조업 안정화를 석 달 만에 이루어냈다. 일본 엔지니어링 회사의 기술자들이 지원해주던 이 작업을 우리 손으로, 그것도 통상적인 기간보다 훨씬 짧은 기간에 해낸 것이다. 더욱 놀라운 것은 설비 능력 350만 톤을 훌쩍 웃도는 420만 톤의 생산 능력까지 확보했다는 점이다. 이렇게 되자 최초 설비 계획 단계부터 참여한 김용훈 명장에게는 '자력 엔지니어링에 성공한 파트장'이라는 자랑스러운 수식이 따라붙었다. 물론 본인은 이런 명칭을 더없이 쑥스러워하지만.

4열연공장 신설은 여러모로 김용훈이 꾸어왔던 꿈을 실현하는 장이 돼줬다. 열간압연 설비를 운전하면서부터 그의 머리를 떠나지 않았던 의문. 그것은 '압하 운전 조작과 스피드 운전 조작을 통합할 수는 없을까' 하는 것이었다.

"압하 운전이란 소재의 두께를 눌러서 맞추는 조작이고, 스피드 운전이란 압연을 진행하는 동안 장력을 제어하는 조작입니다. 하나의 제품을 생산하는 작업인데 조작은 분할돼 있었죠. 조작에 쓰이는 패널도 2개, 조작하는 인원도 따로. 불편하기 짝이 없는 것은 둘째고, 통합적인 품질 관리조차 쉽지 않은 상황이었습니다. 말이 통합이지 사실은 자동화, 즉 노터치 운전을 실현하려는 것이었죠. 자동화를 하려면 사전에 관련 데이터를 분석해 설비에 입력할 필요가 있었습니다."

그것은 2열연공장에서 그가 펼치지 못했던 꿈이기도 했다. 그래서 4열연공장에서는 처음부터 이를 가능한 설비로 구상했다. 그러나 주변의 염려가 컸다. 평생 손으로 운전을 했던 이에게 완전 자율주행 자동차라면서 운전대를 떼어버린 자동차를 주면, 그 차로 바로 고속도로에 올라탈 용기가 나겠는가? 결국 4열연공장 압연 설비의 패널은 압하 운전과 스피드 운전을 통합한 하나의 패널, 사실은 스피드 운전을 없앤 패널로 가되, 한쪽 구석에 조그맣게 '백업패널'을 설치해 '만에 하나'라는 근심 걱정을 달래는 방향으로 구상했다.

"결과요? 물론 대성공이었습니다. 이렇게 통합된 시스템은 광양 4열연은 물론이고, 광양 1, 2, 3 열연을 넘어 포항 1, 2 열연에도 적용됐습니다. 광양 4열연에서 시작해 이제는 모든 열연공장이 채택하는 표준 시스템으로 정착한 겁니다. 참 뿌듯한 일이죠."

설비가 사람의 일을 대신한다면 직원은 어떻게 되는 걸까? "통상적인 일에 매몰되면 발전이 없잖아요. 운전 인력이 두 명이었다는 것은 두 명이 모두 운전만 했다는 뜻이에요. 그런데 생산성을 높이고, 품질을 향상하는 게 늘 하는 운전만 잘한다고 되는 건 아닙니다. 그건 그냥 현상 유지죠. 운전 인력에서 여유가 생긴 인력 한 명은 설비도 돌아보고, 운용 방식도 고민할 수 있습니다. 다시 말해 운전을 하던 인력이 검사하고 검토하는 인력이 되는 겁니다. 그런 과정에서 한 단계 높은 발전 단계로 올라설 수 있는 거죠."

또 다른 열연공정의 표준, FM 전장 유압연 적용 기술 ✦

4열연공장을 가동하면서 김용훈 명장이 적용한 기술은 또 있다. 그건 바로 'FM 전장 유압연 적용 기술'이다.

"용어가 좀 어렵죠. FM이란 건 피니싱 밀(Finishing Mill), 즉 마무리압연이란 뜻입니다. 애당초 4열연공장을 신설하기로 결정한 것은 고강도강 수요가 늘어났기 때문입니다. 고강도강은 자동차강판은 물론이고 송유관 같은 걸 만드는 데에도 쓰이는데요. 열연공장에서 일반강이 아닌, 강도가 더 높은 소재를 압연할 일이 많아지니 롤의 피로도가 오르고, 압연할 때 진동도 심해졌습니다. 이런 문제를 해결하려면 소재에 압연유를 뿌리면서 압연해야 했어요."

압연유를 뿌려주면 압연 소재와 롤 사이에 유막이 생긴다. 유막이 생기면 롤이 압연하는 힘을 소재에 효과적으로 전달할 수 있다. 즉, 힘을 덜 들이고 압연할 수 있다는 뜻이다. 이를 유압연이라고 하는데 사실 이는 세계적으로 흔한 기술이다. 다만 '전장 유압연'을 하지 않을 뿐이다.

일반 유압연을 할 때 소재 끝부분 7m부터는 압연유를 뿌리지 않는다. 압연유를 뿌리지 않은 소재 끝 7m 부분은 롤을 지나며 자체 열로 롤에 묻어 있는 유막을 태워 없애게 된다. 그렇게 하지 않으면 다음에 투입되는 소재가 미끌미끌한 롤에 제대로 물리지 않을 수 있기 때문이다. 이를 '슬립(slip) 현상'이라고 한다.

"문제는 이 7m입니다. 압연유를 뿌리지 않았으니 제대로 압연이 되지 않는 경우가 생길 수밖에 없죠. 롤에 흠집을 내기도 하고요. 롤에 흠집이 생기면 다음에 들어온 소재에 또 결함을 발생시킵니다. 그렇게 되면 롤을 교체해야 하는데 비용은 비용대로 들고, 그 기간 동안 조업을 못 하니 생산성은 또 생산성대로 떨어지는 거죠."

"후배들이 해외에서 일정 기간 근무하는 경험을 쌓았으면 좋겠습니다."

그래서 도입한 새로운 방식은 나머지 7m에도 압연유를 뿌리는 것이다. 그래서 명칭이 '전장 유압연'이다. 이 과정에서 그는 기존 문제인 슬립 현상도 극복해냈다. 'FM 전장 유압연 성공'은 그야말로 고강도강 생산과 품질을 극대화하는 획기적인 일이 아닐 수 없었다. 결국 이 성공은 김용훈 명장에게 '제안 2등급'을 안겨주기에 이른다.

'더스트 프리 기술'로 분진을 원천봉쇄하다

이러한 성과를 바탕으로 포스코 기능인의 최고 영예인 '명장'의 반열에 오른 김용훈 명장. 그러나 그가 지향하는 기술 혁신의 길은 '명장'이 종착역이 아니다. 명장이 된 이후에도 그는 또 다른 포스코 기술표준을 수립하기에 이른다. 그것이 바로 '더스트 프리(dust free) 기술'이다.

"어느 공장이든지 분진은 큰 문제입니다. 그런데 열연공장에서도 분진이 많이 생겨요. 소재가 롤에 물리는 부분과 롤에서 막 빠져나오는 부분을 바이트(bite)라고 부르는데 물리는 부분을 입측 바이트, 빠져나오는 부분을 출측 바이트라고 합니다. 그런데 이 출측 바이트에서 분진이 많이 생깁니다. 기존 해결책은 이 위치에 집진기를 설치해서 발생한 분진을 빨아들여 처리하는 거였습니다."

그런데 4열연공장이 신설될 즈음 압연 환경은 변하고 있었다. 비교적 분진이 적은 일반강이 아닌 특수강 생산량이 늘어나고 있었던 것. 그래서 기존에는 FM에만 설치해도 됐던 집진기를 조압연기인 RM(Roughing Mill)에도 설치해야 했다. 문제는 집진기가 대당 40억 원에 이르는 고가의 장비인 데다가 운용하는 데 드는 비용도 만만치 않다는 점이었다.

"분진이 생기고 나서 처리한다는 개념보다, 원천봉쇄를 하면 어떨까

명장이 된 이후에도 김용훈은 또 다른 포스코 기술표준을 수립했다. 바로 더스트 프리 기술이다.

하는 생각이 들더군요. 그래서 출측 바이트에 제진 스프레이를 달아 물을 뿌려서 분진을 없애기로 마음먹었습니다. 물론 그냥 물을 뿌려서 되는 건 아닙니다. 분진을 잡아내려면 뿌리는 물 알갱이가 아주 작아야 합니다. 그래서 출측 바이트 앞쪽 설비에 구멍을 뚫어서 '미스트 노즐(mist nozzle)' 형태를 설치해 물을 뿌리기로 했습니다."

여기서 두 가지 문제를 해결해야 했다. 우선 물을 뿌리다가 소재를 차갑게 식힐 염려가 있었다. 또 소재가 지나가는 바로 근처 설비에 미스트 노즐 구멍을 뚫다 보니 소재가 이 구멍에 긁혀 스크래치가 발생할 가능성도 있었다. 그래서 처음에는 이 아이디어를 1개 라인에만 적용해 시험 운용하며 문제점을 차근차근 해결해나갔다. 결과는 대성공이었다.

이 또한 광양 4열연공장을 넘어 포스코 전체에 적용될 표준기술이 됐다. 광양 1, 2, 3열연은 물론이고 포스코장가항불수강 등 해외에도 적용했으며 포항 열연공장까지 곧 적용이 완료될 예정이다.

광양 4열연공장 설비 계획 단계부터 참여한 김용훈 명장에게는 '자력 엔지니어링에 성공한 파트장'이라는 자랑스러운 수식이 붙는다.

해외에 기술 전수, 넓은 세계로 뻗어가다

김용훈 명장의 활약은 이제 국내에만 머물지 않는다. 고향과도 같은 광양 4열연공장에서 열연공장의 표준기술들을 잉태하고 확산한 그는 최근 인도네시아 크라카타우포스코에서도 앞선 기술을 전수하며 맹활약을 펼쳤다. 특히 눈에 띄는 것은 '톱 텔레스(top teles) 개선'과 '테일 핀칭(tail pinching) 개선'이다. 두 기술 모두 압연 마지막 과정에서 소재를 가운데 정렬하는 센터링이 잘되지 않아 롤이 두루마리처럼 말렸을 때 가운데 심 부분이 비뚤어지거나, 마지막 끝부분이 비뚤어져 말리는 문제를 해결한 것이다.

김용훈 명장의 기술 전수 덕택에 가운데 심 부분에 문제가 생긴 톱 텔레스 발생률은 16%에서 3%로 획기적으로 개선됐으며, 테일 핀칭 발생률은 11.95%에서 0%로 내려앉았다. 이에 따른 증산 효과도 무려 연간 3만 9000톤에 이른다.

김용훈 명장은 종착역이 없는 기관차와 같다. 성과를 내놓는 역에서 잠시 쉬어갈 뿐 이윽고 또 다른 출발의 기적을 울린다. 그가 궁극적으로 지향하는 종착역, 그건 그 자신조차도 장담할 수 없다. 다만 그곳은 포스코의 지속가능한 성장이 확보되는 곳이 아닐까 미루어 짐작해 볼 뿐이다.

김용훈 명장은 1965년 전남 장흥군 회진면 신상리에서 태어났다. 6남 2녀 중 셋째로 태어난 그는 멸치잡이와 김 농사를 하는 평범한 어촌 마을에서 중학생 시절을 보내다 광주에 있는 고등학교에 진학하면서 더 넓은 세상에 대한 꿈을 키웠다.

1990년 3월, 포스코에 입사한 그는 광양제철소 2열연공장 압연계에 배치돼 열연 기술이라는 한 우물을 우직하게 파왔다. 2013년 12월 새롭게 건설에 들어간 광양 4열연공장의 조업대비팀에 배치되면서 또 다른 도전을 시작한 그는 공장 곳곳을 꿰고 있을 정도로 현장에 남다른 애정을 가지고 있다.

기계정비산업기사, 압연기능장, e-프로페셔널 테스트(e-professional test) 1급 등 다양한 사내외 자격증을 보유하고 있는 김용훈 명장은 2017년 포스코명장에 선발됐으며, 회장표창 5회, 광양제철소장, 부소장표창 12회 등 이루 헤아릴 수 없이 많은 수상경력을 가지고 있다. 그뿐만 아니라 '광양 4열연 FM 전장 유압연 기술 적용으로 생산성 향상 및 전력 절감(2등급)' 등 49건에 이르는 제안실적과 '가변식 열연 바이트 쿨러(bite cooler) 헤더' 등 14건에 달하는 특허도 보유하고 있다. 2021년 4월부터 2022년 8월까지는 인도네시아 크라카타우포스코에서 활약하며 앞선 우리 기술을 현지에 전수하고 지금은 광양 열연기술개발섹션에서 열간압연기술 고도화에 매진하고 있다.

이경재 명장 ✦ 포항 EIC기술부

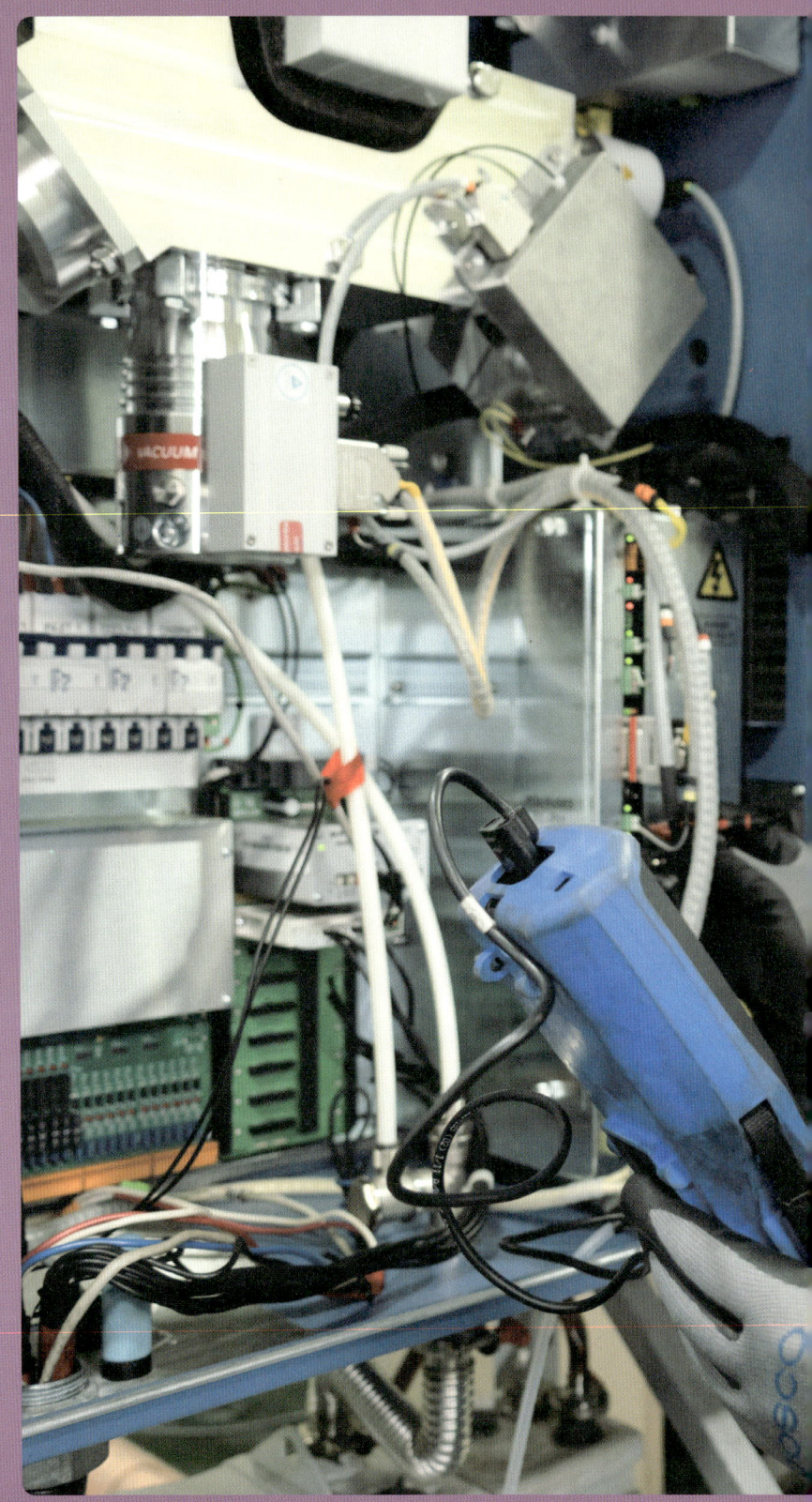

이경재 명장은 무엇이든 속속들이 알아야 하고, 시작하면 반드시 내 것으로 만들어야 직성이 풀리는 사람이다. 그는 너털웃음을 지으며 이런 자신의 성향이 계측제어라는 분야의 업무 특성 때문에 생긴 일종의 직업병이라고 설명한다.

"계측제어 분야는 날로 새로운 기술이 나오는 분야로, 당장 지금 아는 것이 있다고 해서 만족하면 곧 뒤처집니다. 늘 새로운 기술과 변화에 관심을 가지고 내 것으로 만들려는 노력을 해야 합니다. 그러면 그 분야에서도 고수가 될 수밖에 없습니다."

그래서 그는 '모든 것에 관심을 가져라. 그리고 모르면 물어보라.'라고 강조한다. 이런 '이경재'라는 사람의 투철한 탐구 정신과 집념은 어느 정도이며, 포스코 현장을 어떻게 바꿨을까?

'계측'은 현장의 신경세포, 계측이 정확해야 정밀한 제어 가능

계측제어 전문가인 그는 '계측제어'를 이렇게 정의했다.

포스코의 계측제어 기준은 ISO보다 훨씬 엄격하다.

"고속도로를 달리는 자동차를 떠올려보세요. 운전자는 자동차 속도계나 내비게이션에 표시된 속도를 보고 더 빠르게 갈 것인지, 천천히 갈 것인지 순간순간 결정하며 운전합니다. 여기서 계기판에 표시된 속도가 '계측'이라면, 속도를 내거나 줄이는 게 '제어'입니다. 우리 일상은 알고 보면 이렇게 '계측과 제어'로 둘러싸여 있습니다. 주유소에서 주유를 할 때도 기름의 양을 숫자로 표시하고, 정육점에서 고기를 살 때도 저울의 눈금을 봅니다. 체중계에 올라서서 몸무게를 잴 때도 표시된 숫자를 체크합니다. 그러나 일상과 산업현장의 '계측제어'는 매우 다릅니다."

산업현장에서는 일상보다 더 흔하게 '계측'이 일어난다. 제철소에서도 마찬가지이다. 일상에서와 다른 점이 있다면 현장의 계측은 극도로 정밀하게 이루어져야 한다는 것이다.

경영학자 피터 드러커(Peter Drucker)는 "측정되지 않으면 관리할 수 없고, 관리되지 않으면 개선할 수 없다."라는 유명한 말을 남겼다. 또 품질

경영의 대가로 불리는 에드워드 데밍(Edwards Deming)은 "모든 것을 측정하라. 측정이 어려운 것은 측정이 가능하게 하라."라고 주창했다. 경영, 특히 품질을 중시하는 제조업과 관련된 경우에 계측이 얼마나 중요한지 알 수 있는 말이다. 이경재 명장은 제철소에서 사용하는 계측기를 '사람의 신경세포'에 비유할 정도로 중요하게 여긴다.

'기준은 지나칠 정도로 엄격해야 한다.'는 철칙으로

"계측기는 사람의 신경세포와 같습니다. 포항제철소에는 이러한 신경말단, 즉 계측기가 무려 4만 5859대가 있습니다. 그중에서도 안전, 품질, 생산, 에너지, 환경 등과 밀접해 특별히 관리해야 하는 중점 계측기는 8887대나 됩니다. 이 모든 계측기가 정밀하고 적확한 계측을 해야 하고, 그에 따라 제어도 이루어져야 합니다. 그 기준은 지나치다 싶을 만큼 엄격해도 지나침이 없습니다."

이것이 바로 '계측제어'에 대한 이경재 명장의 철칙이다.

이경재 명장은 이런 철칙에 입각해 2012년부터 2017년까지 집중적으로 '계측기 정도 관리(精度管理) 시스템' 개발에 매달렸다. 포스코는 이에 힘입어, ISO가 제시한 기준보다 더 엄격한 계측제어 기준을 세워 운영 중이다. 2022년 7월 현재 기준으로 볼 때 ISO가 제시한 관리 목표는 99.5%로 오차 0.5%인 데 반해, 포스코 자체 기준은 99.7%로 오차 0.3%를 기준으로 한다. 이 말은 포스코가 현장에서 계측 결과 '100'을 계측했다면 그 계측의 오차는 플러스마이너스 0.3까지만 인정한다는 뜻이다. 즉 포스코가 100이라고 계측한 것의 실제 값은 아무리 달라도 위로는 100.3, 아래로는 99.7까지의 범위 내에 있다. ISO에서 제시한 기준에 따르면 이 값은 100.5에서 99.5까지의 범위 내에 있으면 허용되지만, 그보다 한층 정밀하게 관리하는 것이다.

이는 매우 엄격한 기준이고 방법이기 때문에 한국수력원자력, GS칼텍스, SK에너지, 한국표준과학연구원 등에서 앞다투어 벤치마킹에 나서고 있다. 그럼에도 이경재 명장은 '계측제어'에 대한 일반적인 인식에는 아직 아쉬움이 많다고 토로한다.

"계측이 잘못되어 오차가 크더라도 당장 그 영향을 확인하긴 어렵습니다. 왜냐하면 운전 화면에는 조업 기준에서 설정한 데이터에 맞게 지시되고 있거든요. 가령, 계측의 오차로 인해 특정 재료가 들어가야 할 양보다 더 들어갔거나 덜 들어갔어도 그 순간에는 알 수가 없죠. 보통 그 결과는 최종 제품의 품질에 결함이 생겼을 때야 비로소 알 수 있는데, 그래도 계측이 원인이라고 장담하지 못합니다. 제품이 만들어지기까지 다양한 물리적, 화학적 공정을 거치기 때문에 최종 제품의 품질 결함에는 여러 요인이 있을 수 있고 데이터는 오차를 포함해 설정한 값으로 남아 있기 때문입니다. 이처럼 계측이 잘못되면 반드시 문제가 생기지만, 그 영향 여부를 판단하기 어렵기 때문에 계측의 오차가 발생하지 않도록 주기적으로 정도 관리를 하는 것이 가장 중요합니다."

계측 분야는 기술 발전 속도가 워낙 빨라서 금세 새로운 기술이 나오고, 제철소도 이러한 신기술은 빨리 접목해야 한다. 하지만 많은 사람은 이러한 변화를 달갑지 않게 여긴다. 안정적 조업이 확보된 상황에서 불안정성을 내포한 변화를 받아들이고 익숙함과 결별하기는 어렵기 때문이다. 본능적으로 이를 위험 요소로 볼 수밖에 없다. 그래서 이경재 명장과 같이 계측제어 분야를 이끌어가는 전문가는 '계측제어 수준 향상'이라는 본업에 더해 몇 가지 신경 써야 하는 것들이 더 있다. 첫째는 계측

"계측 기준은 지나치다 싶을 만큼 엄격해도 지나치지 않습니다."

제어의 중요성에 대한 인식 제고이며, 둘째는 현업과의 끊임없는 소통으로 신기술 접목에 대한 거부 반응을 없애는 것이다.

그는 이 두 가지 과제를 어떻게 해결했을까? 이경재 명장은 탁구, 배드민턴 등과 같은 건강한 취미 활동으로 사람들과 더 쉽게 어울리고 소통하며 이 문제를 풀어나갈 수 있었다고 말한다.

배드민턴 불모지 포항에 클럽 31개 만든 집념의 사나이

심지어 취미에서조차 그는 건성건성 하는 법이 없었다. 그는 일본 유학 시절 배드민턴의 매력에 빠졌는데, 공부를 마치고 돌아와서도 배드민턴을 계속하고 싶어 경주, 울산의 클럽으로 운동을 하러 가곤 했다. 당시 포항에는 배드민턴을 할 수 있는 실내체육관이 없었기 때문이다. 1997년, 배드민턴을 혼자만 즐기지 말고 '포항 시민을 위한 생활체육 종

취미생활에서도 집념을 불태운 이경재 명장은 포항에 배드민턴을 심었다고 해도 과언이 아니다.

목으로 활성화하자.'는 다소 거창한 아이디어를 떠올렸다. 천신만고 끝에 송도의 송림초등학교 다목적 체육관을 개방해서 12명의 회원으로 포항시의 첫 번째 클럽을 만들었다. 클럽명은 포항에서 가장 앞서 나가고 구속이 가장 빠른 배드민턴 모임이라는 의미를 담아 '포스피드'라 지었다. 이후 학교, 사설체육관 등 체육관 시설이 있는 곳마다 찾아가 배드민턴을 할 수 있게 장소를 개방해달라고 요청했다. 이런 노력이 결실을 맺어, 2002년까지 포항에 배드민턴 클럽 수가 8개로 늘어났다.

  그는 여기에서 만족하지 않고 다시 이 클럽들을 엮어서 생활체육배드민턴 연합회를 만들었다. 지금은 연합회에 속한 이러한 클럽이 31개까지 늘어났고, 회원 수는 무려 3000여 명에 달한다. 지금도 이경재 명장은 포항시 배드민턴협회 수석부회장을 맡아 동분서주하고 있다. 이쯤 되면 그가 배드민턴이라는 운동을 포항에 심었다고 해도 과언이 아니다. 그의 강한 집념과 책임감, 승부욕을 확인할 수 있는 대목이다.

냉각수 제어 밸브 특성 개선으로 조선용 특수강 생산 가능케 해 ✦

이경재 명장이 잊지 못하는 또 하나의 계측제어 분야 성과는 냉각수 밸브의 제어 특성을 자체적으로 변경해 제어에 성공해 조선용 특수강 생산을 가능케 한 일이다. 2016년, 조선업이 활황을 구가하자 후판 수요가 급증했다. 당시 포스코는 조선용 일반 후판은 생산할 수 있었지만, 컨테이너선 격벽이나 갑판에 사용되는 후판 400㎜ 특수강 주편 생산에는 어려움을 겪고 있었다. 불량률이 무려 9%에 이르는 상황이었다. 수요자는 일반적으로 후판을 구매할 때 원하는 특수강을 묶어서 일괄 구매하기를 원하기 때문에 포스코는 반드시 특수강을 제대로 생산해내야 했다.

문제는 냉각수 밸브였다. 특수강 주편은 연주공정에서 생산하고 있었

새로운 것을 두려워하지 않고 이론부터 철저하게 습득한다면 해결할 수 있는 문제가 많다.

는데, 이는 일반 제품과는 달리 냉각을 천천히 해야 한다. 그러려면 냉각수를 더 소량 분무할 수 있도록 냉각수 밸브를 제어하고, 냉각수 양도 정확하게 계측해야 했다.

"운전, 정비, 기술 부서가 모여서 대책을 검토했습니다. 분석해보니, 기존 밸브는 일반 조업에 최적화해서 밸브 동작 범위를 15~80%에 맞춰 제작했고, 그 범위 내에서 냉각수 양을 조절하도록 돼 있었어요. 그런데 특수강 조업을 하려면 밸브 동작 범위가 5~10%일 때 냉각수 양을 계측하고 제어할 수 있어야 했지요. 설비 제작사에 방법을 문의해봤지만, 그들은 고개를 가로젓더군요. 그런 범위에서는 성능을 보장할 수 없다는 겁니다. 결론은 밸브를 전부 그 사양으로 교체해야 한다는 것이었는데, 이건 해답이랄 수도 없는 거였죠. 밸브가 무려 84대여서 비용도 비용이고, 교체하는 동안 조업도 못 하니까요."

여기서 이경재 명장은 포기하지 않고 발상의 전환을 시도했다. 기존에 15~80%였던 냉각수 제어 밸브의 동작 범위를 5~60%로 바꾼 것이다. 동작 범위란, 냉각수 양을 제대로 계측하고 제어도 할 수 있는 범위를 말한다. 즉 동작 범위가 15~80%인 냉각수 제어 밸브는 밸브를 15% 이하로 열거나, 80% 이상 연 경우에 냉각수 양에 대한 계측과 제어가 부정확해진다는 뜻이다. 이경재 명장은 밸브의 동작 범위를 자체 변화시킴으로써 이 문제를 해결했다. 밸브를 5% 이상 60% 이하로 연 상태에서도 계측과 제어의 신뢰도를 높인 것이다. 60~80% 구간에서의 계측은 실제로 큰 문제가 되지 않았기에 가능한 일이었다. 이로써 특수강 생산에 필요한 동작 범위를 확보했다.

"모두가 무모하다고 했지요. 설비 메이커도 두 손을 들고 안 된다고 하고, 밸브 교체만이 답이라고 결론 내렸습니다. 그래도 전 명확한 이론과

모두 말려도 끝까지 포기하지 않는다면 발상의 전환을 할 수 있다.

밸브의 구조적 특성을 알고 있었고, 밸브의 동작 범위를 바꾸고 별도의 제어 로직을 구성한다면 충분히 가능하다고 판단했기에 문제가 생기면 책임을 지겠다는 각오로 밀어붙였지요."

다들 포기했을 때, 이경재 명장만은 아무도 해보지 않았지만 '밸브 특성과 제어 특성을 합치면 할 수 있다.'는 마음으로 끝까지 밀고 나가 새로운 해결책을 찾아냈다. '관심을 가지고 알아내려고 노력하며, 모르면 묻는다.'라는 그의 평소 지론이 만든 성과일 것이다.

새로운 계측과 제어기라면 끝까지 파고드는 열정으로

그런데 이경재 명장은 자신의 지론에 한 가지 조건을 덧붙였다. '알아가는 과정'에도 그만의 방식이 있는데, 항상 '이론부터 먼저 파고들라.'는 것이다. 일례로 제철소에 DCS(Distributed Control System; 분산제어시스템)라는 새로운 시스템을 도입했을 때의 이야기이다. 이경재 명장은 설비 관리를 하면서 시스템의 하드웨어를 완전히 파악하고 싶었다. 그래서 대수리 때, 운전실에 있는 HMI(Human Machine Interface)와 제어스테이션의 FCS(Field Control Stations)를 완전히 분해했다. 그 상태에서 시스템 구성을 분석하고 수리 방법과 취약점을 파악한 후 다시 조립해놓았다. 그러고서는 엄청나게 혼이 났다.

"사실, 당연한 꾸지람입니다. 수억 원이 넘는 시스템을 망가뜨리기라도 하면 그 결과가 참혹하니까요. 지금 생각하면 무모한 행동이었습니다만, 그 과정에서 설비 제작사 엔지니어 못지않은 노하우를 습득했습니다."

이경재 명장은 새로운 것을 두려워하지 않으며, 이론부터 철저하게 습득한다는 점에서 남다르다. 정비는 조업부서의 요청을 받고 문제를 해결하는 것이 기본인데, 그는 고장이 난 것을 고장 나기 전의 수준으로 되돌리는 정도로는 만족할 수 없었다. 고장이 자주 나는 근본적인 원인을 찾아내려고 노력했고, 그 원인을 찾아 제거하는 과정에서 설비가 현재보다 개선된 상태로 거듭나기도 했다. 이런 도전과 성취의 비결을 묻자, 이경재 명장은 '동료들과의 소통과 협업'을 최고의 비결로 들며, 그에 관한 경험 한 가지를 들려줬다. 자주관리대회에서 전국대회 동상을 수상하기까지의 과정이다.

'소프트웨어 개선'으로 전국 최초 자주관리대회 동상 수상 ◆

이경재 명장은 어린 시절 몸이 약해 '약골'로 불렸다. 태어난 지 백일 만에 폐렴에 걸려 사경을 헤매자 동네 어르신들이 "저 아이는 오래 살지 못할 것 같다. 그만 포기해라."라고까지 말할 정도였다. 초등학교 5학년 때는 신장염으로 온몸이 퉁퉁 부어 신장 제거 수술이 필요하다는 진단을 받은 적도 있다. 몸이 약하고 가정 형편도 어려워 친구들과 어울리는 게 힘에 부쳐서 교우관계도 원만하지 못했다. 그러던 중 포철공고에 입학하면서 인생이 달라졌다. 기숙사 생활을 하면서 기숙사라는 울타리 안에서 선후배와 함께하는 공동체 생활을 자연스럽게 경험했고, 다른 사람과 소통하는 방법도 차츰 터득했다. 공동체의 힘이 얼마나 위대한지 깨달았고, '소통과 협업'을 중요시하게 됐다. 소통과 협업은 때로는 그에게 놀라운 결과를 안겨주기도 했다.

"1989년, 입사한 지 5년 정도 됐을 때였습니다. 당시 저는 제강 탈가스공정의 설비들을 담당하고 있었는데, 개선 사항 한 가지를 발굴했습니다. 담당하는 설비 중에 진공 속에서 용강 성분을 조정하는 공정이 있었습니다. 설비가 진공 상태여야 하다 보니 이곳에 3~8종류의 합금철을 넣을 때도 바로 넣지 못했습니다. 중간에 별도의 용기를 두고 이곳에 합금철을 넣은 뒤 그 용기를 진공 상태로 만들고, 다시 용기의 입구를 열어 진공 상태인 설비에 합금철을 넣어야 했죠. SF 영화 같은 걸 보면 우주 비행사가 우주선에 진입할 때 중간 단계로 거치는 감압실과 비슷하다고 보시면 됩니다. 이렇게 중간 단계 용기를 진공 상태로 만들려면 아무래도 시간이 오래 걸립니다. 조업하는 걸 가만히 지켜보니 다양한 종류의 합금철을 한 가지씩 넣어가며 작업을 여러 번에 걸쳐서 진행하고 있더군요. 저는 이 상황을 살피다가 '야금학적 반응에 영향이 없다면 중간 용기가 담을 수 있는 만큼 한꺼번에 담아서 작업을 진행하면 작업 시간을 줄일 수 있지 않을까' 하는 의견을 제시했습니다."

곧장 '안 된다'는 대답이 돌아왔다. 그의 아이디어대로 하면 기존 21분 걸리던 작업 시간을 17분대로 줄일 수 있었지만, 현장의 반대는 극심했다. 본래 설비를 설비 제작사에서 만들 때 그렇게 하도록 만들었다는 것

"계측제어는 눈에 잘 보이지 않지만, 그래서 더 중요합니다."

이 반대의 이유였다. 이경재 명장은 '본래 그렇게 만들어졌다.'는 말을 그냥 받아들이기 어려웠다.

"원래 그렇다, 본래 그래야 한다는 말에 의문이 생겼습니다. 그래서 나서서 조업 요원들을 설득했습니다. 대화와 소통으로 동의를 끌어냈고, 새로운 작업 방식이 현장에 자리 잡을 수 있었습니다."

그는 직원들을 설득하기 시작했다. 쉽지는 않았지만, 끊임없이 대화하고 방법에 대해 설명하고 소통해 결국 그들의 동의를 얻어냈고 개선도 이뤄졌다. 그 후 새로운 작업 방식은 현재까지도 인용되어 17분대의 조업이 현장에 자리를 잡을 수 있었고, 이 '소프트웨어 개선' 사례는 자주관리대회 전국대회에까지 진출했다. '하드웨어 개선'이 주류인 자주관리대회에 전국 최초로 본선에 오른 '소프트웨어 개선' 사례였다. 그리고 마침내, 이경재 명장은 이 개선으로 대회 동상을 거머쥐었다.

그는 이런 과정을 거치며, 새로운 아이디어나 이론적 지식, 실전 노하우만큼 소통과 협력이 중요하다는 사실을 다시 한번 깨달았다. 제철소 일은 혼자 하는 것이 아니고, 모든 관계자가 힘을 모아 해나가야 하기 때문이다. 이경재 명장은 그런 깨달음을 후배 사원들에게도 시간 나는 대로 강조하고, 또 강조한다.

계측제어 전문가로서 스마트팩토리 구축 성공에 기여할 것

"5~6년 전부터 스마트팩토리 구축, 4차 산업혁명 등 기술의 변화 이슈가 어지러울 정도로 빠르게 나타납니다. 이런 이슈가 제기될 때 대부분은 고급 하드웨어, 소프트웨어 기술을 우선 떠올립니다. 그러나 어떤 종류의 AI, 빅데이터라도 기초 데이터가 정확하고 신뢰성이 높아야 성공할 수 있습니다. 오차가 크고 수시로 변동이 생기는 데이터를 AI와 빅데이터에 활용한다면 어떻게 되겠습니까? 생각만 해도 끔찍합니다. 탄탄히 다진 기초 위에 집을 지어야 새로운 시도도 할 수 있는 겁니다. 여기서 고급 하드웨어나 소프트웨어가 집이고 새로운 시도라면, 기초가 바로 계측제어입니다."

명장으로서 앞으로의 계획을 묻자, 이경재 명장은 이렇게 답했다. 항상 제철소 기술 변화에 촉각을 세워온 계측제어 전문가다운 답이었다.

"계측제어는 안전, 품질, 생산, 에너지 등 모든 분야에서 워낙 기초이다 보니, 눈에 잘 띄지 않습니다. 잘 보이지 않으니 관심 밖으로 벗어나기도 쉽죠. 하지만 보이지 않기에 더 중요합니다. 저는 현재 하고 있는 계측제어 분야의 발전에 지속적인 노력을 기울이면서, 동시에 계측제어에 대한 인식의 저변을 넓히는 일에도 힘쓰려고 합니다. 그것이 저에게 주어진 숙제이자 사명입니다."

이경재 명장을 보면 '소리 없이 세상을 움직입니다.'라는 포스코의 과거 광고 카피가 떠오른다. 이 말은 기술인으로서 치열하게 살아온 그의 삶과 꼭 들어맞는다. 계측제어에 쏟은 이경재 명장의 땀과 눈물이, 조용히 포스코의 발전을 이끌고 있다.

이경재 명장은 1964년 충남 연기군 전동면에서 4남 2녀 중 막내로 태어나, 포철공고에 입학하면서 비로소 포항과 인연을 맺었다. 어려서는 폐렴에 걸려 사경을 헤매기도 하는 등 몸이 약해 약골 소리를 들었지만 고등학교 시절부터 탁구에 빠져 체력을 쌓고, 공동체 생활에 적응하는 법도 배웠다. 15년을 보낸 고향보다 40여 년을 보낸 포항을 진짜 고향이라고 느낄 정도이다.

1984년 2월 포스코에 입사, 포항제철소 선강제어정비과에서 기능인으로서의 삶을 시작했다. 2005년 2월부터 2009년 4월까지 파이넥스 데모 플랜트(FINEX demo plant)에서 설비 개선 태스크포스팀의 일원으로 파견 근무를 하기도 했고 이후 EIC기술부로 복귀해 현재까지 근무하고 있다. 학구열이 높아 1995년에는 일본 산업기술단기대 전기전자공학과에서 유학했다. 공부를 마치고 돌아와, 일본에서부터 관심을 갖기 시작한 배드민턴의 매력을 전파해 포항지역 배드민턴 문화 활성화에도 크게 기여했다. 회장표창(2회), 사장표창(1회), 본부장표창(2회), 포항제철소장표창(7회) 등 화려한 수상 경력이 있으며, 포항시장 감사패(2012년), 고객사인 동양E&C로부터의 감사패(2014년), 경상북도 배드민턴협회장 공로패(2019년) 등 업무 외적으로도 많은 상을 받았다. 2018년에 계측기 관리·제어 기술로 품질 경쟁력 향상에 기여한 점을 인정받아 포스코 명장이 됐다. 계측제어기사(1991년), 전기기사(1994년), 네트워크 마스터(2006년), 정보보안관리사(2006년), 전기공사기사(2009년), 산업안전기사(2014년), 정보처리기사(2016년) 등의 자격증 외에 생활체육지도자 3급 자격증도 지니고 있다. 2020년부터 위덕대 신재생에너지공학과 기업전문교수로도 출강하고 있다.

배동석 명장

◆ 광양 제선부

쇳물과 교감하는 뜨거운

열정의 소유자

늘 사랑으로 충만했던 삶, 행복을 갈구했던 시간들

배동석 명장의 집에 들어서면 제일 먼저 눈에 띄는 게 있다. 바로 '사랑, 행복'이라고 적힌 서예 작품. 본인이 쓴 건 아니고, 같이 근무하는 동료이자 '무려' 국전에 입상한 백천 김종열 과장에게 생일 선물로 받은 것이란다. 단순한 문구이고, 누구나 좋아하는 문구이다. 그런데 배동석 명장은 이 단어를 그렇게 단순하게 받아들이지 않는단다. 인생의 오묘하고 참된 진리가 담긴 단어라고 느낀다. 왜냐? 그는 지금까지 회사 일에 삶의 최우선 순위를 두고 살아왔다. 그러다 보니 가족들에게는 자연 소홀해지는 일이 많았고, 모든 것을 이해해주는 가족이지만 때로는 자신을 원망하는 마음도 느껴졌다고. 그 고마움을 알기에 이젠 가족에게 좀 더 사랑을 표현하고, 다 함께 행복을 누리며 살고 싶다고 한다.

배동석 명장이 이렇게까지 일에 매달려온 것은 어린 시절의 경험 때문이기도 했다. 그는 '내륙의 섬'이라 불릴 정도로 오지였던 충북 제천군

"고로 조업에서 가장 어려운 일은 구멍을 뚫고, 또 그 구멍을 막는 일입니다."

한수면의 한 마을에서 태어났다. 아버지는 교통이 발달되지 않아서 동네를 오가는 사람들이 나룻배를 이용해야 했던 시절, 나룻배로 사람과 짐을 날라주던 뱃사공이었고, 생활은 넉넉하지 못했다. 무려 6남매였던 형제자매 중 막내로 태어난 배동석. 부모님 마음이야 '자갈논이라도 팔아 대학에 보내주겠다.'였지만 현실은 그렇지 못했다. 그래서 인문계를 포기하고 실업계 고등학교, 포철공고에 진학했다. 그렇게 성장해온 그는 일을 열심히 해서, 가정 경제를 안정적으로 유지하는 것이 가족에 대한 사랑이고, 또 행복을 추구하는 방법이라고만 생각했던 것이다.

출선구 일발개공 기술로 출선공정에 혁명을 일으키다 ✦

그의 일터는 제철소의 상징, 고로다.
철광석과 석탄을 넣고 열풍으로 액체 상태의 쇳물을 생산하는 고로는 뜨거운 쇳물을 1년 365일 24시간 만들어내는 거대한 설비이기 때문에 조업에도 말로 다 할 수 없는 여러 어려움이 있다. 그런데 고로에 관해서라면 세계 최고라고 해도 과언이 아닌, 배동석 명장이 말하는 어려움은 전혀 다른 데 있었다. "고로 조업에서 어려운 일이라…. 저는 구멍을 뚫고, 또 그 구멍을 막는 게 참 어려운 일이라고 느낍니다."

무슨 소리일까? 명장의 말을 이해하려면 고로 조업 현장을 획기적으로 변화시킨 핵심기술로 꼽히는 '출선구 일발개공 기술'을 살펴볼 필요가 있다. 고로 안에서 만들어진 쇳물은 고로 아래쪽에 고인다. 이 쇳물을 밖으로 뽑아내려면 고로 아래쪽에 '출선구'라는 구멍을 뚫어야 한다. 출선구는 평소에는 막혀 있고 쇳물을 밖으로 뽑아내는 시점이 오면 뚫는데, 이 과정이 쉽지 않다. 거대한 송곳 같은 장비인 '비트(bit)'를 활용하는데 고로 자체가 뜨거운 데다가 구멍을 뚫으면 뜨거운 쇳물과 맞닿기 때문에 비트를 식혀가며 작업해야 한다. 식힐 때는 물을 사용하지만, 고로 내부에 물이 들어가면 안 되기 때문에 조심스럽게 다뤄야 한다.

"비트 내부에 가느다란 파이프를 심었습니다. 그 관으로 미세한 물방울인 미스트(mist)와 질소를 투입해 비트가 열에 녹아내리는 것을 막을 수 있었습니다."

그게 뭐 그렇게 대단한 일이냐고 생각한다면 오산이다. 여러 명이 달라붙어 끙끙대며 작업해도 예측하기 어려운 사고가 빈번했던 위험한 작업을 이제 작업자 한 명이 안전하게 해낼 수 있기 때문이다. 그렇게 어렵고 문제가 많은 작업이었음에도 설비의 압도적 위용 앞에 감히 개선할 엄두를 내지 못한 상황에서 배동석 명장은 패러다임을 바꿨다. 게다가 새롭게 개발한 비트는 또 다른 개선, 또 다른 발전을 낳았다.

"출선구에 구멍을 뚫어 출선하고 나면 다시 구멍을 막아야 합니다. 막

1년 365일 24시간 뜨거운 쇳물을 만들어내는 고로 조업에는 말로 다 할 수 없는 어려움이 많다.

을 때는 '머드제'라는 것을 사용하는데 다소 물렁한 상태에서 막아놓으면 나중에 단단하게 굳습니다. 이 머드제는 굳었을 때 단단할수록 좋습니다. 머드제가 뜨거운 열이나 높은 압력을 견디지 못해 녹거나 부서지면 출선구로 쇳물이 새어 나오는 사고가 일어나니까요. 그런데 머드제가 너무 단단해져서 비트가 이를 뚫지 못하면 그것 또한 문제입니다. 다시 말해 머드제는 단단할수록 좋지만, 비트 문제 때문에 더 좋은 머드제를 개발하거나 사용할 수 없었습니다. 새로운 비트를 개발하는 것과 머드제 성능을 향상시키는 것은 이런 상관관계를 갖고 있었지요."

새로운 비트가 개발되면서 이 문제는 자연스럽게 해결됐다. 고강도 머드제 사용이 자유로워지자, 출선 시간은 평소보다 길어졌고 출선 횟수는 줄어들었다. 안전은 강화하고, 생산성은 오른 셈이다.

"고강도 머드제를 쓰면서 출선구를 좀 더 안정적으로 관리할 수 있었

"안전이 최고 가치입니다. 안전과 생산성은 따로 가지 않습니다."

습니다. 그럼에도 엄청난 열과 압력을 견뎌야 하는 부위이니, 출선구에 지워지는 부담을 줄이면 좋겠다는 생각을 늘 하고 있었습니다. 고로에는 출선구가 네 개 있는데, 문득 '왜 하나만 뚫어서 출선해야 하나?' 하는 생각이 들었습니다. 그래서 생각해낸 게 두 개 출선구에서 동시에 출선하는 것이었습니다. 현장에서는 이를 '패럴렐(parallel) 개공 기술'이라고 하는데요. 가령 출선구 하나로 100만큼의 쇳물을 뽑아낼 것을 두 구멍에서 50씩, 총 100을 뽑아내면 출선구가 받는 부담이 반으로 줄어듭니다. 이렇게 하니 출선구에 가해지는 부담을 훨씬 줄일 수 있더군요."

사랑하면 늘 생각하게 되고, 늘 생각하면 어느 순간 응용 능력이 생길 것 ◆

명장이 되는 데는 많은 요소가 있을 것이다. 어떤 이는 '성실함'을, 또 어떤 이는 '학습'을 꼽을 것이다. 이론적 사안들을 끊임없이 충전해야 한다는 식으로. 그러나 배동석 명장이 첫손가락에 꼽은 것은 좀 다르다.

"굳이 표현하자면 '응용 능력'이라고 하고 싶습니다. 다른 공정이나 외부의 다른 기계, 설비들을 보고 '이걸 내 현장에 어떻게 응용할 수 있을까'를 생각해내는 능력 말이죠. 예를 들어 농사지을 때 쓰는 콤바인 같은 장비를 보면서, '작업 현장에서 뭔가를 자동으로 착착 정리해주는 그런 설비로 응용할 수 없을까?' 이런 생각을 해보는 겁니다."

그런데 명장 스스로가 모르는 게 있다는 생각이 들었다. 그건 바로 '아무 생각 없이 있다가 그런 외부적 자극을 접했을 때 바로 현장과 연결하는 게 가능하냐?' 하는 것이다. 뉴턴이 사과나무 아래 누워 있다가 사과가 땅에 뚝 하고 떨어지는 것을 보고, '아, 지구가 물체를 잡아당기는구

나. 질량이 있는 물체는 서로 당기는 힘이 생기는구나.' 하는 생각을 마법처럼 해냈을까? 그렇지 않을 것이다. 뉴턴은 '왜 높은 데 있는 물체가 아래로 떨어지는 걸까?' 늘 궁금해했을 것이다. 그렇다면 명장의 응용 능력은 호기심과 설비 개선을 향한 열망이 바탕이 돼야 가능한 게 아니겠는가? 불현듯 그에게 물었다.

"다른 나라, 특히 철강 선진국이었던 곳에서도 이런 방식으로 출선 문제를 해결하나요?"

"아니요. 이건 포스코 고유의 기술입니다. 지금은 특허 기간이 끝나긴 했지만 국제 특허도 있었습니다."

배동석 명장은 그렇게 매일매일 갈고 닦은 열망 덕분에 새로운 아이디어를 뽑아내고 출선구 문제를 기적처럼 해결해낼 수 있었다.

풍구를 뚫는 작업, 결국 사람이 하는 일 ◆

명장은 다시 원점으로 돌아가 구멍을 뚫고, 막는 것이 얼마나 어려운 일인지 이야기했다.

"고로 하부에서 바라볼 때 가장 먼저 눈에 들어오는 건 고로를 빙 돌아가며 거대한 파이프가 줄지어 있는 광경인데요. 이 파이프가 고로 내부에 뜨거운 바람을 불어넣는 '풍구'입니다. 고로가 펄펄 끓는 게 밥솥에 밥을 짓듯 고로 외부에서 불을 때는 것이라고 생각하기 쉬운데요. 사실 쇳물을 녹이는 불은 고로 안에 있습니다. 밥솥 안에서 불을 때서 밥을 짓는다고 할까요? 고로에 뜨거운 바람을 불어넣어 열을 가하면 안에 있는 석탄인 코크스가 타오르는데, 이 풍구가 또 문제입니다."

평소에는 괜찮지만, 노벽 보수 등 때문에 고로를 세운 뒤 다시 불을 붙일 때가 문제이다. 멈췄던 고로 내부에 열풍을 불어넣을 때는 평소의 풍구를 다 사용하지 않는다. 내부 물질들이 식어 유동성이 줄어 있으므로 평소보다 바람을 세게 불어넣어 그 물질들 안쪽까지 뜨거운 바람을 도달시켜야 하기 때문이다. 바람을 강하게 하려면 풍구 숫자를 줄여야 한다. 고무호스에서 나오는 물을 세게 만들려면 호스 입구를 손가락으로 눌러야 하는 것과 비슷한 원리이다. 그렇게 하다가 서서히 막아둔 풍구를 하나둘 뚫어준다. 정상적인 상태가 될 때까지 말이다.

"풍구를 뚫는 작업은 누가 합니까? 결국 사람이 수작업으로 해야 합니다. 쉽지 않은 일이죠. 그래서 풍구를 쉽게 뚫을 수 있는 고압관통기를 개발했습니다. 고로에서 작업하다 보면 이렇게 구멍을 뚫고, 또 막는 작업 때문에 어려움을 겪곤 합니다."

더욱 안전한 작업 환경 만들고자 남은 열정 바칠 터 ◆

고로는 위험한 요소를 두루 갖춘 작업장이다. 높은 데다가 뜨겁기까지 하다. 단단한 곳을 뚫어 구멍을 내기도 하고, 뜨거운 쇳물이 나오는 구멍을 안전하게 막을 줄도 알아야 한다. 뜨겁고 강한 바람과 맞서야 하기에 안전에 대한 경각심도 크고, 열망도 크다. 안전에 대한 배동석 명장의 생각도 다르지 않다.

"안전이 최고 가치입니다. 안전과 생산성은 따로 가는 가치가 아닙니다. 안전을 챙기면서 생산성도 높이는, '이 문제'만큼은 제가 퇴직 전에 반드시 해내고 말 겁니다."

그는 '이 문제'라는 단어에 힘을 주었다. 도대체 무슨 문제를 반드시 해결하겠다는 걸까? 그는 최근 출선구 머드건 작업과 관련해 주변 정리를 자동화하는 데 열정을 쏟고 있다. 그는 자신에게 이 일은 직장생활의 피날레를 장식하는 궁극의 과제라고 서슴없이 말했다. 그래서 연구소 그리고 외부 협력사와 연계해 열심히 아이디어를 짜내고 있다고 한다. 출선구 근처에 고정식 장치를 달거나 바퀴 등으로 자유로운 주행이 가능한 일종의 로봇을 설치해 사람이 하던 작업을 자동화하는 것이 목표라고. "이 문제를 해결하면 안전과 생산성이라는 두 마리 토끼를 잡을 수 있습니다. 아직은 미완의 과제이고 실패도 여러 번 겪었지만 그래서 더욱 해내고 싶어요. 일종의 오기도 생겼고요."

후배들이 더욱 안전한 현장에서 일할 수 있도록 돕고 싶다.

회사에 대한 남다른 애정 후배들에게 물려주고파

배동석 명장 역시 이제 후배들을 믿고, 그들이 '세계 최고의 경쟁력을 지닌 제철소'라는 명예와 가치를 지켜낼 수 있도록 도와야 한다는 걸 안다. 그래서 고민도 많다고 한다. 시대가 바뀌어도 조직에 대한 로열티는 반드시 지켜야 할 가치라고 믿는데, 이런 무형 가치를 후배들에게 어떻게 전달할지 아직 뾰족한 해법을 찾지 못했기 때문이다.

사실 배동석 명장의 회사 사랑, 회사에 대한 자긍심은 신입사원 때부터 남달랐다. 그는 남들이 민망하게 생각하며 꺼리던 회사 홍보 모델로도 오랜 시간 활동했다. 회사 홍보 영화에 출연한 그는 출선 작업을 마치고 카메라에 다가서며 엄지를 척 내미는 장면을 연출했다. 그런 일을 마다하지 않고 오히려 자랑스럽게 생각한 건 회사에 대한 남다른 애정이 있었기 때문이다.

"우리 때는 이랬는데…. 이른바 '라떼'라고 하지요. 이건 정말 좋은 방법이 아니고요. 상황이 생기면 그때 솔선수범하면서 우리 세대가 지켜온 가치를 간접적으로 보여주려고 합니다."

배동석 명장은 신입사원 때부터 꿈이 있었다고 한다. 그건 바로 본인이 몸담고 있는 제선공정 전반에 기계화를 도입하는 것. 사실 그는 포철공고에 다니던 시절, 늘 주위로부터 남다른 손재주를 인정받았다. "동석이가 만들다 버린 걸 주워서 제출해도 중간 이상은 간다."는 우스갯소리가 있었을 정도로 말이다. 손재주도 손재주지만 그는 기계를 만지는 것, 기계가 움직이는 원리를 좋아했다. 그런 그였으니 자신의 분야에 기계화, 자동화를 도입하고 싶어 하는 것은 어쩌면 당연한 일이다.

"게다가 제게는 현장에 롤모델도 있었습니다. 다행이고, 행운이지요."

2010년 포스코 홍보 영화에 출연한 배동석 명장.

그의 롤모델은 바로 김일학 기성. 김일학 기성이 주임으로 근무하던 시절, 배동석 명장은 70㎏이나 되는 무거운 출선구 개공기 장착법을 반자동화해 작업 효율성을 높이는 과정을 두 눈으로 지켜봤다.

"뛰어난 추진력으로 혁신 활동에 결정적인 역할을 해낸 김일학 기성의 존재는 제게 신선한 충격이었습니다."

설비가 말을 걸어올 때, 그 말을 들을 수 있어

김일학 기성을 보면서 받았던 충격은 어린 시절부터 이어져온 꿈과 버무려져 구체적 형태를 띠게 됐다. 그는 그 꿈을 작은 불씨처럼 소중하게 간직하면서 조금씩 키워갔다. 현장에서 잔뼈가 굵어지자 어느 순간 그는 설비가 속삭이는 소리를 들을 수 있었다. 비로소 설비와 교감하게 된 것이다.

"설비와 소통하고 교감해야 일을 잘할 수 있습니다. 그러려면 우선 나

배동석 명장과 그의 롤모델 김일학 기성(오른쪽).

를 완전히 오픈하는 자세가 필요합니다. 상대방에게, 또 설비에 마음을 열고 진심으로 다가서면 어느 순간 이심전심의 경지에 오르게 됩니다. 사람도 마찬가지잖아요. 꼭 말을 안 해도, 알 수 있는 그런 순간들처럼."

배동석 명장은 현장을 돌 때마다 설비가 자신에게 말을 건다고 한다. '여기가 가려우니 긁어주세요.'라고. 이렇게 그는 신입사원 때부터 꾸어온 꿈을 하나하나 실현해왔다. 그렇기에 지금 누구보다도 환히 웃을 수 있는 것이다.

배동석 명장은 1963년 충청북도 제천군의 한 마을에서 3남 3녀 중 막내로 태어나, 지금은 충주호로 인해 수몰 지역이 된 월악산과 남한강 주변에서 초·중학교를 다녔다. 넉넉하지 못한 가정 형편에도 큰 꿈을 이루고자 특수목적 고등학교인 포철공고 제선과로 진학한 것이 오늘날 포스코인이 된 첫 단추였다.

1982년 4월 포스코에 입사해 포항제철소 2제선공장 3고로에서 고로 노체 점검 요원으로 근무하던 중 1986년 11월 광양 제선부로 근무처를 옮겼다. 광양 1고로공장 건설과 시운전 참여 후 출선 업무를 수행하다 1991년 반장 직책에 보임됐고, 이후 광양 1~5고로 건설과 개수에 참여하며 현재에 이르렀다.

광양제철소 올해의 용선인 선정(1994년), 제철기술상 창의상(2015년), 철의 날 산업통상자원부 장관표창(2021년), 철강생산본부장표창(2회), 제철소장표창(5회) 등 화려한 수상 경력을 자랑하는 그는 2018년 포스코 명장에 선발됐고, 특허의 경우 대표 18건, 공동발의 37건을 보유하고 있으며, 5등급 이상의 우수제안도 대표 7건, 공동발의 20건을 기록했다. 자기 계발에도 열심인 그는 IT e-프로페셔널(professional) 1급(2005년), 제선기능장(2006년), 기계정비산업기사(2008년) 등의 자격증을 보유하고 있다.

한병하 명장
✦ 저탄소공정연구소

연주 설비 분야에서

포스코 고유의 기술을
확립하다

"한병하가 포스코에 근무하게 되었다, 그냥 근무만 하는 게 아니라 기능인으로서는 최고봉이라 할 수 있는 '명장'까지 되었다." 현재의 한병하가 40년 전의 한병하에게 이렇게 말한다면? 과거의 한병하는 "정말?" 하는 반응을 보였을지도 모르겠다.

본래의 꿈에서 어긋났지만 여전히 많았던 선택지

인문계를 거쳐 대학에 진학한 뒤 검사가 되고 싶었던 소년은 2남 3녀의 장남이라는 현실의 무게와 부친의 반대로 실업계를 거쳐 전문대학 기계과로 진학하게 되었고, 이 역시 소년 한병하의 인생 계획과는 사뭇 다른 전개였다. 전문대 졸업을 앞두고도 그에게는 다양한 선택지가 주어졌다. 아직 포스코와의 인연은 흐릿한 그림일 뿐이었다. 왜냐? 그는 이미 7급 공무원 시험에도 합격한 상태였기 때문이다. 뿐만 아니었다. 포스코는 물론, A전자에도 합격한 상태였다. 다른 이들이 보기에는 행복한 고민처럼 보일 수도 있겠지만 막상 본인에게는 한 번의 선택이 앞으로 창창한 삶의 방향을 결정짓는 것일 수 있기에 고민이 아닐 수 없었다.

결국 포스코에 입사하기는 했지만 '공무원이 안정적인데 그쪽으로 갈 걸 그랬나? A전자가 월급을 더 많이 주는데 그쪽으로 가는 게 나을 뻔했나?' 가보지 못한 길에 대한 미련일까? 남의 사과가 더 커 보이는 때문일까? 직장 초년생 한병하는 한동안 갈지자로 걷는 마음을 다잡느라 애깨나 먹었다.

그러나 그것도 잠시, 눈앞에 펼쳐진 일터가 그에게 꿈 자체였음을 깨닫는 데는 그리 많은 시간이 필요치 않았다.

연주공장. 포스코는 연주 설비를 모두 스스로 설계한다. 설계를 자체적으로 하니 정비 역시 외부에 의존할 필요가 없다. 완전 독립을 이룬 것이다.

포스코는 연주 설비의 설계는 물론, 정비 역시 모두 스스로

포스코는 연주 설비를 모두 스스로 설계한다. 설계를 자체적으로 하니 정비 역시 국내외 설비 공급사에 의존할 필요가 없다. 완전 독립을 이루었다. 그 중심에 있는 이가 바로 한병하 명장이다. 연주 설비에 관한 한 한병하 명장은 전무후무한 존재이다. 자타가 공인하는 바이다. 일반 연주 설비인 고로밀 연주 설비부터 고속 연주 설비인 CEM(Compact Endless Cast & Rolling Mill)까지, 슬래브를 생산하는 전형적인 연주 설비부터 후판처럼 두꺼운 철판이나 선재와 같이 가느다란 철선을 만들기 위한 철 막대 형태의 빌릿을 만드는 연주 설비까지 화려하게 돌아가는 모든 연주 설비의 설계, 정비의 구심력이다.

제철소에서 연주는 액체 상태인 쇳물, 정확하게는 제강공정에서 성분 조정을 거친 용강을 고체 상태인 슬래브로 만드는 공정이다. 그런데 이 공정이 또 그렇게 단순하지 않다. 쇳물은 성분 조정을 하는 곳인 전로에서부터 래들, 턴디시를 거쳐 몰드에 도달한다. 몰드에서 반응고 상태가 된 쇳물은 스트립이 되어 벤더, 언벤더를 거쳐 여러 개의 세그먼트(segment)로 이루어진 긴 통로를 거치고 난 뒤에야 슬래브가 된다. 이 슬래브를 가지고 압연공정에서 후속 작업을 하는 것이다.

그리고 몰드에는 미세한 진동을 만들어내는 오실레이터(oscillator)가 있고 몰드, 벤더, 언벤더, 세그먼트에는 스트립이 이동할 수 있게 만들어주는 롤(roll)들이 있다. 하나하나가 모두 정교한 제어가 필요한 부분이다. 게다가 최초 들여온 설비의 사양과 달리 강종이 고급화되고 또 다양화됨에 따라 기존 설비를 개선하고, 또 새로운 설비를 장치해서 운용해야 하는 어려움이 가중되는 분야이기도 하다.

설비 제작사도 하지 못한 고속주조용 '세그먼트,'
'몰드 오실레이터' 자체 개발

한병하 명장이 연주 설비에 대해 이토록 정통하게 된 결정적 계기는 '다니엘리(Danieli)'와의 협업이었다. 당시 포스코 연주 분야는 일반 속도의 연주인 고로밀 연주에서 고속연주로 패러다임 전환이 시작되는 시점이었다. 고속 연주 설비가 도입되는 상황이었고, 그와 함께 연주 분야에 수많은 숙제가 한꺼번에 주어진 시점이기도 했다.

"다니엘리는 이탈리아의 연주 설비 제작사로 세계 3대 연주기 제작사로 알려져 있습니다. 포스코가 이 회사와 인연을 맺은 건 고로밀 연주 설비 개발 때부터였어요. 그 인연이 CEM 고속연주기 설계와 제작으로까지 이어진 거죠. 연주기 설계와 제작을 전문으로 하는 회사인 만큼 기대가 컸습니다. 특히 고속주조용 세그먼트, 몰드 오실레이터 개발을 많이 기대했습니다. 그런데 막상 일이 진행되니까 기대했던 것과는 달리 일이 꼬이더군요."

목표는 8mpm이었다. 8mpm이란 8meter per minute, 그러니까 분당 8m를 연주해내는 것이다. 그때까지 기존의 속도는 1.2mpm에서 1.5mpm 정도였다. 물론 속도를 약간 높이는 것은 가능했지만 8mpm라는 목표는 높은 벽이었다. 게다가 시간이 갈수록 다니엘리와의 협업으로 이 목표를 달성한다는 것이 불가능해 보였다.

"이탈리아까지 날아가기도 했습니다. 한 달 동안 머물면서 머리를 맞대고 함께 노력했지만 결국 '다니엘리와는 힘들다.'라는 결론에 도달했죠. 일단 협업을 멈추고, 포스코 자체적으로 설비를 개발하기로 했습니다. 답답하기도 막막하기도 했습니다. 그런데 어떻게 합니까?"

많은 문제는 결국 많은 노하우가 된다.

불가능할 것 같은 과제, 그러나 한병하 명장과 그의 동료들은 그동안 정비와 조업에서의 경험 등을 총동원해 설비 개발에 나섰다. 그 결과 실제 조업과 같이 쇳물이나 스트립을 넣지는 않는 '무부하 테스트'까지 성공해내고 만다.

"순전히 시행착오를 통해서 해낸 거라고 보면 됩니다. 미로에서 지도 없이 이 길, 저 길 모두 발품을 팔아서 결국 길을 찾은 거나 마찬가지지요. 그러니 얼마나 힘들었겠습니까?"

그런데 문제는 현장에 설치하고 나서 터졌다. 한밤중에 조업에서 긴급 전화가 왔다. 전날 설치한 설비가 회전 불량으로 못 쓰게 되었다는 것이었다.

"부랴부랴 현장으로 뛰어갔죠. 설비에 문제가 생겼다는 전화를 받는 것은 아무리 시간이 지나고, 여러 번 겪어도 도저히 적응이 안 되는 두려움입니다. 지금도 그렇지만 그때는 수많은 시행착오와 갖은 어려움을 겪고 설치한 설비였는데 문제가 생겼다니, 가는 동안 내내 심장이 멈출 것 같이 두려웠죠."

연속되는 문제를 겪고서야 고속주조용 연주 설비는
오롯이 포스코의 것으로

현장에 가보니 더욱 주저앉을 것 같은 상황이었다. 롤이 새까맣게 타버린 것이다. 하늘이 무너지는 참담함이었다. 원인은 금세 알 수 있었다. "고속주조를 하려다 보니 롤 직경을 줄였습니다. 물론 연속주조할 때 속도를 높이려면 세그먼트 롤의 직경을 줄이는 것은 필수조건이었습니다. 기존에는 롤을 냉각시키기 위해서 롤 축 내부로 냉각수를 통과시키는 방식을 사용했었습니다. 그런데 롤 직경을 줄이다 보니 롤 축으로 냉각수를 흐르게 할 수가 없었고 롤 냉각을 충분히 하지 못하자 사고가 발생한 것이었습니다. 롤 바깥쪽에서 스프레이 형식으로 뿌려주는 냉각수도 충분하지 못한 상황이었습니다. 결국 열을 너무 많이 받은 거였죠."

문제를 알았으니 고생은 하겠지만 해결하면 되는 일이었다. 그런데 문제는 계속해서 생겼다. 그렇게 해결하면 터지고, 또 해결하면 터지는 문제의 연속을 헤아릴 수 없이 많이 겪고서야 고속주조용 연주 설비는 오롯이 포스코의 것이 될 수 있었다. 고속주조용 세그먼트, 몰드 오실레이터 개발에 성공했고, 롤 직경도 100㎜까지 줄여낼 수 있었다. 문제는 많았지만, 외부 제작사가 메인이 되고 포스코가 서브가 되는 방식이 아닌 포스코 스스로 헤쳐 나가는 방식으로 진행하다 보니 어려움을 극복하는 순간 관련된 모든 것은 노하우가 되었다. 많은 문제라는 것은 결국 많은 노하우가 된 것이다.

난 채집과 등산, 난은 남지 않았지만 건강은 남았다

한병하 명장 주변 인물들은 그가 일에 관한 한 아주 집요한 사람이라고 입을 모은다. 그런데 그건 하나만 알고 둘은 모르는 말씀. 그는 일이 아닌 분야에서도 매우 집요한 면모를 보인다. 난(蘭) 채집이 그 예이다.

"어쩌다 보니 난을 좋아하게 되었습니다. 처음에는 난이 '돈이 된다.'는 말에도 약간 혹했고요. 그런데 난을 찾아다니려면 부수적으로 하게 되는 게 등산입니다. 그렇게 등산의 매력에까지 푹 빠지게 된 거죠."

단순히 난이 좋아 난을 찾아 산을 오르내린다고 해서 대단히 특별하다고까지 하긴 어려울 것이다. 그런데 그는 이걸 꽤 멀리까지 밀고 갔었다.

"주택단지 아파트에 사는데 난을 키우려고 베란다를 완전히 뜯어고쳤어요. 바닥 공사를 하고, 통풍을 위해서 창문도 별도 공사를 하고요. 베란다가 사람을 위한 공간이 아닌 난을 위한 공간이 된 거죠. 한때는 가지고 있던 난 화분이 200여 개였던 때도 있었습니다. 그런데 집이 난과 잘 맞지 않는지 자꾸 죽는 거예요. 그리고 공간도 좁게 느껴져서 이사까지 진지하게 고민했었습니다."

집에서 좋아할 리가 없다. 일에 미친 사람이니 평일에 일찍 퇴근해서 가족을 알뜰히 챙기는 것도 아니고, 주말이나 휴일만 되면 배낭 메고 산으로 가서는 비박까지 하면서 집에 들어오질 않으니…. 집에서는 불만도 불만이지만 걱정도 이만저만이 아니었다. 한때는 등산하다 지리산 천왕봉 근처에서 발목을 크게 다쳐 구조대의 부축을 받으며 무려 7시간 엉금엉금 기어서 내려온 적도 있다고.

한병하 명장과 동료들은 불가능할 것 같은 과제를 넘어 '포스코 고유의 설비, 포스코 고유의 정비기술'을 만들어왔다.

"지금은 기르고 있는 난이 거의 없습니다. 난을 키우는 데는 소질이 없나 봐요. 게다가 돈도 나가기만 하고. 난을 사본 적은 있지만 팔아본 적은 없어요. 지금 집에는 빈 화분만 200여 개에 달합니다. 집사람한테는 엄청 미안하지요."

한병하 명장은 난은 남지 않았지만 등산 덕분에 건강은 남은 것 아니겠냐며 껄껄 웃었다.

발상의 전환으로 '연주 세그먼트 가이드 재사용 기술' 개발

한병하 명장의 시선이 닿은 또 다른 곳은 바로 연주기 세그먼트에 있는 가이드 롤이었다. 연주기에 사용하는 가이드 롤은 일정 기간 사용하면 정비를 해서 다시 사용하거나 교체를 해야 하는 부품이었다. 문제는 정비를 하는 방식이었다. 정비해야 하는 부분은 롤과 베어링이 엮여 있었다. 그래서 정비를 할 때는 롤과 베어링을 전부 분해해서 떼어내고 롤의 표면을 정비한 뒤 다시 조립해서 사용하는 방식을 썼다. 교체를 해야 하는 상황에서는 문제가 되지 않았다. 그렇지만 정비를 해서 다시 사용할 때는 이렇게 전부 분해해서 정비하는 방식이 노력과 시간의 낭비라는 생각이 들었다.

"문제는 베어링을 받치고 있는 부분이었어요. 그 부분 때문에 분해하

"자기 일에 최선을 다하고 자기 계발을 게을리하지 않을 때만 기회가 성큼 다가옵니다."

지 않고는 롤을 정비하기가 어려웠지요. 그런데 생각을 해보니 그 부분을 180도 위쪽으로 돌려놓고 고정시키면 롤이 전부 드러나니 다 분해하지 않고 일부만 분해한 뒤 롤 표면을 다듬어 정비를 끝낼 수 있겠더라고요. 그것을 적용한 것이 바로 '연주 세그먼트 가이드 롤 재사용 기술'입니다. 어떻게 보면 발상의 전환일 뿐, 대단한 기술은 아니거든요. 물론 이와 함께 정비 방법, 정비에 사용하는 장비와 공구 등도 몇몇 개발을 하긴 했지요. 그렇게 정비 프로세스를 확 바꾸니 시간이며 노력이 말도 안 되게 줄어드는 겁니다."

뿐만 아니다. 그는 연주 몰드 설계와 정비 기술을 확립해 고속으로 연속주조를 할 때 필요한 몰드를 국산화하기도 했다. 이 몰드는 기존에는 전량을 해외의 설비 공급사에 의존했던 것이다. 이렇게 개발한 기술은 모두 '포스코 고유의 설비, 포스코 고유의 정비 기술'이란 영예로운 이름으로 불리게 된다.

성공의 비결, 8할은 메모에서 비롯해

한병하 명장의 경쟁력은 어디에서 나오는 걸까? 그는 말한다. 메모의 습관이 경쟁력의 비결이라고. 메모를 하려면 당연히 수첩이 필요하다. 그런데 한병하 명장은 늘 수첩을 여러 개 들고 다녔다. 점퍼 안주머니, 바지 뒷주머니, 작업복 안주머니 등 여러 곳에 수첩을 묻어두었다. 이유는 어떤 상황에서도 필요하면 수첩에 메모를 하기 위해서였다.

"점퍼 안에만 수첩을 넣고 다니다가, 잠시 다른 데 점퍼를 벗어둔 상태면 메모를 못 하잖아요. 그래서 여기저기 넣어둔 거지요."

'머리보다 손을 더 믿는다.'는 그는 요즘은 수첩과 함께 스마트폰 녹음

한병하 명장의 수첩.

기능을 활용하기도 한다고 한다.

"제가 특허, 우수제안이 80건이 넘는데요, 이게 다 이렇게 기록하는 습관 덕분이라고 생각합니다. 아이디어는 아무 때나, 아무 장소에서나 불쑥 떠오를 수 있습니다. 현장에서 일하다가 생길 수도 있고, 밤에 술 한 잔하고 귀가하는 길에서도 생길 수 있지요. 그럼 얼른 기록해야 합니다. '나중에 하지.' 하면 늦습니다. 머릿속을 맴도는 중요한 아이디어는 휘발성이 강해서 금방 사라져버립니다."

귀담아들을 내용이다. '총명(聰明)이 불여둔필(不如鈍筆)'이란 말이 있다. 아무리 총명한 사람이라도 서투르게나마 기록하는 사람만 못하다는 뜻이다. 역사적으로도 보면 메모하는 습관으로 유명해진 정치가나 예술가들이 많았다. 이런 '메모광' 중에 모자 속에 항상 종이와 연필을 넣고 다녔다는 '링컨'이 대표적인 인물이라 할 수 있다.

아이디어는 아무 때나 아무 데서나 불쑥 떠오르기 때문에 기록하는 습관을 놓지 않는다.

시운전에서 '21연연속'까지 성공한 'GTC 장치' 현장 적용

한병하가 명장으로 등극한 것은 2018년. 기능인으로서의 삶의 거의 전부를 연주 설비 개발과 정비에 바쳐온 그의 삶은 아직도 연주 설비에 머물러 있다. 그렇다면 현재 그의 관심사는 무엇일까?

"지금 하고 있는 일은 GTC(Gate Tube Change)라는 장치를 개발해 2연주공장 1머신에 적용하는 것입니다. 현재 시운전은 성공적으로 마쳤고요, 현장 이관 중입니다."

'연연주'라는 말이 있다. 턴디시와 관련된 용어인데, 보통 래들에서 턴디시로 쇳물을 넘길 때 래들의 쇳물을 몇 번 턴디시로 넘길 수 있는가가 문제가 된다. 기존에는 래들의 쇳물을 통상 8번까지 턴디시에 넘길 수 있었다. 그 후에는 턴디시를 교체해야 했다. 이것을 '8연연주'라고 부른다.

GTC가 현장에 적용되면 턴디시 교체 시기를
획기적으로 늘릴 수 있을 것

그런데 몇 번을 넘기고 턴디시를 교체하느냐 하는 것은 생산성, 원가 모두에 영향을 미친다. 당연히 많이 할수록 좋다. 이때 연연주의 횟수를 높이는 관건은 래들과 턴디시를 연결해 쇳물을 넘겨주는 노즐에 달려 있었다. 그러나 노즐의 사용 횟수를 무한정 늘릴 수는 없었다. 노즐의 수명을 늘리지 못하는 상태에서 턴디시 사용 횟수를 늘리려면 래들과 턴디시에 쇳물이 있는 상태에서 노즐을 교체할 수 있어야 한다. 그것을 가능하게 하는 장치가 바로 이 GTC이다. 새롭게 개발한 GTC로 시운전한 결과는 어땠을까?

"21연연주까지 해봤습니다. 이제 GTC가 현장에 적용되면 턴디시 교체 시기를 획기적으로 늘려서 작업 속도, 기능 향상 모두를 노릴 수 있을 겁니다."

포스코에서 명장이라는 제도는 누구에게나 열려 있는 제도라고 생각한다고 전제한 한병하 명장. 그래서 그는 '누구라도 명장이 될 수는 있지만 그렇다고 또 아무나 될 수는 없다.'고 말한다. 자기 일에 최선을 다하고 자기 계발을 게을리하지 않을 때만 그 기회가 성큼 다가온다고 본단다. 주위 동료 선후배들과의 원만한 관계 역시 필수적이라고.

이제 설비의 설계에서 정비까지 연주의 모든 것은 '메이드 바이 포스코(Made by POSCO)'이다. 기술 수출까지 한다. 그 중심에 선 한병하 명장. 지금까지의 업적도 놀랍지만 그만큼 앞으로 그의 행보에 대한 기대 또한 크다.

한병하 명장은 1960년 전북 임실의 한 시골 마을에서 3남 2녀 중 장남으로 태어났다. 대학에 진학해서 법률을 공부하고 법률가가 되는 것이 꿈이었으나, 장남으로서 살림에 보탬이 되어야 하는 현실 앞에서 차선으로 선택한 것이 기술자의 길이었다. 이에 그는 전주공고 기계과를 거쳐 군산 서해공업전문대 기계과에서 공부했다.

1986년 3월 입사해 포항제철소 기계수리과에서 근무한 그는 같은 해 10월 광양제철소로 자리를 옮기면서 본격적으로 연주 설비와 인연을 맺었다.

이후 연주 설비의 고도화와 발맞추어 CEM기술개발추진반, POCEM기술개발추진반 설비엔지니어링팀 등에서 포스코 독자 기술 개발에 진력해온 그는 2018년부터 기술연구원 광양ES연구그룹으로 자리를 옮겨 연주 설비 관련 기술개발 한 길을 걸으며 현재에 이르고 있다.

연주 설비에 관한 한 속속들이 모든 것에 정통하다고 자타가 공인하는 그는 2018년 포스코명장으로 선정되기까지 CEM고속주조용 오실레이터 개발로 제철소장표창(2017년), 포스코 기술상(2015년) 등 12회에 걸친 각종 수상 실적을 자랑하며, 80여 건의 특허와 노하우를 보유한 자격증 부자이다.

스스로 꼽는 우수제안으로는 '연주 세그먼트 I-STAR 롤 수리방법개선,' '미니밀세그먼트 드라이브 롤 개선으로 원가절감,' '1연주 4M/C 벤더 스프레이 파이프(bender spraypipe)개선,' '1연주 4M/C 세그먼트 개선' 등이 있다.

오창석 명장 ✦ 포항 제강부

우보만리(牛步萬里),

40년을 우직하게
걸어온 연속주조
기능인의 길

오창석 명장과 이야기를 하다 보면 유독 소(牛) 이야기를 많이 듣게 된다. 우선 어린 시절 이야기를 한 가지 하고 본론으로 들어가볼까 한다.

"어린 시절에는 친구들하고 노는 게 마냥 좋죠. 저는 시골에 살다 보니 방학 때면 소를 몰고 산에 가서 풀을 뜯도록 놔두었다가 저녁 무렵 집으로 데려와야 했는데요. 소가 풀을 뜯도록 두고는 친구들과 노는 데 정신이 팔려서 저녁 무렵에 보면 소가 없는 거예요. 한참을 찾다가 못 찾고, 울면서 집에 돌아와보니, 웬걸 소가 자기 혼자 돌아와 있는 거예요. 엄청 혼났죠. 눈물을 쏙 빼면서도 안심도 되고…. 지금도 종종 그때 생각이 납니다."

우보만리, 오창석 명장을 설명하는 사자성어

오창석 명장은 우직한 소가 천천히 걸어서 '만리(萬里)'라는 먼 거리를 간다는 뜻인 '우보만리(牛步萬里)'라는 사자성어가 딱 들어맞는 인물이다. 1983년 포스코에 입사해 포항제철소 2연주공장에서 기능인으로 첫

"쉬운 건 벌써 다 해결됐다. 공장에서 가장 어려운 문제를 찾아라."

걸음을 내디딘 그는 지금도 그 자리를 굳건히 지키고 있다. 열정은 앞서지만 실수도 많았던 홍안의 청년은 이제 연속주조 분야에서 누구도 넘볼 수 없는 최고 기능인으로 우뚝 섰다.

그런데 한곳에서 오래 근무하다 보면 익숙한 것과 타협하며 매너리즘에 빠지기 쉽다. 하지만 그의 사전에 매너리즘이란 없었다.

"개선할 것이야 너무나 많죠. 그런데 쉬운 문제는 시간이 흐르면서 누군가가 이미 해결했고, 개선하기 어려운 것만 남아 있다는 게 문제죠. 그래서 후배들에게도 늘 이렇게 이야기합니다. '쉬운 건 벌써 다 해결됐다. 공장에서 가장 어려운 문제를 찾아라.' 보통 아직까지 해결되지 않은 문제는 오랜 기간 문제로 남아 있는 것들입니다. 그만큼 어려운 문제라는 뜻이지요. 그런데 어려운 문제는 바꿔 말하면 도전할 맛이 나는 문제이기도 합니다."

연속주조 핵심 설비 세그먼트롤 수명 30% 늘려

그가 해결한 문제 하나를 먼저 살펴보자. 연주공정에서는 전로에서 나온 용강이 래들, 몰드를 지나 공정의 마지막 단계에서 고체인 슬래브가 된다. 몰드에서 나온 이후에는 구부러진 통로를 지나는 공정을 거치는데, 구부러진 통로는 벤더 세그먼트(bender segment), 1번에서 16번까지의 세그먼트, 그리고 언벤더(unbender)로 구성되어 있다. 이 내부에는 작은 '롤'들이 있어서 슬래브가 그 위를 미끄러지듯 지나갈 수 있도록 해준다. 그런데 문제는 롤이 마모된다는 것이다. 하나의 세그먼트 내부만 해도 수많은 롤들이 있는데 이 롤 중 가장 가운데 있는 롤들이 특히 심하게 마모된다. 일정 정도 이상 마모가 되면 마주 보는 롤 사이의 간격이, 그 간격을 '롤 갭'이라고 하는데, 더 커져서 슬래브를 원하는 두께로 만들 수 없게 된다. 그러면 문제가 된 롤은 교체하는 수밖에 없다. 마모 자체는 어쩔 수 없는 현상이지만 설비 수명의 80%도 채우지 못하고 부품을 교체해야 하는 상황을 오래도록 지켜보면서 오창석 명장은 '이 문제를 반드시 해결해보겠다.'고 생각했다고 한다.

그런데 '딱 이거다 하는 해결책'이 떠오르지 않다가 어느 날 이런 아이디어가 떠올랐다. '마모가 가장 심한 중간 롤을 좀 더 굵게 해서 설치하면 어떨까?' 생각해보니 너무나 당연한 원리이기도 했다. 롤의 두께에 맞춰 양쪽 롤의 기울기도 조금씩 조정하는 세부적인 조치들도 함께 취했다. 그 결과 세그먼트 롤 교체 주기가 20~30%나 길어지는 개선 효과를 낼 수 있었다.

"연주 설비인 세그먼트 한 개의 수리 교체 비용이 평균적으로 1억 1000만 원 정도입니다. 매우 비싼 부품이지요. 이걸 20~30% 더 쓸 수 있

오창석 명장이 40년 지켜온 포항 2연주공장.

다고 생각해보세요. 연주기당 세그먼트 개수가 약 26개에서 32개에 달한다는 점을 고려하면 원가절감 효과는 어마어마하죠. 그뿐인가요? 세그먼트 하나 교체하려면 보통 4시간 정도는 걸리는데 교체 주기가 늘어나면 설비를 세워두는 일도 줄어드니 톡톡히 효과를 보고 있는 셈입니다."

오창석 명장은 이 개선 활동으로 '제안 2등급'을 받았다. 포항제철소에서 무려 8년 만에 나온 성과였다.

설비 개선은 스스로와의 약속

"약속은 어떤 상황에서든 꼭 지키고 싶습니다. 어린 시절 아버지는 초등학교 교사였으나 고향에 농지가 있어서 주말이면 어머니와 농사일을 하셨어요. 농사짓는 집은 대부분 소를 키웠고, 저희 집에도 작은 소가 한 마리 있었는데요. 우리 집 소는 아직 농사일을 할 나이가 아니어서 소가 필요할 때는 친한 사람에게서 빌려와야 했습니다. 그런데 부릴 소를 빌리는 것이 쉬운 일은 아니었죠. 빌려주는 쪽에서도 소가 안쓰러웠을 겁니다. 당시 부모님이 소를 빌리는 모습을 보면서 '나중에 커서 돈을 벌면 부모님께 꼭 소를 사드려야지.' 하고 결심했습니다. 이후 포스코에 입사하면서 부모님께 호기롭게 소를 사드리겠다고 약속을 드렸죠. 그리고 월급을 모아서 송아지 2마리를 사드렸는데요. 약속을 지키고 보니 매우 뿌듯하더라고요."

약속을 지키는 것이 무엇보다 중요하다고 생각한다는 오창석 명장은 설비 개선과 관련된 약속을 '스스로와의 약속'으로 삼았다.

"설비 전문가에게는 가장 어렵고 고질적인 문제가 가장 훌륭한 과제입니다. 현장에서 풀기 어려운 과제를 만나 도전 본능이 깨어날 때, 저는 이 일이 천직이라고 느낍니다."

오창석 명장은 긴 호흡이 필요하고 익숙함을 떨쳐버릴 용기가 필요한 일, 그러한 일에 도전하는 과정에서의 성취감을 아는 기능인이다. 그는 문제를 발견했을 때 '지금은 아니라도 끊임없이 해결책을 궁구하다가 언젠가는 해결해내마.' 하면서 스스로에게 약속을 한다. 그리고 그 약속은 반드시 지키고야 만다. 한 가지 사례를 더 살펴보자.

연속주조기에서 용강 유출 사고를 없애다

오창석 명장이 연주공정에서 일하면서 겪은 사고는 대부분이 몰드에서 생기는 용강 유출 사고였다. 일 년에도 수십 건이 발생하는 실정이었다. 외국의 사례를 찾아보니 일본은 연간 많아야 3건 정도였으니 문제가 있다는 생각이 들었다.

연주공정은 용강이 전로에서 래들로, 래들에서 턴디시로, 턴디시에서 몰드로 이동한다. 액체 상태인 용강은 몰드에서부터 고체로 변하는데, 몰드에서는 쇳물인 용강의 맨 앞부분을 고리 모양으로 굳히고 그 고리를 당기면서 굳어가는 슬래브를 죽 당겨낸다. 그런데 몰드에서 뜨거운 용강을 굳혀내는 것은 쉬운 일이 아니다. 특히 몰드 벽 내에서 용강이 균일하게 응고되도록 해야 하고, 주조 초기 더미바(dummy bar) 헤드에 용강이 들러붙지 않도록 주의를 기울여야 한다.

"몰드가 붕어빵을 굽는 틀이라면 쇳물인 용강은 밀가루 반죽이라고 할 수 있는데요. 붕어빵을 만들 때 틀에서 꺼낸 붕어빵은 첫째, 모양이 붕어 모양이어야 하고 둘째, 반죽이 틀에 들러붙지 않아야 하죠. 붕어빵

"설비 전문가에게는 가장 어렵고 고질적인 문제가 가장 훌륭한 과제입니다."

의 경우 다 구워지면 붕어 모양의 빵이 톡하고 틀에서 떨어져 나옵니다. 그런데 붕어빵과 달리 쇳물은 몰드 하부를 막아주는 더미바 헤드에 직접 닿으면 안 됩니다. 고열에 더미바 헤드가 손상되기도 하고, 슬래브 모양도 제대로 형성이 안 되기 때문이죠. 그래서 더미바 헤드와 쇳물 사이에 열을 차단하고, 형태도 잡아주고자 '칩(chip)'이라고 하는 쇳가루를 뿌

려주는 게 기존의 방식이었습니다. 그런데 문제는 이 칩이 작은 입자 가루인 까닭에 불순물이 섞여 들어가는 경우가 있어 성분을 신뢰하기 어렵고, 작업 과정에서 가루가 흘러내리면서 설비 주변을 오염시켜 작업자의 건강과 설비에도 악영향을 주곤 했습니다. 게다가 작업자마다 칩을 사용하는 양도 제각각이다 보니 초주편의 불균일한 응고로 조업 사고가 자주 일어났던 거죠."

그가 생각해낸 해결책은 쇳가루인 칩을 뿌리는 대신 슬레이트 형태의 철판을 몰드 내부에 까는 것이었다. 그것을 '엠보싱 플레이트'라고 명명했는데, 그렇게 하면 이점이 많았다. 우선 철판 슬레이트는 재료와 규격화된 실링재의 신뢰도가 높았다. 또 작업자에 따라 양이 들쭉날쭉할 염려가 없었다. 무엇보다도 동일한 규격의 재료와 표준화된 작업 방법으로 몰드에서 쇳물이 일정한 셀(shell) 형태로 잘 굳어 용강 유출 사고도 더 이상 발생하지 않았다.

"연주공정의 골칫덩이였던 이 작업을 개선한 후 5년이 넘도록 몰드 실링에 의한 조업 사고는 한 건도 발생하지 않았습니다. 이뿐만이 아닙니다. 쇳가루를 뿌리면 일부가 주조 중 세그먼트 설비 밖으로 떨어져 설비 롤 사이에도 끼고, 공장 설비 내부에도 흩어지곤 해 청소할 때도 힘들었는데, 개선으로 이 문제도 해결했습니다."

당시 칩은 중국으로부터 전량 수입해서 썼는데 그 수입 구조가 독점적인, 다소 불합리한 구조이다 보니 가격도 비쌌다. 그러다 보니 사용한 칩은 주조 부산물인 슬러지에서 분리하는 공정을 거쳐 살뜰하게 모아 재활용을 해야 했다. 그런데 재활용이 100% 된다고 말할 수는 없었다.

"제가 고안한 철판 슬레이트야 국내에서 아주 쉽게 제작할 수 있는 거였죠. 가격도 저렴했고요. 주조 초기에 사용한 실링 재료는 헤드 크럽에 자동 융착(融着)되기 때문에 회수해서 재사용하는 비율을 이야기하자면, 100%죠."

하나부터 열까지 관련된 문제가 단칼에 해결되었다. 그리하여 이 아이디어는 제안 1등급의 영예를 안는다. 창사 이래 제안 1등급이 탄생한 것은 오창석 명장의 이 제안이 12번째라니 대단한 개선 사례가 아닐 수 없다. 제철소에서는 매년 수없이 많은 제안이 탄생한다. 그런데 50여 년 포스코 역사에서 이 제안처럼 한 획을 긋는 건은 10여 건 남짓했다.

이렇게 연주 부문의 숙원 사업을 속 시원하게 해결했지만 그 과정에서 정작 어려웠던 일은 기술적인 문제보다 현장을 설득해서 개선안을 적용하고 정착시키는 일이었다고 한다.

"처음 엠보싱 플레이트를 설명했을 땐 걱정들이 많았습니다. 철판 슬레이트가 용강에 녹아버리지 않겠느냐는 걱정도 있었죠. 이런저런 원리를 자세히 설명하면 모두들 고개를 끄덕였지만 정작 현장에서 적용하는 데는 망설이는 것이었습니다. 물론 걱정하는 것은 이해할 수 있었습니다. 제철소에서 가장 큰 사고 중 하나가 용선이나 용강과 같은 쇳물이 유출되는 사고니까요. 그러나 원리로 볼 때 절대적으로 안전하고 효율적인데도 망설일 때는 답답하기도 했죠. '고정관념'이란 벽, 오랜 세월 견고하게 쌓인 이 벽을 넘는다는 게 이렇게나 어려운 거구나, 하는 것을 절실하게 느꼈습니다."

오랜 세월 견고하게 쌓인 고정관념의 벽을 넘으려면 철저하게 준비해서 검증하고 설득하는 방법밖에는 없었다.

그때마다 그는 더욱 철저하게 준비해서 검증하고, 또 설득했다. 그리고 자신 있게 이야기하고 다녔다. "앞으로 6개월만 지나면 칩을 뿌려서 작업하는 방식은 사라지고 말 거다. 한번 두고 봐라!" 그는 자신이 있었고, 결국 그가 옳았다.

설비 개선을 향한 도전은 멈추지 않는다 ◆

지금까지 많은 일들을 해낸 그이지만 그는 아직도 설비 개선을 향한 도전을 멈출 생각이 없다. 아니 잠시 쉴 생각조차 없다.

과거의 실적은 과거의 실적으로 남겨두며 후배들이 더욱 발전시켜줄 것을 기대하면서도 오창석 명장은 새로운 과제에 남다른 갈증을 느낀다.

"앞에서 세그먼트 이야기를 할 때 '롤 갭'이라는 개념을 이야기했는데요. 롤 갭을 체크하는 것도 매우 중요한 일입니다. 롤 갭이 벌어지면 롤을 교체해야 하니까요. 그런데 이 롤 갭을 체크하는 것 또한 어려움이 많습니다. 오프라인으로 체크하는 방식과 온라인으로 하는 방식이 있는데 오프라인으로 갭을 체크하려면 설비를 세워두고 해야 돼서 부담이 크지요. 정확하기는 하지만요. 반면에 온라인으로 하는 것은 설비를 돌리면서 하니까 그런 부담은 없지만 너무 자주 체크해서 데이터가 많아집니다. 체크하는 장비를 '롤 갭 체커'라고 하는데, 이 장비 자체가 빨리 마모된다는 문제가 있어요. 지금은 이 문제를 해결하려고 노력하고 있습니다. 기본적으로 온라인과 오프라인 방식을 절충해서 각각의 장점을 지닌 장비, 이걸 저는 '포스코형 온라인 롤 갭 체커'라고 명명했는데요. 이 장비를 현장에 적용하고자 검토하고 있습니다. 이미 기술은 개발해서 특허까지 따놓은 상태고, 설비를 제작할 업체와의 조율이 남은 상태입니다."

오창석 명장은 또한 제강연구그룹과의 협업으로 주조 몰드 코팅 방법을 개선, 몰드의 수명을 기존 800회에서 약 2000회까지 늘려가고 있다. 2023년 말까지는 로봇을 활용해 주조 말기 턴디시 내의 슬래그 양을 자동측정하고 데이터를 디지털화하는 과제를 완료할 계획이다.

과거의 실적은 과거의 실적으로 남겨두며 후배들이 더욱 발전시켜줄 것을 기대하면서도 그는 새로운 과제에 남다른 갈증을 느낀다. 마셔도 마셔도 해결되지 않는 갈증 말이다.

어린 시절 짜장면 때문에 좋아했던 씨름으로 지역사회와 소통

오창석 명장은 지역사회와의 소통에도 남다른 노력을 기울이고 있다. 씨름을 통해서이다.

"제가 살던 마을에서는 공부, 바둑, 씨름, 이 세 가지를 매우 중요하게 여겼습니다. 공부야 서울 같은 대도시든 시골 마을이든 잘하면 최고로 여기는 건 마찬가지겠지요. 그런데 우리 마을은 이상하게도 바둑을 그렇게들 좋아했어요. 사람들이 모여 있어서 가보면 반드시 가운데서 바둑을 두고 있었지요. 씨름도 마찬가지였어요. 학교에서는 씨름을 해서 이기면 선생님이 짜장면을 사주셨는데 그 짜장면 얻어먹으려고 씨름을 꽤 열심히 했습니다."

초, 중학생일 때는 청송군 초·중학교 대회에 나갔고, 고등학교 때는 영일군 대표와 포항시 대표로 경북 도민체전까지 나가기도 했다. 그리고 지금은 포항시 씨름선수 양성과 씨름 동호인 활동을 활성화하려고 무진 애를 쓰고 있다. 감투도 쓰고 있다. 무려 포항시씨름협회장.

포항시씨름협회장으로서 씨름 동호인 활동 활성화에도 앞장서는 오창석 명장.

입사 이후 그가 걸어온 행적을 돌이켜 보면 우보만리라는 그의 지론을 그대로 보여준다. 입사 후 처음 19년은 그가 내놓은 모든 성과를 위한 충전의 시기, 도약을 준비하는 시기였다. 그리고 2002년 제강부 연주인상을 수상한다. 그로부터 3년 뒤에는 제강부 최우수 제안왕에 등극하고, 이듬해에는 우수사원으로서 사장표창을 수상한다. 그리고 다시 11년이라는 담금질의 시기를 거쳐 2017년에는 제철소 최우수 제안왕이 된다. 다시 이듬해에는 제강부에서 처음으로 테크니컬 레벨의 최고 등급인 TL5에 오른다. 그리고 2019년 비로소 최고봉인 포스코명장이라는 봉우리에 깃발을 꽂았다. 소걸음으로 걸어온 길이다. 소는 만 리를 천천히 가는 듯하지만, 의외로 그 걸음이 가장 빠를 수도 있다. 오창석 명장, 그는 오늘도 소처럼 묵묵히 자신의 길을 걷고 있다.

 오창석 명장은 1963년 경북 청송에서 4남 2녀 중 셋째로 태어났다. 마을의 형이 포스코에 입사해서 근무하는 것을 보고 '나도 나중에 꼭 포스코에 입사해야지' 하는 막연한 꿈을 키웠다. 포스코의 멋진 유니폼을 입은 자신의 모습을 상상하면서 포철공고 제강과를 거쳐 1983년 8월 입사해 포항제철소 2연주공장에서 줄곧 근무하고 있다.

이후 남다른 열정과 끈기를 바탕으로 2연주공장에서만 40년 동안 한 우물을 파면서 특허 22건 및 노하우 3건 등 자타가 공인하는 연속주조 분야 최고의 기술자 반열에 올랐다.

제강기능장(2006년) 등 전문 자격증을 다수 보유하고 있는 그는 제선공학·제강공학·압연공학·금속재료·열처리 등의 전문서적을 집필해 포스코 도서관에 기증했으며 현재 이 책들은 전문대 교재로 사용되고 있다. 1991년 동국대학교에서 경영학 학사를 취득한 뒤 1995년 동국대학교 대학원 경제학 석사를 거쳐 2023년 부경대학교 대학원 공학 박사 학위를 취득했다.

제강부 29주년 올해 연주인 선정(2002년), 제강부제안왕(2005년), 제철소장표창(2017년), 철강부문장표창(2018년), 사장표창(2005년) 등을 수상했다. 우수제안은 1등급(2019년), 2등급(2017년), 제철소제안왕 2회(2017년, 2019년)를 기록했다.

2019년 포스코명장이 된 후에는 2021년 포항시 최고장인, 대한민국 산업현장 교수, 2022년 우수숙련기술자, 경상북도 최고장인에 이어 2023년 철강 생산성·품질 향상에 기여한 공로로 동탑산업훈장을 받는 등 기능인으로서 최전성기를 구가하고 있다.

격(格)이 다른 STS제강 기술을

김공영 명장 ✦ 포항 STS제강부

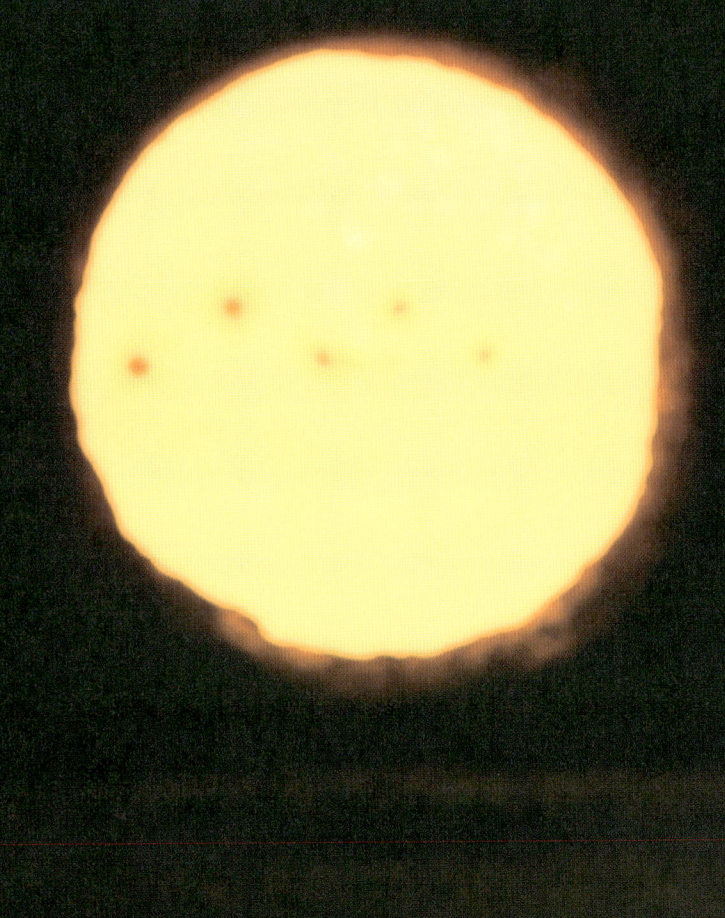

정립하다

김공영은 어린 시절 재주가 많은 소년이었다. 88올림픽 꿈나무 수영 선수로 뽑혀 지역 대표로 대회에 나가기도 했고, 그림도 곧잘 그려서 미술부 선생님의 관심을 끌기도 했다. 예체능에만 뛰어난 게 아니라 공부도 잘해서 교과 성적도 1등을 도맡아 했다. 하지만 어려운 가정 형편에 학비 걱정을 덜고자 포철공고로 진학했다. 제강과에서 공부했는데 곧 학과에서 자격증이 제일 많은 학생이 되었고, 졸업할 때는 과 수석을 했다.

그는 운명에 끌려다니지 않고, 끊임없이 도전하며 인생을 개척했다. 이제는 최고의 기능인이 된 다재다능한 소년, 그는 어떤 길을 걸어왔을까?

연봉학 기성을 만난 뒤 꿈을 '공무원'에서 '기능인'으로 바꿔

김공영 명장의 본래 꿈은 기능인이 아니었다. 행정고시를 보고 공무원이 돼 사람들에게 직접 도움을 주는 사람이 되고 싶었다. 그런데 운명의 수레바퀴는 그의 인생을 공무원의 궤도가 아닌 기능인의 궤도에 올

"제가 도전을 좋아하기도 하지만 포스코가 저에게 도전을 부추기기도 했지요."

려놓았다. 그 계기는 바로 포스코 1호 기성(技聖), 연봉학 기성과의 만남이었다. 학교에서 학생들에게 롤모델이 돼줄 수 있는 기능인으로 연봉학 기성을 초청해 강연의 자리를 마련했는데, 그의 강연을 들은 김공영은 신선한 충격을 받았다. 앞으로 그가 나아가야 할 길을 본 것 같았다.

"당시 연봉학 기성에게선 말로는 다 표현할 수 없는 깊이가 느껴졌습니다. 눈부신 오라(aura)를 봤다고 해야 할까요? 두보(杜甫)와 같은 시성(詩聖)이나 베토벤과 같은 악성(樂聖)은 들어봤지만 기성(技聖)은 처음 들어봤죠. 그런데 그 말에 가슴이 뛰었습니다. '이 길이구나.'라는 생각이 들더라고요. 온갖 역경을 딛고 100톤 전로를 국산화해낸 기성의 선명한 발자국을 좇아서 '나도 철강 장인(匠人)이 돼보자.' 하는 마음을 먹게 된 겁니다."

그렇게 포스코에 입사해 처음 근무를 하게 된 곳이 포항제철소 2제강공장 전로계였다. 모든 게 신기했다. 알고 싶은 것, 해보고 싶은 것도 많았다. 빨리 배워서 선배들처럼 능숙한 기능인이 되고 싶었다. 금방 배울 수 있을 것 같은 자신감도 솟아올랐다. 운동이든 미술이든 공부든, 뭐든지 잘했던 그였기에 기술도 마음만 먹으면 금방 마스터할 것 같았다. 의욕은 좋았지만 너무 마음이 앞서간 걸까? 입사한 지 얼마 되지 않은 그는 사고를 한 건 제대로 저질렀다.

불타는 의욕만큼 뜨거웠던 스테인리스 제강과의 첫 만남

"당시 제강공장에서는 전로의 용강을 래들에 붓고 나면 탈산제로 탄소 가루인 '가탄제'를 용강에 투여해 용강 속의 산소를 제거했어요. 그런데 그 양이 꽤 많아서 선배 직원이 지게차로 래들 근처까지 자루에 든 가탄제를 옮겨놓으면, 저 같은 미숙련 작업자가 가탄제를 던져넣기 좋게 정해진 장소에 세팅해서 쌓아놓아야 했죠. 그런데 가만히 보니까 지게차로 옮겨오는 것도 제가 할 수 있을 것 같더라고요. 지게차를 모는 선배를 보니까 사실 좀 부럽기도 했고요. 지금 생각하면 겁도 없었지요. 허락도 받지 않고 제가 지게차를 운전해서 가탄제를 옮겨놓는데, 막상 운전해보니까 앞이 잘 보이지 않더라고요. 그래도 운전해서 가려는데 차가 잘 안 움직이는 거예요. 지게차 포크가 앞에 있는 출강구 슬래그 컷팅 머신(TCM)의 케이블에 걸렸던 겁니다. 그것도 모르고 계속 기동(起動)을 하니, 결국 케이블이 끊어졌지요. 그때가 한참 더울 때였던 걸로 기억하는데, 땀을 뻘뻘 흘리면서 사고 복구를 해야 했습니다. 4시간가량 설비 가동을 멈추고 비상 조업을 했죠. 혼도 많이 났지만, 저 스스로 자책도 많이 했습니다. 배운 것도 많았죠. 나 한 사람의 실수로 중요한 설비가 멈추고, 주변 동료들이 피해를 봤으니까요."

스테인리스 4제강공장 100톤 전로.

스테인리스 취련에는 관련 지식과 풍부한 노하우뿐만 아니라 순간적 판단력 등 소위 멀티태스킹 능력이 필요하다.

사건 후에도 그는 좌절하지 않고 도전을 거듭해나갔다.

"제가 도전을 좋아하는 것도 있지만, 상황이 도전을 하게끔 부추기는 것도 있었지요."

실제로 그랬다. 제강부에서 근무하던 겨우 입사 2년 차에 불과했던 그가 불려 간 곳이 바로 스테인리스부였으니 말이다. 막 공장을 지으면서 조업 대비 요원으로 사람들을 뽑아 갔는데, 당시 스테인리스는 포스코로서도 하나의 커다란 도전이었던 분야이다. 김공영은 스테인리스 분야에서는 창립 요원이나 마찬가지이다. 그렇게 처음부터 하나하나 쌓아가야 하는 곳에 갔으니 손에 닿는 일 모든 것이 다 도전이 아닐 수 없었다. 그는 힘들어도 그런 도전적인 환경이 내심 좋았다.

"제가 기능인다운 기능인이 된 것은 5년 차쯤 되어 취련 직무를 맡으면서부터입니다. 스테인리스 취련은 관련 지식이나 노하우도 풍부해야 하고, 여러 가지 요소를 모두 고려해서 순간적으로 최적의 판단을 하는 능력도 필요한 분야입니다. 요즘 말로 멀티태스킹을 할 줄 알아야 한다고 할까요? 그런 면에서 제 적성에 딱 맞는 분야였고, 제게 많은 기회를 줬습니다."

그렇다면 김공영 명장은 어떻게 취련 분야에서 남과 비교하기 어려운 독보적인 기능인이 됐을까? 그가 늘 '최고의 품질'에 더해 '최저원가'를 고려한다는 점 때문이다.

품질은 기본, 원가까지 생각하는 기술 개발이 그의 신념!

1990년대 초까지만 해도 우리나라는 연간 25만 톤에 달하는 스테인리스 핫 코일을 수입하는 입장이었다. 이에 포스코는 1990년 스테인리스 일관생산체제를 구축, 스테인리스 국산화에 적극 대응하기 시작했다. 지금도 그렇지만 당시 스테인리스는 녹이 슬지 않고 외관이 미려해, 고부가가치를 창출할 수 있는 철강재로 각광받고 있었기에 장차 포스코의 미래를 짊어질 기둥이 될 것으로 기대를 모았다.

문제는 기술이었다. 스테인리스강은 생산 과정에서 니켈, 크롬 등 고가의 소재가 많이 소요된다. 녹을 방지하기 위해서이다. 워낙 비싼 소재들이다 보니 제조원가에서 이들이 차지하는 비중이 매우 높다. 그런데 1990년대 초는 니켈 가격이 폭등하면서 제조원가에 대한 부담이 한층 높아진 상황이었다. 자연스럽게 김공영 명장은 원가에 대한 고민을 이어 갈 수밖에 없었다. 허용범위 내에서 값비싼 소재를 최소한으로 사용하면서 품질을 유지하는 기술이 필요했다. 그러나 당시 기술력은 제대로 된 제품을 생산하는 게 더 급선무인 상황이었다. 니켈 등 비싼 소재를 허용

범위 내에서 최대한 적게 사용하는 조업 방식은 기술과 노하우가 완벽하게 뒷받침해주지 못한다면 위험한 방식일 수도 있었다. 그래서 "이런 상황에서는 품질 문제가 없도록 보수적으로 비싼 소재를 활용하는 것이 정답에 가깝지 않을까?" 하는 물음을 던지는 사람도 많았다. 그러나 김공영 명장은 단호하게 대답했다.

"제가 싫어하는 것 중 하나가 보수적이고 관성적으로 업무에 임하는 것입니다. 그렇게 해서는 발전이 없지요. 늘 해오던 방식, 매뉴얼에 있는 방식만 고집하면 어제의 방식이 오늘의 방식이 되고, 오늘의 방식이 내일의 방식이 되겠죠. 세월이 흘러도 똑같은 방식만 되풀이할 뿐, 변화도 발전도 없을 겁니다. 만일 그 방식에 허점이 있다면 허점까지도 계속 대물림되겠지요."

보수적인 작업 방식을 외면하고, 남이 가지 않은 길을 간다는 것은 말이 쉽지 여간 어려운 일이 아니다. 결과가 잘못되면 책임은 오롯이 도전한 자의 몫이 될 공산이 크기 때문이다. 그걸 알면서도 도전한다는 것은 그만큼 공부했고 그래서 자신 있다는 뜻이다.

탈산 적중률 90% 달성! 쇳물이 낸 퀴즈를 완벽하게 풀다

이런 김공영 명장의 능력과 자신감은 '탈산적중률'을 획기적으로 끌어올린 사례에서 확인할 수 있다. 스테인리스 취련을 할 때 쇳물 속의 탄소를 제거하려면 산소를 불어넣어 탄소를 태우면 된다. 탄소가 산소와 잘 결합해서 일산화탄소가 되기 때문이다. 그런데 문제는 산소는 크롬(Cr)과도 잘 결합한다는 것이다. 크롬은 비싼 소재이고 또 태워 없애야 하는 대상이 아니다. 이렇게 크롬과 결합한 산소는 슬래그 형태로 존재

"늘 해오던 방식, 매뉴얼에 있는 방식만 고집하면 변화도 발전도 기대하기 어렵습니다."

하게 되는데, 그러면 다시 실리콘(Si) 같은 탈산제를 활용해 산소를 크롬 등으로부터 떼어내야 한다. 그렇다고 실리콘 같은 탈산제를 여유 있게 투입할 수도 없다. 실리콘 등은 최종 제품에 허용값 이상으로 있으면 안 되는 성분이기 때문이다. 따라서 크롬 등과 결합해 있는 산소량을 정확히 알고, 탈산제를 적정량으로 알맞게 사용해야 한다. 이 양을 추정해내는 것이 바로 '탈산적중률'이다. 그가 나서기 전까지는 작업자가 경험을 바탕으로 그때그때 계산해야 했다. 계산이 어려워 틀리는 경우도 많아서 탈산적중률은 65%에 불과했다. 김공영 명장은 계산 과정의 자동화 모델을 개발했고, 그렇게 끌어올린 적중률은 무려 90%까지 올라갔다. 우수 제안 2등급을 받은 데 이어 특허출원에도 성공했다. 입사 16년 차에 이룬 성과였다.

"저는 자신이 있었지만 취련 업무를 담당했던 직원들은 이 모델을 별로 신뢰하지 않았습니다. 그래서 저는 몇몇 직원들이 먼저 이 모델을 적용해보도록 설득하고, 그 결과치를 가지고 나머지 직원들도 설득했죠. 이젠 모두가 이 모델을 활용하고 있습니다."

세계 유일! 크롬용선을 사용하지 않는 STS제강 기술력 확보 ✦

운명은 도전을 원하는 자를 그냥 두지 않는 걸까? 김공영 명장이 STS 4제강공장 파트장이 되었을 때 그에게는 또다시 거대한 도전의 물결이 밀려왔다. 포항제철소의 STS4제강공장은 가장 최근의 STS제강공장인 동시에 가장 낡은 제강공장이기도 하다. 탄소강 신제강공장(현 3제강공장)이 준공되면서, 1제강공장을 리뉴얼해 STS4제강공장으로 탄생했기 때문이다.

"STS4제강공장은 STS2, 3제강공장과는 확연히 다른 특성이 있습니다. 2, 3제강공장은 스크랩을 사용하는 전기로인 반면에 4제강공장은 고로 용선을 사용하는 전로, '전기로'가 아닌 전로지요."

여기서 생기는 문제가 바로 '온도'이다. 일반적으로 스테인리스 제강에 크롬이 많이 쓰이는데, 크롬도 별도로 생산한 용선의 형태로 투입한다. 그래야 온도를 맞출 수 있기 때문이다. 그런데 STS4제강공장은 기존의 탄소강 1제강공장을 활용하다 보니 크롬 용선을 만들어낼 공간을 확보할 수가 없었다. 그래서 크롬 자체를 투입하는데, 뜨거운 용선으로 투입하는 게 아니다 보니 고질적인 열원 부족 현상이 발생한다. 심각한 문제가 아닐 수 없었다. 그래서 시도한 방식이 '유도용해로' 방식이었다. '유도용해로'는 중국이 많이 사용하는 방식인데, 유도전류를 이용해 크롬을 녹여서 용선으로 만드는 설비이다. 작게 만들 수 있어서 공간이 절

약된다는 장점이 있는데, STS4제강공장은 그나마의 공간도 확보할 수 없었다. STS4제강공장에 필요한 크롬 용선을 생산하려면 유도용해로를 6기는 설치해야 했지만 허락된 공간은 2기를 설치할 정도의 공간밖에 없었다. 어쩔 수 없이 2기의 유도용해로를 설치하고 경험이 전혀 없는 상태에서 설비를 운영해야 했다. 그러던 중 한 번은 유도용해로를 무리하게 가동하면서 내부 내화벽돌이 파손되고, 결국 내화벽돌 바로 뒤편의 코일도 손상됐다. 게다가 코일을 냉각하던 물이 유도용해로 내부로 흘러

STS4제강공장은 세계에서 유일하게 크롬용선을 사용하지 않는 기술력을 갖춘 공장이다.

들어가면서 폭발이 일어났다. 작은 사고가 아니었다. 불행 중 다행으로 인명 피해는 없었지만 이 일을 계기로 유도용해로 방식은 STS4제강공장에서 활용할 수 있는 방식이 아니라는 것이 반증됐다.

"유도용해로라는 설비 자체가 우리에게는 낯선 설비였고, 중국의 슈퍼바이저도 적절한 가이드를 못 해준 상태라 사고는 그야말로 큰 충격이었습니다. 인명 피해가 없어 다행이긴 했지만 사고 현장을 수습하는 심정은 참담했습니다. STS4제강공장 설비들은 이 사고로 다섯 달 동안이나 가동이 여의치 않았으니 피해도 컸고요. 유도용해로가 아닌 좀 더 근본적인 해결책이 필요하다는 생각을 더욱 굳혔습니다."

하지만 '궁하면 통한다'고 했던가? 결국 김공영은 유도용해로 없이 전로 단독으로 스테인리스강을 생산할 수 있는 방법을 고안해냈다. 저가 탄재류와 전로 배가스를 이차 연소한 열을 이용해서 열원을 보충하는 방식이었다. STS4제강공장은 이 기술을 통해 80만 톤 이상의 스테인리스강을 생산하는 기염을 토한다. STS4제강공장은 세계에서 유일하게 크롬용선을 사용하지 않는 STS제강공장이면서, 세계 어느 제철소에도 없는 기술력을 갖춘 공장이란 타이틀도 갖게 되었다.

스테인리스 분야 최초이자 유일한 '우수제안 1등급'의 주인공

쇳물은 그에게 또 한 가지 문제를 던져줬다.

"전로 노 입구 부분에 자꾸 슬래그가 끼어 입구가 좁아지는 문제가 있었습니다. 그런 슬래그를 '지금(地金)'이라고 합니다. 이렇게 노 입구가 좁아지면 원료를 투입할 때 원료가 튕겨서 튀어나오기도 하고, 노구가 무거워져 전로를 회전하는 것도 힘들어집니다. 당시 이 문제는 노구에

오늘도 김공영 명장은 후배들과 현장을 누비며 '바위를 뚫는 한 방울의 빗물'처럼 살아가고자 한다.

뚜껑을 덮고 열을 가해 지금을 용해해서 제거하는 식으로 해결했는데, 이 작업을 해내려면 생산을 멈추고 전로를 세워야 했습니다. 사실 그렇게 해도 용해가 잘되질 않았지요. 더구나 이때 사용하는 뚜껑은 소모품이라 원가 부담도 컸습니다."

노구의 지금은 작업이 가능한 수준으로 유지돼야 했다. 그래서 김공영은 지금 처리를 전로의 가동을 멈춘 상태에서 따로 하지 말고 조업의 일환으로 해내자는 아이디어를 냈다. 어차피 전로 내에는 탄소를 제거하는 과정인 '탈탄'을 할 때 가스가 나온다. 그 가스는 일부는 부생가스로 사용할 수도 있지만 일산화탄소(CO) 농도가 낮아 사용할 수 없는 것은 굴뚝에서 태워서 없애버린다. 그 작업을 전로 내에서 하되, 노구 부분에서 태워 없애면 그때 발생된 열로 지금도 녹여 없앨 수 있다. 그것이 노구 지금 문제 해결의 핵심이었다. 이렇게 김공영 명장은 또 하나의 고질적인 문제를 말끔히 해결해낸다.

이 '전로 노구 지금 용해 기술'은 2018년 김공영 명장에게 우수제안 1등급의 영예를 안겨준다. 이 우수제안은 스테인리스 분야에서 '최초'이자 '유일'한 1등급 제안으로서 2년에 걸쳐 각고의 노력을 기울인 그의 자랑이자 보람이 아닐 수 없었다.

바위를 뚫는 한 방울의 빗물처럼… 도전은 계속된다

물론 심지가 굳은 김공영 명장도 흔들릴 때가 있었다. 공무원의 길을 걷고 싶었으나 가정 형편이 여의치 않아 포기해야 했을 때 마음이 흔들렸다. 그때 그를 잡아준 것이 연봉학 기성이 보여준 '기능인의 길'이었다. 한 번의 흔들림이 더 있었다. 입사 초기, 마냥 앞서나가는 그의 의욕과 넘치는 에너지가 견고한 조직과 조화를 이루지 못해 고민했었다. 그때 김공영 명장을 잡아 세워주었던 것은 단 네 개의 글자였다.

'우수천석(雨垂穿石).' 빗물이 바위를 뚫는다는 뜻이다. 단기적인 성과를 원하는 조급한 기대로 삶을 긴 호흡으로 보기 어려울 때, 옆에 두고 마음을 다잡기 좋은 글이다. 한학자인 아버지의 친구분이 아버지에게 선물한 액자에 쓰여 있는 글귀였다. 어느 날 불쑥 '갈피를 못 잡고 있는 나에게 훌륭한 나침반이 되어줄 수 있을 거란 생각이 들어' 아버지께 말씀드리고 집으로 그 액자를 가져왔다. 지금도 마음이 흔들릴 때마다 그 글귀를 보며 생각을 정리한다.

김공영 명장은 포스코의 기능인으로서, 또 일반적인 기능인으로서, 통상 이루고자 하는 것, 이루어야 할 것을 모두 이룬 듯 보인다. 공부도, 상도, 자격도, 무엇 하나 빠지거나 뒤처지는 것이 없다. 이룬 것만으로도 넘치는 삶이다.

그러나 그는 이에 만족하지 못하는 눈치다. 자꾸만 도전해야 할 것이 그의 눈에 밟히고, 운명도 도전하는 자를 가만히 두지 않기 때문이다. 그래서 오늘도 그는 후배들과 현장을 누비며 '바위를 뚫는 한 방울의 빗물'처럼 살아가고자 한다.

김공영 명장은 1968년 전북 김제시에서 3남 4녀, 7남매 중 다섯째로 태어났다. 어릴 때부터 공부를 곧잘 했고 바른생활 소년이었던 그는 행정고시를 봐서 공무원이 되고 싶었지만, 어려운 가정 형편을 극복하고자 포철공고에 입학했다. 1987년 4월 포스코에 입사해 포항제철소 2제강공장 전로계에서 근무하면서 기능인의 길을 걷기 시작했다.

1988년 10월 스테인리스부 1제강공장 정련계로 자리를 옮기면서 스테인리스와 끈끈한 인연을 맺었다. 2006년 중국 장가항에 파견돼 슈퍼바이저로 활동하기도 했지만, 그는 회사 생활 대부분을 포항제철소에서 스테인리스와 함께했다.

배움에 대한 남다른 열정으로 입사 이후에도 제선·주조·제강기능장(2002년), 금속제련기술사(2005년), 산업안전기사(2009년), 기계정비산업기사(2009년), 6시그마 BB(2005년) 등 다양한 자격증을 취득했으며, 방송통신대학교 일본학과와 동국대 경영대학원을 졸업하고 부경대 금속재료 박사(2021년) 학위를 받았다.

회장표창 6회, 사장표창 3회, 부사장표창 1회, 포항제철소장표창 6회 등 수많은 사내 포상은 물론 전국 품질경영대회 분임조 대회 대통령상(2003년), 직업능력개발로 국가산업 발전에 기여한 공로로 산업포장(2021년)도 받은 바 있다. 2019년 포스코명장에 선정된 김공영 명장은 이에 앞서 2014년에 우수숙련기술자, 2015년에는 대한민국명장으로 선정되기도 했다.

김종익 명장 ✦ 광양 압연설비부

포기를 모르는
열정으로

자동차강판 생산
핵심 설비를 책임지다!

자동차강판은 철강재 중에서도 고부가가치 제품으로 꼽힌다. 끊임없이 변화하며 발전하는 자동차 시장에 발맞춰 자동차강판 역시 하루가 다르게 진화를 거듭하고 있다. 조강 생산량 기준으로 따졌을 때 세계 상위 50개 철강사 중에서도 20여 개사만 생산할 정도로 생산 조건도 까다롭다.

자동차강판은 한마디로 규정하기도 어렵다. 자동차의 어느 부위에 사용하는가에 따라 종류도 다양하다. 그중에서도 일반적으로 자동차 차체에 사용하는 용융아연도금강판은 높은 수익성을 자랑하는 제품으로, 국내외를 막론하고 경쟁이 치열하다.

포스코는 1994년 용융아연도금강판 생산에 성공하며 자동차강판 생산에 첫발을 내디뎠다. 1990년대 말 용접성이 우수한 합금화아연도금강판을 생산하고 이 제품을 도요타에 납품하며 본격적으로 기술력을 쌓기 시작했다. 이렇게 시작된 자동차강판의 역사. 그 돌풍의 주역을 자처하는 곳이 광양제철소이고, 광양제철소에서도 자동차강판 품질을 좌우하는 설비가 바로 용융아연도금라인(Continuous Galvanizing LineLine; CGL)이다.

돌풍의 주역 용융아연도금의 핵심 설비를 책임지다

"아시다시피 광양제철소는 자동차강판 전문 제철소이지 않습니까? 자동차강판이라는 게 워낙 고부가가치 제품이다 보니 정말 많은 공정을 거쳐야 합니다. 공정 하나하나가 전부 중요하죠. 그런데 용용융아연도금 라인은 그 공정 중에서도 맨 마지막, 최종 마무리를 하는 공정이라고 보시면 됩니다. 따라서 이 공정에서 잘 해내면 유종의 미를 거두는 거고, 문제가 생기면 시쳇말로 '다 된 밥에 뭐 빠뜨리는' 격이 되는 거지요."

김종익 명장을 만났다. 첫인상이 매우 학구적이다. 마른 체구에 군더더기 없는 몸짓, 깐깐하다고 할까? 완벽주의자 같은 인상이다. 그가 맡고 있는 업무는 용융아연도금라인 포트 설비 정비라고 한다. 이 설비는 용융아연도금라인에서 어떤 역할을 하는 걸까?

"용융아연도금라인이란 냉연 제품, 즉 냉연 철판을 받아 전처리, 소둔, 도금, 후처리 등을 통해 용융아연도금강판이란 제품을 만들어내는 공정입니다. 용융아연도금라인에 수많은 공정이 존재하는데 '포트 설비'는 철판에 아연을 도포하는 설비입니다. 일반적으로 '도금욕(鍍金浴) 설비'라고 부르지요."

용융아연도금강판은 아연을 도금하는 것이 핵심

"용융아연도금강판은 한마디로 철판에 아연을 도금해 부식에 잘 견디도록 한 강판입니다. 용도가 다양하지만 자동차 차체 등에 사용하기 좋아요. 그래서 용융아연도금강판을 자동차강판이라고들 말합니다. 아연을 도금하려면 철판을 액체로 되어 있는 아연에 담갔다 빼는 공정이 필

"어느 정도 경험이 쌓이면 다 안다고 생각하기 쉬운데, 아닙니다. 이제 더 근본적인 것에 대해 배워야 합니다."

요한데 이 과정이 그리 간단하지 않아요."

우선 철판을 액상 아연에 담갔다가 꺼내는 과정이 필요한데 이때 철판은 돌아가는 롤을 타고 액상 아연을 통과하게 된다. 이렇게 롤이 인도해주는 경로를 따라 철판이 아연을 통과하면 철판 표면에 아연이 도포된 상태가 된다. 문제는 도포된 아연의 양이다.

"아연은 적당량 도포돼야 합니다. 적당량은 무게로 따지는데요. 액상 아연을 통과한 철판에는 아연이 기준보다 많이 도포돼 있으니 그걸 걷어내야 합니다. 그래서 도포된 철판을 '에어 나이프(air knife)'라고 부르는 설비에 통과시키지요."

김종익 명장은 남다른 학구열로, 현업에 뛰어든 뒤에도 석사학위까지 취득했다.

액상 아연 도포하는 설비 세트, 포트 설비

　포트 설비란 롤로 철판을 이동시키며 액상 아연을 도포하는 밀폐된 박스형 공간부터 에어 나이프까지, 이 일련의 과정을 진행하는 설비 세트를 말한다.
　"포트 설비로 진행하는 공정이야말로 용융아연도금강판의 품질을 좌우하는 핵심 중의 핵심 공정이라 할 수 있습니다. 아연은 매우 독한 물질이에요. 워낙 독해서 금속을 파고들 정도입니다. 그런데 공정상 롤은 액상 아연 속에 담겨 돌아가야 합니다. 아연 속에서 작동해야 하니, 롤에도 부담이 가지만 롤 양쪽 끝에 부착되어 있는 원통형 베어링에 가해지는 부담이 정말 큽니다. 이 베어링을 전문용어로 '싱크 롤 슬리브,' 간단하게는 '슬리브'라고 부르는데요. 베어링이란 특성에 아연 속에서 돌아가는 환경 특성까지 더해지다 보니 수명이 아주 짧습니다."

놀랍게도 기존에는 이 베어링의 수명이 2주 정도에 불과했다고 한다. 포스코의 기술력이 부족해서가 아니라 그것이 세계에서 인정하는 일반적 수명이었다. 그러니 용융아연도금라인은 문제가 생기지 않고 잘 돌아가도 2주에 한 번은 라인을 세우고 롤을 빼내, 롤은 롤대로 손질하고 베어링인 슬리브는 슬리브대로 새것으로 교체해야 했다.

"이 슬리브 수명을 늘리면 이점이 많아요. 우선 교체를 덜 해도 되니 당연히 원가절감이 될 거고, 교체를 하려면 라인을 세워야 하는데 세우는 주기를 늘릴 수 있으니 생산성도 높아집니다."

이 교체수명을 2주보다 길게 늘이는 작업, 그것은 그에게 명장의 영예를 안겨준 작업이면서 또 수많은 시련과 고통을 안겨준 일이었다.

그가 이 작업에 뛰어든 것은 2009년. 그때까지는 설비기술부 중앙수리과에서 일반정비를 맡고 있었다. 전문기술을 인정받아 파트장까지 오른 그의 앞에는 문제가 있으려야 있을 수가 없는 꽃길이 펼쳐졌다. 그런데 그 순간 그는 '이게 끝인가? 더 이상 해볼 뭔가가 없는 것인가?' 하는 매너리즘이 찾아왔다. 스스로 던진 질문을 웃어넘길 수만은 없었다.

그런데 거짓말처럼 기회가 찾아왔다. 광양 도금부에서 핵심 설비인 포트 설비를 집중적으로 돌볼 전문가를 필요로 한다는 소식이 날아들었던 것. 준비된 자에게 망설임 따위는 없었다. 파트장 자리를 미련 없이 내던지자 말리는 사람이 많았다. 알 만큼 아는 분야에서 남들이 부러워하는 직책까지 따냈는데, '고생문이 훤한' 분야에 신병으로 입대하는 것과 다름없는 짓을 왜 하느냐고. 그러나 그런 걱정은 그의 귀에 와닿지 않았다. 그저 새로운 도전에 가슴이 쿵쾅거릴 뿐이었다.

익숙함을 뒤로 하고 새로운 도전에 나서다

그렇지만 우리는 김종익 명장을 만나지 못했을 수도 있다. 왜냐하면 포스코가 그의 첫 직장이 아니었기 때문이다. 그의 첫 직장은 조선소였다. 공고를 졸업하고 일하던 조선소는 그가 꿈꾸던 그런 일터는 아니었다고 한다. 그래서 과감하게 사표를 던지고 나왔단다. 사표를 던진 것만으로 포스코와의 인연이 맺어질 일은 아니었는데 여기 포스코 입사의 '일등공신'이 등장한다. 바로 고등학교 친구. 그는 이미 포스코를 다니고 있는 상태였는데 친구가 사표를 냈다 하니 전화를 한 것이었다. "종익아! 우리 회사 정말 괜찮은 데야. 분위기도 좋고, 너같이 적극적인 녀석에겐 딱이다, 딱이야. 시험 한번 쳐봐라!" 친구 따라 강남 간다 했던가? 시험은 봤지만 그래도 합격하겠나, 하고 반쯤 포기하고 있었는데 그 친구한테 또 전화가 왔다. "종익아! 너 합격했단다." 그 친구 없었으면 어쩔 뻔했나?

이야기가 약간 옆으로 샜다. 다시 이야기를 이어가보자.

"새로운 조직이 생겼습니다. 광양 도금부 산하에 도금포트기술팀이 생긴 겁니다. 여기에 합류했는데 첫 과제는 에어 나이프로 인한 문제를 해결하는 것이었습니다."

'에어 나이프'란 철판에 도포된 아연을 적정량이 되도록 걷어내는 설비이다. 긴 철판 두 개가 미세한 틈을 두고 오리주둥이처럼 자리하고 있는데 철판은 닿을 듯 서로를 마주하고 있다. 이 틈으로 아연이 도포된 철판을 통과시키면 오리주둥이가 강력한 에어를 뿜어내며 도포된 아연을 적당량이 되도록 걷어내준다.

"에어 나이프 자체는 철판과 닿지 않습니다. 미세하게 떨어져 있어야 하지요. 문제는 이런저런 이유로 철판이 튀면서 에어 나이프에 충격을 주면 에어 나이프가 손상되고 맙니다. 그렇게 되면 뿜어져 나오는 에어가 제 기능을 못 하게 되죠. 당연히 도금 품질에 문제가 생기고요."

문제가 있는 에어 나이프 공정을 거친 도금강판에는 흔적이 남게 된다. 이걸 '립 마크'라고 하는데 이 원인을 찾는 것도 까다로웠고, 그 해결책을 찾는 것도 쉽지 않았다. 이러한 문제를 해결하는 것은 현장 경험을 토대로 한 일반 기계적 지식의 영역을 뛰어넘는 일이었다. 문제를 해결하려면 에어 나이프 설비의 재질을 바꾸고, 강도를 향상해야 했기 때문이다. 금속이론까지 필요한 작업이었지만, 그는 해결책을 설명해가며 동료들의 참여와 협업을 이끌어냈고 결국 이 고질적인 문제를 해결해냈다. 그는 어떻게 이런 이론적 토대까지 갖출 수 있었던 걸까?

설비 개선을 위해 '설비 재질'의 영역까지 파고들다

김종익 명장은 학구열이 남다른 인물이다. 그런데 이 학구열이 지향하는 바도 좀 남다르다. 그는 현업에 뛰어든 뒤, 학사학위를 거쳐 석사학위까지 취득했다. 주경야독이라는 말이 꼭 들어맞는 경우이다. 분명 쓰임새가 있을 것이라 생각해 차근차근 배워둔 지식들은 결국 포트 설비 정비에서 빛을 발했다.

"정비 업무를 하면서 절실히 느낀 것 중 하나가 '금속에 대해 좀 더 많이 알아야겠구나.' 하는 것이었습니다. 금속 열처리 업무를 하려면 금속 관련 이론적 베이스가 필요했어요. 물론 설비 메커니즘도 알아야 하고, 부품들에 대한 폭넓은 지식도 필요했지요."

"그런데 그것만으로는 넘을 수 없는 벽이 있다는 걸 느꼈습니다. 설비

설비 개선의 한계를 깨기 위해 설비의 재질까지 공부한 김종익 명장.

의 재질까지 알고 있지 않으면 설비를 개선하는 데 한계가 있을 수밖에 없거든요."

그는 단지 필요해서 공부했다고 말했다. 모르고서는 해결이 되지 않아서, 문제를 해결하려고 현장 너머 캠퍼스로까지 노력의 영역을 넓힌 것이다. 그는 후배들에게도 배움의 의욕을 거듭 강조한다고 했다.

"신입사원일 때는 '열정'과 '자세'가 중요하죠. 배워나가는 과정이기 때문에 배움에 대한 의욕 그 자체가 중요한 겁니다. 하지만 어엿한 중견사원이 됐을 즈음에는 전공을 깊이 있게 이해하고 있는 게 필수라고 생각해요. 그때쯤이면 다년간의 경험으로 설비 메커니즘은 물론 설비 부품에 대한 이해도 갖추고 있을 겁니다. 그럼 보통 다 안다고 생각하기 쉬운데, 아닙니다. 이제 그 설비의 소재, 재질을 배울 때입니다. 금속에 대한 깊이 있는 이해가 설비 개선을 좌우하기 때문입니다."

가장 자랑스러운 자격증은 '기능사' 자격증

금속을 더욱 잘 이해하고 싶다는 그의 열망은 다음과 같은 말에서도 느낄 수 있다.

"이래저래 공부하다 보니 자격증이 많습니다. 석사학위도 금속 관련이고 금속에 대한 자격증도 있지요. 그중에서 가장 자랑스럽고 소중하게 여기는 자격증은 '기능사' 자격증입니다. 기능사 자격증이 뭐냐고요? 고등학교 때 따는 자격증입니다. 저는 이걸 현업에 종사할 때 땄습니다. 금속을 아는 데 가장 기초가 되는 자격증이라 꼭 따고 싶었거든요."

그의 소신은 확고하다. '설비를 이해하고, 정비를 잘 해내고, 설비 개선까지 나아가려면 소재 관련 지식은 필수다. 비록 고등학교 때 따는 자격증일지라도 알파벳같이 기초 중의 기초라 할 수 있는 기능사 자격증을 딴 것이 매우 자랑스럽다.' 이것이 그의 자부심이다.

그는 탁월한 지식과 남다른 열정 덕분에 포트 설비 관련 업무에서도 곧 두각을 나타냈고, 파트장 자리까지 올랐다. 그러나 이 분야는 그에게 끊임없는 숙제와 고난을 던져주었다. 이번엔 롤 베어링인 슬리브의 수명을 늘리는 문제가 그를 기다리고 있었기 때문이다.

"역시 핵심은 소재에 있었습니다. 아는 지식을 총동원하고, 모두가 함께 머리를 맞대고 끙끙대니 결국 답이 나오더군요. 그렇게 해서 2주였던 교체 주기를 4주로 늘렸습니다. 당시 세계 최고의 기록이었습니다. 그런데 4주에서 멈출 수는 없는 노릇이었습니다. 탄력을 받은 김에 더욱 박차를 가해 결국 4주를 6주까지 늘려냈습니다. 특허도 땄지요."

그는 6주를 현 설비 메커니즘의 한계점으로 보고 있다. 이는 더 이상 안주하겠다는 뜻이 아니다. 그는 다시 메커니즘의 변화를 모색할 것이

"신입 사원 때는 열정과 자세가 중요한 반면, 중견사원이 되면 전공을 깊이 있게 이해하는 게 필수입니다."

실패를 용인하고, 더 해보라고 부추기는 포스코의 문화는 포기를 넘도록 해주었다.

다. 설비 메커니즘을 바꾸면 또 설비 소재 문제가 대두될지도 모른다. 그러나 이것이야말로 우리가 바라던 선순환의 고리가 아닌가?

용융아연도금을 넘어 알루미늄도금을 바라보다 ✦

"용융아연도금보다 더 까다로운 과제가 바로 우리 앞에 있습니다. 바로 알루미늄도금입니다. 이것도 자동차강판의 일환이죠. 도금을 하는데 아연이 아닌 알루미늄으로 하는 겁니다. 다른 점이라면 용융아연도금 과정에서는 포트 내부 온도가 460도인 상태에서 공정이 이뤄지는데 알루미늄도금 과정에서는 포트 내부 온도가 680도인 상태에서 한다는 점입니다. 물론 도금하는 소재의 물성도 다르고요."

김종익 명장의 앞으로의 관심은 알루미늄도금이다.

알루미늄도금은 김종익 명장이 몸과 마음을 바쳐 정열을 불사르고 있는 업무이다. 그도 그럴 것이 이 공정에서는 해결해야 할 과제가 산더미이다. 용융아연도금의 롤 교체 주기는 6주까지 늘어났지만 알루미늄도금 과정의 롤 교체 주기는 고작 6일이

다. 세계적으로 이 기간을 늘린 사례가 보이지 않는다. 김종익 명장은 일단 14일로 늘려보려고 압연설비부, 도금부, 연구소를 망라해 협업 체제를 갖추고 날마다 연구하고 있다.

한번 물면 놓지 않는 근성

어려운 과제이다. 그러나 다들 '그라면 해낼 것'이라는 믿음을 갖고 있다. 그는 그런 믿음을 주는 사람이다. 그래서 그는 자신의 좌우명으로 '끈기'와 '성실'을 꼽았다. 한번은 설비 개선 중 거듭 실패하자 선배가 이런 이야기를 했다고 한다. 우리가 일본에 뒤져 있는 것은 '포기'했기 때문이라고. 그에게는 그런 이야기가 해당하지 않는다. 한번 물면 놓지 않는 근성이 있기 때문이다.

"제 근성도 중요하지만, 조직 분위기도 중요하죠. 그런 면에서 포스코의 조직 문화가 매우 훌륭하다고 생각해요. 실패를 용인할 뿐만 아니라, 더 해보라고 부추기는 문화거든요. 선배의 이야기도 실패를 책망하는 게 아니잖아요. 실패 때문에 주저앉을까 봐, 주저앉지 말고 계속 도전하라는 독려였으니까요. 저는 이러한 조직 문화 덕을 많이 봤어요. 여기까지 올 수 있었던 것도 그러한 문화 덕분이고요. 이제 후배들도 이러한 순풍을 잘 이용해 원하는 곳까지 순항했으면 해요."

명장의 자리, 아내라는 든든한 지원자가 있어 가능했던 일

밖에서는 하나부터 열까지 모르는 것, 막히는 것 없는 카리스마 명장이지만, 그런 그를 지탱해주는 건 따로 있었다. "저에게 아내는 동지 같은 존재입니다. 명장 선정 전에 저는 딱히 기대하지 않았는데 아내는 확신하더라고요. 명장 발표 후 저에게 '거봐, 내가 당신 된다고 했잖아요.'라는 거예요. 그런 아내가 아니었으면 아마 명장에 오르지 못했을 겁니다. 뒤늦게 대학에 들어가, 퇴근하고 집 대신 학교로 가, 논문 쓴다고 주

말에도 집에 없어, 개선 활동한다고 퇴근은 맨날 늦어…. 그런데도 아내는 늘 든든하게 지켜봐 주더라고요. 농담 반 진담 반 '명장은 내가 만들었다.'고 하는데 틀린 말 아니죠."

현장 기술인 최고의 영예인 포스코명장에 선정된 김종익. 그는 어쩌면 가족이라는 울타리에서 더 큰 성공담을 써나가고 있는지도 모른다.

김종익 명장은 1960년 전북 진안군 정천면에서 6남 2녀 중 여섯째로 태어났다. 중학교 2학년 때 전주로 전학, 이후 전주에서 전주공고 기계과를 마친 뒤 전주공업전문대 기계과를 졸업했다. 1986년 4월 포스코에 입사한 후 처음 몸담은 부서는 포항제철소 공작정비공장이며 이곳에서 5년간 근무한 뒤, 광양제철소 공작정비공장으로 자리를 옮겼다. 이후 도금정비과를 거쳐, 압연설비2부 도금정비2섹션에서 현재까지 근무하고 있다.

자동차강판 생산 설비 세계 최고 가동률 달성을 뒷받침한 공로 등을 인정받아 2019년 7월 포스코명장에 올랐다. 2018년 철의 날을 맞아 철강산업 발전에 기여한 공로로 산업자원부 장관표창을 받았으며, 같은 해 CGL 도금포트 핵심 설비 고품질·장수명 기술로 회장표창을 받았다. 이외에도 제철소장표창 3회, 부소장표창 등을 수상했다.

자기 계발에도 최선을 다해 주변의 칭송이 자자한데 재료금속공학 석사(2001년), 금속재료 기술사(2011년), 금속재료 기능장(1999년), 기계정비 산업기사(2008년), 방사선 비파괴 검사 기사(1999년) 등의 자격증은 그러한 노력의 결과물이다.

정규점 명장
◆ 포항 EIC기술부

블랙아웃을 막아라!

제철소 전력 공급 24시간 지킴이

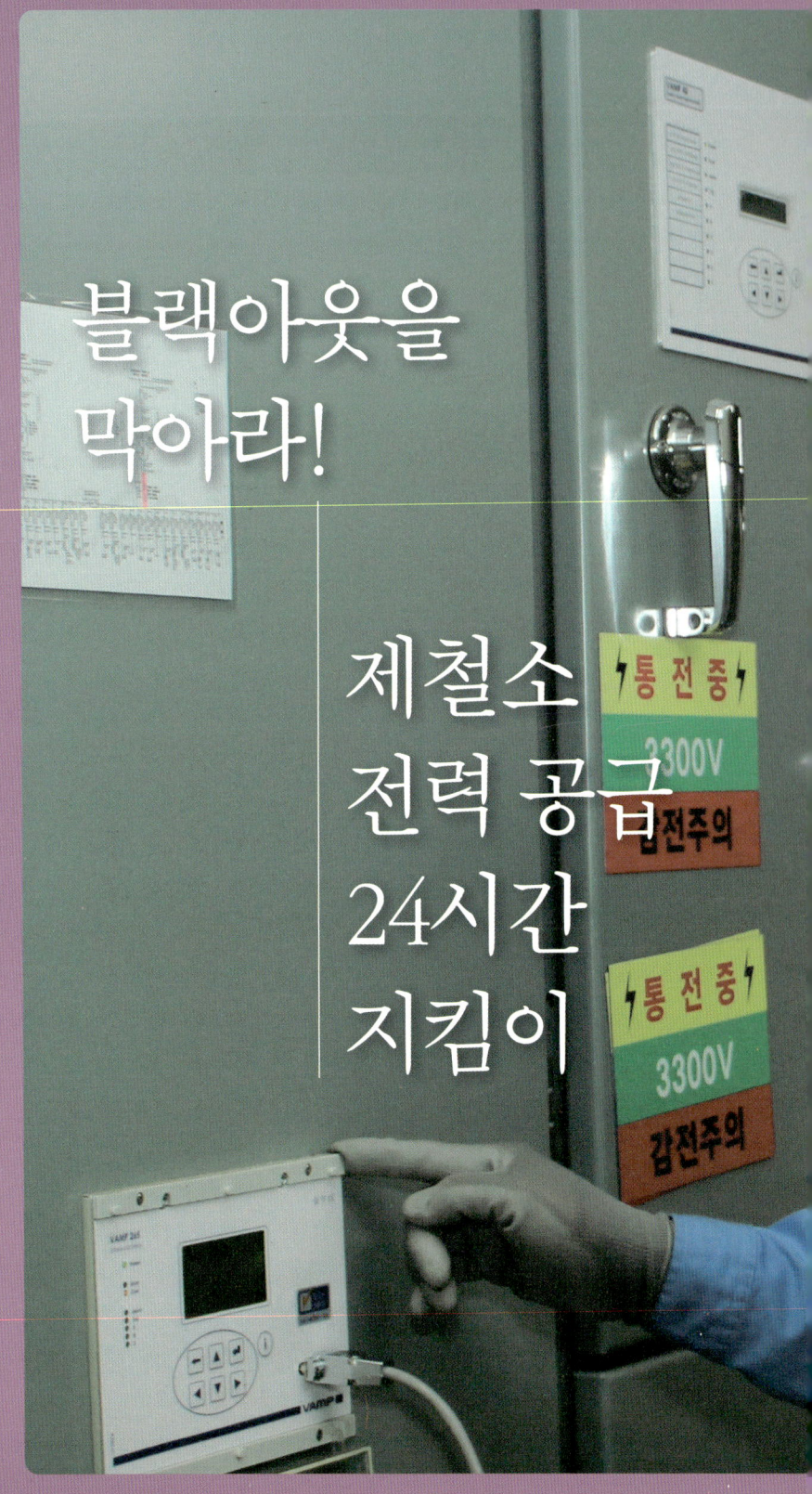

흔히들 제철소를 산업의 심장이라고 한다. 철강이 현대문명을 지탱하는 소재이고, 이 소재를 제철소가 생산하기 때문일 것이다. 또 하나, 심장은 멈추지 않는다. 잘 때조차도. 제철소도 마찬가지다. 24시간 365일 돌아가는 고로 특성상 제철소를 심장에 비유하는 것은 매우 적절해 보인다.

그러나 사람들이 모르는 또 하나가 있다. 단 한 순간도 멈추어서는 안 되는 그것. 바로 제철소의 전기다. 고로를 포함한 제철소의 모든 설비는 전기를 먹고 산다. 즉, 전기는 제철소의 심장을 뛰게 만드는 혈액이다. 혈액이 흐름을 멈추는 순간, 모든 것이 동작을 멈춘다. 우리는 태풍 힌남노를 겪으면서 그 중요성을 아프게 실감한 바 있다.

그 전기 공급이라는 막중한 책임을 맡고 있는 이가 바로 정규점 명장이다. 식사도 제때 챙기지 못하는 일이 빈번한 만큼 제철소 구석구석을 누비며 전력 업무에 매진하는 그에게서 분주함이 묻어난다. 짧은 시간 동안에도 제철소 곳곳에서 그의 지원을 요청하는 전화벨이 연달아 울렸다. 그러나 인터뷰에 응하는 그의 표정은 밝지 못했다.

태풍 힌남노는 무력감을 안겼지만 다시 겪는다면 결코 이번 같지는 않으리라는 가르침이 되었다.

태풍 힌남노가 할퀴고 간 상처는 가슴에 남고 ◆

"기술지원을 위한 터키 출장을 마치고 입국한 게 9월 3일이었습니다. 그즈음 태풍 힌남노가 국내에 상륙했습니다. 9월 5일 출근해서 조마조마한 마음으로 철야 근무를 하는데 동이 틀 때까지만 해도 무사히 넘어가는구나 싶었습니다. 그런데 설비기술부 지하 전기실에 물이 들어온다는 겁니다. 직원들이 모두 달려들어 물을 막으려고 안간힘을 쓰고 있는데 전화가 울리더군요. 이번에는 2열연공장 변압기에 화재가 발생했다는 소식이었습니다. 에너지부 ECC(Energy Control Center)에 상황을 알아보니 수전변전소가 침수돼 제철소 전체가 정전됐다는 겁니다. 가슴이 철렁했습니다. 제철소 전체 정전이란 건 포항제철소 역사상 들어본 적이 없는 사태니까요.

현장으로 가려고 차를 몰고 도로로 나섰지만, 이동할 수 있는 상황이 아니었습니다. 일단 사무실로 들어와서 수전변전소 복구방안을 논의했습니다. 그때부터 며칠간 철야 작업을 해 일단 수전변전소부터 안정시켰고, 고로와 선강 지역에 전력을 공급하기 시작했습니다. 이어 압연변전소 복구까지 약 8~9일 정도 숨 가쁘게 복구에 임했습니다. 이렇게 해서 큰불은 어느 정도 끌 수 있었지요."

그의 표정이 어두웠던 것은 과로에 따른 피곤함 때문이었을까? 왠지 그의 말에서 좀 더 근본적인 '마음의 짐'이 느껴졌다.

"명색이 전기 공급을 맡은 사람이지 않습니까? 제철소가 들어서고 나서 단 한 번도 전기 공급이 올 스톱되는 일은 없었습니다. 그런데 이번에 전기를 공급하지 못해 공장들이 멈추는 사태를 겪고 나니, 마음의 상처가 너무 큽니다."

전기는 제철소의 심장을 뛰게 만드는 혈액이다.

"입사 이후 전기 하나만 붙들고 어떤 트러블 슈팅도 문제 없다고 생각해왔고 자신도 있었는데, 이런 사태를 겪으니 무력감이 들더군요. 제가 뭔가 더 잘 준비하고 대비했어야 했나, 하는 그런 질문이 머릿속에서 떠

나지 않습니다. 전기 공급이 안 돼 멈춘 공장도 문제였지만, 피해 복구를 하려면 물을 퍼내는 작업을 해야 했는데 이 역시 전기가 필요했습니다. 이 모든 사태를 겪고나니 전기가 제철소 전체를 움직이는 처음이자 끝이라는 생각이 들더군요. 그렇게 중요한 건데…."

우리는 알고 있다. 포스코는 정말이지 최대한의 대비를 했다. 만일 미리 전기 설비를 멈추어두지 않았다면 침수 피해는 걷잡을 수 없었을 것이다. 그럼에도 불구하고 사람의 힘으로는 어쩔 수 없는 천재가 닥쳤을 뿐이었다.

하지만 정규점 명장의 마음은 그렇지 못한 듯하다. 잠시였지만 제철소의 혈액이 그 흐름을 멈추었고, 심장조차 고동을 멈추었다. 그 한가운데서 사투를 벌였던 그. 피해는 어느 정도 회복됐으나 명장의 가슴에는 지울 수 없는 상처가 남은 것이다.

전기와 인연은 포스코와의 인연으로 이어져

정규점 명장이 맡고 있는 업무는 수변전(受變電) 관련 업무이다. 수변전이란 한국전력이나 자체 발전소가 생산해서 보내준 전기를 받아 각 공장에서 사용할 수 있게끔 변전해 공급하는 것을 말한다. 제철소 모든 곳, 생산 시설은 물론이고 생활 지원 시설에서 사용하는 모든 전력은 이곳을 통해 공급된다. 그러니 이곳에 문제가 생기면 제철소 모든 곳이 영향을 받는다.

그가 전기와 인연을 맺게 된 것은 마산공고 전기과에 입학하면서부터였다. 그 당시 많은 이들이 그러했듯 정규점 명장도 가정 형편이 넉넉하지 못했다. 그는 빨리 기술을 배워 취직해야 한다는 생각에 공고 진학을 결심했다. 그 와중에도 소년 정규점은 우리나라 근대화에 작은 힘이나마 보탬이 될 수 있을 것이라는 희망으로 중화학공업의 요람인 창원공단과 인접한 마산공고에 입학했다.

꿈은 분명했지만, 고등학교를 마치고 바로 포스코에 입사한 것은 아

배움에 대한 남다른 갈망은 정규점 명장을 현장의 해결사로 만들었고, 명장으로 이끌었다.

니었다. 공부가 좀 더 하고 싶었기 때문이었다. 문제는 등록금. 그래서 직장 생활을 해가며 돈을 모아 늦게나마 공업전문대학에 진학할 수 있었다. 그곳에서 전기에 대한 공부를 좀 더 한 뒤에야 그는 동경했던 포스코에 입사를 지원했고, 합격했다.

"청운의 뜻을 품고 입사했죠. 나름 공부를 많이 해서 전기는 좀 안다고 생각했습니다. 그런데 막상 현업과 마주하니 그것이 얼마나 우물 안 개구리 같은 생각이었는지 알 수 있었습니다. 냉정한 현실을 알게 된 것, 요즘 말로 '현타'라고 하죠. 그런데 이것이 제게는 오히려 앞으로 나아가는 원동력이 된 것 같아요."

배움에 대한 남다른 갈망은 그를 현장의 해결사로 만들었고, 또 명장으로 이끌었다. 정규점 명장은 늘 현장의 문제와 맞닥뜨릴 때마다 문제의 근원을 파고들기 위해 노력했다. 그렇지만 근원을 파고들려면 생각보다 많은 지식과 경험이 필요했다.

"1992년에 새로운 기회가 주어지더라고요. 창원기능대학에서 공부할 기회요. 제안을 받자마자 수락했지요. 거절할 이유가 없으니까요. 물론 배우는 것은 좋지만 현장에서 일하다가 공부를 하려니까 쉽지는 않더라고요. 그래도 시작한 거니까 끝을 보자는 생각에 수업 시간에는 맨 앞자리에 앉아서 강의를 녹음하고, 저녁에는 노트에 적은 강의 내용을 정리해서 외웠습니다. 제 입으로 이야기하기는 좀 그렇지만 그렇게 하니 결과가 좋더군요. 수석으로 졸업하는 영광을 안을 수 있었습니다."

기능대학에서 돌아온 그의 앞에는 새로운 세계가 펼쳐졌다. 새로운 상황, 새로운 문제들이 밀려든 것이다. 단, 조그만 실수도 있어서는 안 됐다. 만약 실수를 할 경우 부분적 설비 문제로 그치는 게 아니라 듣기만 해도 무시무시한 블랙아웃(blackout, 정전)이 일어날 수 있었다. 실수의 결과는 이처럼 치명적이었다. 한 걸음 한 걸음이 조심스럽고, 두렵기까지 했다. 그러나 또 한편으로 이론적인 배움을 현장에서 적용하고 응용할 수 있는 더 없이 소중한 시간들이기도 했다. 그렇게 정규점은 현장에서 자신의 존재감을 키워갔다.

함께 살아가는 터전을 더 살기 좋은 곳으로 ◆

정규점 명장은 국가나 사회 같은 함께 살아가는 터전에 대한 애정이 남다르다. 어쩌면 포스코에 근무하는 사명감 또한 이러한 마음에서 비롯하는 것인지도 모를 일이다. 그래서일까? 정규점 명장에게 다시 젊은 시절로 돌아가면 어떤 일이 하고 싶냐는 질문을 던졌을 때 그 대답이 걸작이었다.

"다시 젊은 시절로 돌아간다.… 포스코와 같은 국가기간산업에서 일하는 것은 물론 보람되고 자랑스러운 일이지만, 한번 해보았으니, 다시 젊어진다면 군인으로서 살아보고도 싶다, 그런 생각입니다."

솔직히 신성한 의무이기에 다녀오고 나서야 자랑스럽게 이야기할 수 있지만, 군 복무는 사실 젊은 시절 가장 피하고 싶은 일이기도 한 게 사실 아닌가? 그런데 그 길을 아예 평생의 업으로 삼고 싶다고 하다니….

그가 사회에 대한 애정을 드러내는 사례가 한 가지 더 있다. 바로 2004년 자율방범대를 결성해서 지역주민의 안전을 도모하고, 청소년들을 올바른 길로 인도하려 애쓰고 있는 점이다. 뜻을 같이하는 이들을 모아 시작한 이 사업 덕분에 지역사회는 한층 안전해졌고, 청소년들을 범죄로부터 보호하는 데도 큰 보탬이 되고 있다. 뿐만 아니다. 소년소녀가장과 같이 어려운 이웃을 살뜰히 살피기까지 하며 공동체의 참의미를 실천으로 보여주고 있다.

"한겨울에 길거리에서 잠든 취객을 집으로 보내주면서, 또 거리를 방황하는 아이들을 잘 타일러서 집으로 보내면서 뭐라 표현할 수 없는 뿌듯함을 느낍니다. 이건 회사에서 일하면서 국가 경제에 이바지하는 것과는 또 다른 그런 성취감입니다."

지진으로 인한 정전 사태, 철야 작업으로 비상 복구 ✦

트러블 슈팅, 말 그대로 문제가 생겼을 때 해결하는 것이다. 그것은 그의 일상이다. 이번 힌남노 사태처럼 규모가 얼마나 큰 것이냐의 차이가 있을 뿐. 그럼 그가 기억하는 문제 해결 상황은 또 어떤 게 있을까?

"2016년으로 기억합니다. 아시다시피 경주에 큰 지진이 났지요. 규

"고생해서 사고를 복구해내면 말로 형용할 수 없는, 그런 가슴이 벅차오르는 느낌을 받습니다."

모 5.8이었다고 하더군요. 그때 뉴스에 경주 시내 상가의 유리가 깨지는 장면이 많이 보도됐어요. 그런데 지진 규모가 꽤 크다 보니 포항에도 그 여파가 미쳤습니다. 포항제철소 3제강공장에 피해가 생긴 건데요. 전력 공급용 메인 변압기 2대가 타서 손상됐고, 정전이 뒤따랐습니다. 조업도 스톱됐지요. 복구는 시간 싸움이기 때문에 가능한 빨리 해야 했습니다. 기간이 길어질수록 피해가 커지고 그 여파도 기하급수적으로 커지기에 일단 직원들을 모아서 비상대책회의를 열었지요."

이때 정규점 명장은 3제강공장에 비상변압기를 설치하고 운용하는 역할을 맡았다. 그를 포함해 많은 직원들이 저녁 8시부터 복구 작업에 들어갔다. 복구를 마치고 보니 아침 6시가 돼 있었다. 사고가 터지고 11시간 만에 비상 조업을 할 수 있게끔 전력 설비를 복구해낸 것이었다.

"사고가 나면 안 되지만 사고가 터지고 이렇게 고생해서 복구해내면

말로 형용할 수 없는, 그런 가슴이 벅차오르는 느낌을 받습니다. 평소에 느끼지 못하던 '포스코인의 저력'이라는 단어가 주는, 그런 뿌듯함을 실제로 느끼는 거죠."

그렇다고 문제가 완전히 해결된 것은 아니었다. 일단 응급 복구를 한 뒤 3개월은 비상 조업 형태로 조업이 이루어졌고, 신품 변압기가 2대 들어옴에 따라 변압기를 신품으로 교체해야 했다. 그러고 나서야 '비상'이라는 딱지를 떼고 '정상'적인 조업을 할 수 있는 것이다.

정규점 명장의 진가는 이럴 때 발휘됐다. 신품이 들어왔다고 또 조업을 멈추고 변압기를 교체할 수는 없는 노릇. 이에 정규점 명장은 신품 변압기와 기존 변압기 3대를 병렬로 운용하면서 정전 없이, 조업을 이어나가며 변압기를 교체하기로 마음먹었고, 이를 해냈다. 놀라운 아이디어였다. 이론적 뒷받침과 경험 등이 없었다면 이런 일이 어찌 가능했겠는가? 정규점 명장의 트러블 슈팅 목록에는 이런 일이 허다하다.

스마트해진 후배 세대, 회사와의 동반 성장이 중요

어려운 환경에서 자수성가했거나, 남들보다 더 많은 노력으로 뭔가를 이루어낸 사람들은 다른 사람들을 좀 마땅치 않게 보기도 한다. 자신만큼 노력하지 않는 것이 못마땅할 수도 있다는 이야기이다. 그런 관점에서 정규점 명장은 요즘 후배들을 어떻게 바라보고 있을까?

"후배들이요? 요즘 젊은 세대들은 정말 똑똑하죠. 우리 때와는 다릅니다. 다만 시대가 변한 까닭에 세대 간에 중요하다고 생각하는 관점의 차이가 있을 뿐이죠. 문제는 우리 같은 세대가 젊은 세대에게 우리처럼 해라, 라고 강요하는 것은 실효성도 없을 뿐만 아니라 시대정신에도 맞지

"젊은 세대들은 스마트해졌으니 이제 선배들도 그러한 점을 최대한 살려줄 수 있도록 환경을 만들어줘야죠."

않는 것 같아요. 우리는 가정보다 회사를 우선시하고 자신을 희생하면서 회사를 앞세웠잖아요. 그런데 지금 젊은 세대에게 그때 이야기를 반복하면서 '너희들도 그래야 한다.'고 하면 설득력이 없습니다. 젊은 세대는 스마트해졌으니 이제 선배들도 그러한 점을 최대한 살려줄 수 있도록 환경을 만들어줘야죠. 그게 회사에도 도움이 된다고 생각합니다."

그럼에도 불구하고 회사의 성장과 발전이 개인의 성장, 발전의 토대가 된다는 점은 강조하고 싶다고 정규점 명장은 말한다. 개성도 좋고 워라밸도 좋지만, 회사가 없다면 다 소용없다는 것이다. 맞는 말이다. 자유롭게 나는 새들도 하늘이라는 공간이 있어야 하고, 유유히 헤엄치는 물고기들도 맑은 물이 존재해야 하는 법이다. 누가 뭐라고 해도 회사라는 일터는 개인의 성장, 개인의 행복을 가능하게 해주는 기본 토대, '하늘'과 '물'이 아닐 수 없으니 말이다.

젊어서 배우지 않으면 늙어서 후회한다

"인재창조원에서 한 해에 200시간 정도 후배들에게 기술교육을 하고 있습니다. 교육을 하면서 현장에서 같이 일하는 후배들과는 또 다른 후배들을 만나게 되는데요. 강의에선 특히 개인의 문제 해결 능력과 위기 대응 능력이 회사 경쟁력 향상에도 도움이 된다고 강조합니다. 주인 의식을 가지고 스스로 발전하고자 노력하다 보면 보람찬 직장생활로 이어지기 마련이지요. 또 그들에게는 되도록 꿈과 비전을 심어주려고 합니다. 도전하면 반드시 꿈은 이루어진다면서요. 그리고 그 도전의 근간은 공부라는 말도 빼놓지 않습니다."

"주자가 한 말 중에 소불근학 노후회(少不勤學 老後悔)라는 말이 있습니다. 젊어서 열심히 배우지 않으면 늙어서 후회하게 된다는 뜻인데요. 이 말을 자주 인용합니다. 그나마 제가 명장이 될 수 있었던 가장 큰 원동력이 공부여서 이런 이야기를 자신 있게 합니다."

일반적인 지식도 중요하지만 기술만큼이나 인간관계도 중요

정규점 명장이 공부만큼이나 중요하게 생각하고 또 강조하는 것이 있다면 인간관계이다. 그래서인지 그의 주변 사람들은 하나같이 그를 칭찬하기 바쁘다. 보통 인터뷰를 할 때 자신이 명장이 될 수 있었던 업적을 이야기해달라고 부탁하는데 대부분은 공적 한두 가지를 이야기하는 편이다. 그런데 정규점 명장은 대뜸 이렇게 말했다.

"저는 주변에서 이런저런 도움을 받았다며 이야기들을 많이 해줘서 소문이 나면서 명장이 된 케이스입니다."

정말이지 그에 대한 칭송은 귀가 따가울 지경이다. 최근 출장을 다녀온 터키에서도 그의 미담은 끊이질 않는다.

"터키에 있는 포스코 스테인리스 냉연공장입니다. 저희는 공장 메인 전원을 공급하는 장치에 이상이 있어 자체적으로도 점검을 하고 터키 내 전력 계통 관련 업체 진단도 받았습니다만 명확한 원인을 찾지 못했습니다. 터키 내외부 전문가 섭외에도 어려움이 있었는데 정규점 명장님이 5일간 현장에서 현지 직원들과 함께 설비 점검 및 진단을 하며 문제점을 확인하고, 조치 및 마무리까지 완료해주셨습니다. 저희가 겪고 있던 고질적인 문제를 깔끔하게 해결해주셔서 저희로선 큰 도움이 됐습니다. 감사합니다."

현장을 돌아다녀도 반응은 대체로 비슷하다. 정규점 명장이 문제를 해결해준 데에 대한 고마움을 표시하는 이들로 가득하다.

힌남노는 초유의 사태, 그러나 다시 겪는다면 이번 같지는 않을 것 ✦

기술적 문제 해결만으로 이런 관계가 형성됐다는 것은 명장의 겸손일 뿐, 그게 다라고는 할 수 없을 것이다. 문제를 해결하려면 일반적인 지식도 중요하지만 현장 상황을 이해하는 것도 필수이다. 문제 해결에 능하다는 것은 현장과 긴밀한 관계를 유지하고 있다는 의미이고, 그것은 노력이 필요한 부분이다. 스스로 알고 있는지는 모르겠으나 정규점 명장은 현장과의 소통, 현장에 대한 이해를 위해 동료들과 원만한 관계를 유지하고 있음이 틀림없었다. 무수한 노력 끝에 말이다. 인터뷰 말미 정규점 명장은 다시 한번 강조한다.

"이번 태풍 피해로 배운 게 많습니다. 블랙아웃이라는 초유의 사태가 벌어졌지만, 상황에 미리 대비한다는 것은 아무리 철저해도 지나치지 않다는 교훈도 얻었지요. 다시 와서는 안 될 재난이지만 다시 온다 해도 이번 같지는 않을 것입니다."

정규점 명장의 도전은 이렇게 다시 한번 큰 고개를 넘고 있었다.

1985년 10월 포스코에 입사한 정규점 명장은 포항제철소 전기수리과에서 근무를 시작해 현재까지 '전기'라는 화두 하나를 붙잡고 외길을 달려 명장의 반열에 올랐다. 처음에는 현장 진단 업무로 시작했으나, 이후 제철소 전기 공급과 관련된 막중한 업무를 수행하면서 관련 노하우를 쌓고, 또 전파해왔다.

1960년 경남 창녕군에서 3남 1녀 중 셋째로 태어난 그는, 말 그대로 '산 넘고 물 건너' 십 리 길을 등하교하는 시골 소년이었다. 이후 마산공고 전기과와 동의공업전문대 전기학과에서 수학하며 전기에 눈을 뜨게 됐고, 이는 포스코 입사로 연결됐다. 포스코 입사 후에도 그는 창원기능대학 전기학과에서 수학하는 등 기술 습득에 대한 열정을 불태웠으며, 전기기기기능장, 전기공사기능장, 전기기사, 전기공사기사, 소방설비기사, 산업안전기사, 전기산업기사, 소방설비산업기사, 산업안전산업기사, 전기기기산업기사, 기계정비산업기사, 직업능력개발 훈련교사, 특급기술자, 특급감리원, 승강기기능사 등 이루 헤아릴 수 없이 많은 자격증은 그가 업무 관련 지식을 쌓고자 기울인 노력의 단면을 보여준다.

그는 창립 제40주년 올해의 포스코인(2008년), 대한민국 산업현장 교수 위촉(2012년), 경상북도 최고 장인 선정(2019년) 등의 화려한 이력과 수상 경력을 거쳐 2020년 마침내 명장 타이틀을 획득했다. 이어 2023년, 그간의 공로를 인정받아 상무보로 신규 선임됐다.

이정호 명장 ✦ 포항 설비기술부

고속회전기계

그 중심에 서다

이정호 명장을 설명하는 말 중 하나가 '고속 회전기계의 일인자'이다. 포항제철소 중앙수리공장에 몸담고 기계 수리를 하는 기능인이다 보니 기계 수리는 어쩌면 당연한 일. 그런데 기계 중에서도 그는 특히 회전기계를 다루는 데 탁월하다는 평가를 받는다. 제철소 어디에 회전기계가 있냐고 묻자 그는 이렇게 답했다.

　"제철소에는 회전기계가 많습니다. 달리 말하면 회전기계가 없는 곳이 없다고 하는 게 더 정확합니다. 가동되거나 움직이는 설비는 모두 회전기계니까요."

연대보증 문제로 하마터면 포스코 입사를 못 할 뻔

　그의 어린 시절은 지독한 가난과의 씨름으로 점철된 나날이었다. 학업 성적은 우수했지만 육성회비를 내지 못하는 날이 많았고, 심지어 포스코에 입사가 결정된 뒤에도 연대보증을 세우지 못해 어려움을 겪기도 했으니 말이다.

이정호 명장은 회전기계를 진단하고 치료하는 의사이다.

"당시 회사에 들어가려면 재산세를 납부한 서류를 첨부한 연대보증이 필요했어요. 그런데 저희 집은 당연히 재산세를 낼 상황은 아니었죠. 제출할 서류를 구비하는 게 또 하나의 숙제였습니다. 결국 어머니와 함께 동네 어르신들을 찾아가 연대보증을 부탁드렸습니다. 그때 어르신들이 연대보증을 서주시며 '장하다' 칭찬해주신 게 그렇게 고맙고, 힘이 될 수가 없었습니다."

우여곡절 끝에 입사한 그를 포스코명장의 반열에 올린 '회전기계,' 이를 다루는 그의 탁월한 솜씨의 원천은 무엇인지 궁금해졌다.

트러블 슈팅의 첫걸음은 '진단'

"제철소에는 많은 롤이 있는데 그 롤을 회전시키는 데 필요한 동력을 전달하고 속도의 변화 유형에 따라 증속, 감속시켜 속도를 조절하는 기어박스(gearbox)도 회전기계라고 할 수 있습니다. 그리고 제철소에는 비산먼지, 미세분진 등의 오염원을 제거하는 크고 작은 집진기가 있는데 여기에도 회전기계가 사용됩니다. 조업이나 품질에 직접적인 영향을 주는 공정 집진기 같은 설비도 있고, 비산되는 분진을 제거하는 환경 집진기도 있죠. 그 외에도 이루 다 헤아릴 수 없는 회전기계가 곳곳에 존재합니다. 회전기계를 이야기할 때 빼놓을 수 없는 형태가 베어링입니다. 축과 베어링이 상호간에 미끄럼 접촉을 하는 미끄럼 베어링(metal bearing)과 축과 베어링의 사이에 볼이나 롤러를 넣어 구름 접촉을 하는 구름 베어링이 있는데 특히 미끄럼 베어링은 고속, 고하중의 경우에 많이 사용됩니다."

임상 경험을 쌓는 의사처럼 경험치를 높이는 것만이 기계에 대한 이해도를 높이는 방법이다.

인위적인 동력은 그 처음 형태가 회전인 경우가 대부분이다. 발전기도 돌면서 전기를 생산하고, 자동차 엔진도 실린더를 통해 회전 에너지 형태로 폭발력을 만들어낸다. 산업의 심장이라는 제철소에 회전기계가 많은 것은 어쩌면 당연한 일이고, 그 회전기계를 책임져야 할 누군가가 반드시 필요하다. 그 '누군가'의 역할을 짊어지고 있는 사람이 바로 이정호 명장이다. 기계설비를 정비한다는 것은 쉬운 일이 아니다. 그러나 제철소에서 사용되는 회전기계의 경우 그 어려움은 특히 더하다고 한다.

"기계설비 트러블 슈팅은 트러블의 원인을 찾는 '진단'이 그 첫걸음이 될 수밖에 없죠. 물론 현장에서 트러블을 인지하는 것은 어떤 '현상' 때문이긴 하지만요. 회전기계도 마찬가지로, 일단 현상을 먼저 인지합니다. 예를 들면 '진동' 현상이 발생하면 진단으로 그 원인을 찾습니다. 그런데 회전기계의 경우, 현상은 진동이라는 형태로 나타나지만 그 원인은 수십, 수백 가지입니다. 그러니 진단이 매우 어렵습니다."

설비에 대한 이해는 경험치에 좌우된다 ◆

회전기계의 문제 진단은 현상만 보고 할 수 없다. 환자가 기침을 한다고 해서 의사가 그 기침만으로 병을 진단할 수 없는 것과 비슷하다. 감기일 수도 있고, 다른 원인일 수도 있다. 회전기계를 진단하는 의사인 이정호 명장은 이렇게 말한다.

"그럴 때 의사는 환자를 진단하기 위해 여러 진찰 방법을 동원할 수 있습니다. 엑스레이를 찍어보거나, 내시경을 사용하기도 합니다. 그런데 회전기계를 진단할 때는 그런 것보다 설비의 특성을 알고 접근해야 합니다."

설비의 특성을 이해한다는 것은 쉽게 말하면 A와 B라는 회전기계가 동일하게 '진동'이라는 문제를 겪는다 하더라도 이를 입체적으로 본다는 뜻이다. 'A라는 설비는 어떤 특성을 가지고 있으므로 진동이 발생하는 경향이 있고, B라는 설비는 또 다른 특성 때문에 진동이 발생하는 경향이 있다.'라고 다양한 답을 내놓을 수 있어야 한다.

"그러니까 회전기계 트러블 슈팅을 잘하게 된다는 것은, 수많은 회전기계 각각에 대한 이해도를 높인다는 말과 같습니다. 이해도를 높이려면 평소 공부를 많이 하기도 해야겠지만, 많은 기계와 다양한 상황을 마주하며 경험치를 높이는 것이 매우 중요합니다. 의사로 치면 임상 경험이 많은 의사가 병을 잘 진단하고 치료도 잘하는 것과 같죠."

포스코의 기술력을 이란의 하늘 아래 펼치다

이정호 명장이 회전기계와 특별한 인연을 맺게 된 것은 입사하고도 수년이 지난 뒤인 1995년이었다. 그전까지 그도 일반 기계 수리를 담당하고 있었는데, 당시 회전기계 밸런싱 업무를 담당하고 있던 선배 직원이 갑자기 퇴사하면서 이 일을 맡았다.

"밸런싱 업무라고 하니 좀 망설여지기는 했습니다. 잘할 수 있을지 걱정도 됐고요. 그렇지만 한번 해보자는 마음이 더 강했습니다. 우선 퇴직한 선배가 남기고 간 두꺼운 자료부터 섭렵하기 시작했지요. 그런데 시작하고 보니, 평소 설비 관련 업무를 통해 쌓은 기계 전반에 대한 폭넓은 이해가 큰 도움이 된다는 것을 깨달았습니다. 그런 측면에서 입사 초기 담당했던 일반기계 수리 경험은 어떻게 보면 필수적인 과정이었다고 봅니다."

이정호 명장은 국내뿐 아니라 해외에서도 활약했다. 기술지원을 다니며 실력을 보여줬는데, 그중에서도 특히 이란 이스파한제철소(Esfahan Steel Co.) 기술지원 건이 대표적이다.

"2011년 8월이었습니다. 포스코건설로부터 다급한 요청이 왔어요. 이란에 있는 이스파한제철소에 소결공장을 건설했는데, 배기가스 팬이 가동하면 자꾸 진동이 생긴다는 겁니다. 팬을 돌리기만 하면 심하게 진동이 일어나니 설비를 정상적으로 가동할 수가 없고 문제를 해결하지 못해 공사 대금도 받지 못하고 있다고요."

이정호 명장에게 연락이 왔을 당시에는 이미 여러 설비회사에도 연락을 해서 전문가들이 다녀간 상태였지만, 그 누구도 문제를 해결하지 못했다. 이에 당시 소결공장 지원팀장이 이정호라면 할 수 있을 거라며 추천했고, 결국 연락이 닿은 것이었다.

"사실 그쪽에서도 여러 방법을 동원해도 해결이 안 되니 제게 연락을 하긴 했는데, 크게 기대하지는 않았던 모양이에요. 나름 '내로라하는 전문가들이 와서도 해결을 못 했는데 이정호가 할 수 있을까'라고 의심을 한 거죠. 이해는 합니다. 그런데 문제는 그렇게 신뢰하는 상황이 아니다 보니 현장 반응이 영 적극적이지 못했다는 겁니다."

이정호 명장은 함께 근무하던 선배와 지구정비, 조업 담당까지 총 4명으로 팀을 꾸려서 황급히 현지로 날아갔지만 현지에서는 제대로 된 지원을 받을 수 없었다. 심지어 작업 공구나 장갑 같은 안전 보호구조차 제대로 지급되지 않았다.

"진단을 해보니 배기가스 팬 한 대의 메탈 베어링이 축과 너무 붙어 있는 게 문제였습니다. 이 메탈 베어링이 '미끄럼 베어링'으로 돼 있는데, 이것이 축을 둥글게 감싸며 잡아는 주되, 오일 막(幕)으로 된 간격을 두고 고정되어야 하죠. 그런데 그 간격, 즉 '갭'이 너무 없어서 문제였습니다."

문제를 해결하려면 메탈 베어링의 안쪽을 긁어낼 수 있는 도구인 '스크래퍼'라는 공구가 필요했다. 물론 준비된 것은 없었다. 결국 고생 끝에 스크래퍼는 구했지만 작업 환경은 별로 나아지지 않았다. 어쨌든 문제는 해결해야 했기에 일주일 동안 스크래퍼를 손에 쥐고 베어링 안쪽을 긁고 또 긁어 결국 갭을 조정해냈다. 그 후 축 정렬을 해주고 나서야 시운전을 해볼 수 있었다.

"거짓말처럼 진동이 없어졌죠. 이렇게 성공하고 나니 현장 분위기가 180도 바뀌더라고요. 나중에 보니까 장갑이니 안전공구도 없는 게 아니더군요. 우리를 신뢰하지 못하다 보니, 저러다 말겠지, 하는 생각에 지원에 적극적이지 않았던 것이지요. 그런데 성공을 하니 이때부터는 필요한 것들도 적극적으로 지원해주는 등 난리가 나더군요."

눈물을 뺀 실수, 실수를 통해 기본을 몸으로 배우다

하지만 이정호 명장도 처음부터 문제 해결 전문가였던 것은 아니다. 공구 이야기가 나오자 그가 기억나는 옛 에피소드 하나를 들려줬다. 때는 그가 신입사원이던 시절이었다.

"제가 신입일 때, 그 시절에는 저희 부서가 압연지역 공장별로 대수리를 포함해 모든 수리 작업을 하다 보니 현장 작업이 대부분이었습니다. 현장에 나갈 때는 공구를 챙겨 나가야 했습니다. 공구는 그때나 지금이나 소중한 것이지만 그때는 더 부족했고, 그래서 더 소중했습니다. 작업은 길면 2주 넘게 걸리기도 했는데, 이때는 공구실에서 공구를 빌려 작업을 해야 했죠. 빌려 나간 공구를 잘 관리하기 위해서는 현장에 이동용 공구대를 두고 하루 작업이 끝날 때마다 공구를 잘 챙겨서 정리한 뒤 이동용 공구대를 잠가서 잃어버리지 않도록 했습니다. 이렇게 공구를 챙기는 것은 당연히 막내인 제가 해야 하는 일이었고요."

그러나 당시 햇병아리였던 이정호 명장에게는 공구 챙기는 일조차 쉽

이정호 명장은 언젠가 꼭 발전소 터빈에까지 도전해보겠다는 의욕을 불태우는 중이다.

지 않았다. 그게 그거 같고 이름도 헷갈리는 공구들을 매일 챙긴다고 챙겼는데, 하루는 공구대를 자물쇠로 잠그는 것을 깜박했다. 그렇게 퇴근하고 다음 날 출근해보니 공구 하나가 보이지 않았다. 작업에 꼭 필요한 '체인블록'이라는 공구가 없어진 것이다. 그는 선배들에게 호되게 혼이 났다.

"반장님, 고참 선배 할 것 없이 평소엔 차근차근 설명도 잘해주시고, 격려도 잘해주시던 분들이었는데, 기본과 원칙이라고 할 수 있는 공구 챙기기를 소홀히 하니 눈물이 쏙 빠지게 혼들을 내시더라고요. 비록 쥐구멍이라도 찾고 싶을 정도로 혼이 나긴 했지만, 일에 있어서 반드시 지켜야 할 기본에 대한 내 자세를 다잡을 수 있는 기회는 되었던 것 같습니다."

'냉박음' 아이디어로 2제강 2전로 경동 장치 문제를 해결하다 ✦

그렇게 '어리바리'하던 시절도 있었던 이정호 명장은 세월과 경험, 노력을 쌓으면서 회전기계 문제의 해결사로 거듭났다. 그 명성이 한참 퍼지던 2010년 7월이었다. 포항제철소 2제강공장 2전로 합리화 공사가 있었다. 전로 경동 장치(195톤), 즉 전로를 기울이는 데 필요한 장치인 트러니언 링 샤프트(trunnion ring shaft;봉 형태의 막대기)를 조립하던 중 문제가 발생했다.

"전로를 기울이고 세우는 트러니언 링 샤프트는 회전에 필요한 기어와 구동부 등이 세트로 구성돼 있습니다. 합리화 시간을 단축하기 위해 단일 부품 조립에서 세트로 개선했습니다. 그러나 길이가 1400㎜인 경동장치 조립부(sleeve)를 트러니언 링 샤프트에 조립하던 중 어긋나면서 670㎜ 정도 들어가고는 더 이상 들어가지 않는 겁니다. 730㎜를 더 넣어야 하는데, 빼낼 수도 없고 꿈쩍도 하지 않는 상태가 됐습니다. 트러니언 링 샤프트를 절단하는 방법도 있겠지만 그러면 새로 만드는 데 최소 몇 달은 걸리는 상황이었습니다."

조립이 늦어지면 하루 생산 손실만 해도 5억 원 이상이었다. 가슴이 타들어 가는 듯 고민하던 이정호 명장의 머릿속에 기발한 아이디어가 하나 떠올랐다. 경동 장치 조립부를 가열하여 열팽창시킬 수 없기 때문에 액화질소로 트러니언 링 샤프트를 수축하면 어떨까 하는 아이디어였다. 이를 '냉박음'이라고 한다. 그렇게 그는 진퇴양난의 문제를 해결했다.

"아이디어를 내긴 했는데 사실 마음 한쪽 구석에는 이게 될까, 하는 불안감도 있었습니다. 그런데 마지막에 깡, 하는 소리와 함께 경동 장치 조립부가 트러니언 링 샤프트에 조립되는 순간, 정말 만세라도 부르고 싶었습니다. 다들 저와 같은 마음이었던지 현장에 있던 모든 이들이 손뼉을 치며 환호를 하더라고요. 정말 이런 순간 온몸에 이는 전율은 살면서 몇 번 느끼기 어려운 기가 막힌 경험입니다."

안 되면 될 때까지, 끈기와 인내는 실패를 용납하지 않는다 ◆

설비들이 그렇지만 특히 회전기계는 설비가 멈추지 않은 상태에서 문제를 진단하고, 기계를 세우고 빠른 시간 내에 문제를 해결해야 하는 경우가 많다. 기계를 모두 분해해서 찬찬히 살펴가며 일할 상황이 아니다. 그래서 실패도 특히 많고 예상대로 되지 않는 경우도 많다. 이런 경우 어떻게 대처해 나가는지 묻자 이정호 명장은 특별한 요령 대신 우직한 대답을 들려줬다.

"안 되면 될 때까지 하는 겁니다. 끈기가 중요하지요."

"안 되면 될 때까지 하는 겁니다. 끈기가 중요하지요."

그는 어렸을 때부터 끈기, 인내심이 남달랐다. 어린 시절 학업 성적은 우수했으나 어머니는 학비 문제로 밤잠을 이루지 못하는 날이 많았다. 그러던 어느 날 그런 사정을 꿰뚫고 있던 담임선생님이 불시에 그의 집에 가정방문을 오셨다. 담임선생님은 어머니가 보는 앞에서 난데없이 이정호 명장의 허벅지를 꼬집는 게 아닌가! 이정호 명장은 아프다 소리 없이 꾹 참았다고 한다. 그러자 선생님은 "어머님, 보셨지요? 철이 일찍 들어서인지 정호는 참을성이 대단합니다. 걱정이 많으시겠지만 학교생활도 잘하고 있고, 끈기가 남다르니 염려하지 않으셔도 됩니다."라고 말했다. 억척스럽기만 했던 어머니도 이때만큼은 눈물을 쏟으셨다.

이렇듯 이정호 명장은 끈기와 인내심으로 어린 시절의 어려움을 넘겼고, 또 명장이라는 고지까지 뚜벅뚜벅 걸어왔다.

"안 되면 될 때까지 하니 딱히 실패라고 할 것까지도 없지요. 성공할 때까지 하면 실패를 하려고 해도 할 수가 없잖아요."

중간 세대 부재의 빈틈, 선배와 후배가 서로에게 한발씩 다가서면 메워질 일

고속으로 회전하는 모든 것, '회전기계'라면 모든 것을 두루 꿰고 있다는 이정호 명장도 아직 더 도전해보고 싶은 분야가 있다. 바로 '발전소 터빈'이다. 발전소 터빈도 대표적인 회전기계임에는 틀림없다. 그러나 다른 회전기계와는 달리 수리 등을 메이커가 스스로 하는 게 현재까지의 방식이었다. 한전의 자회사인 한전KPS도 이 일을 한다고 한다. 그러나 이 부분에 대해서는 관련 기술을 철저히 보호하고 있는 상황이고, 여태까지는 다른 업무 등으로 이정호 명장이 이 영역에 본격적으로 도전해보지 못했다.

"발전소 터빈 부분은 제게 하나의 숙제입니다. 제가 일에서 손을 놓기 전까지는 이 부분에서 반드시 성과를 내고 후배에게 관련 기술을 전파하고 싶습니다."

후배 이야기를 하며 이정호 명장은 세대를 이어줄 중간 세대가 부족하다는 제철소 현장의 문제에 대해서도 한마디 덧붙였다.

"중간 세대가 부족한 건 사실입니다. 이는 기술 전수나 조직 분위기 형성에 어려움을 주죠. 이런 상황에서 제가 신입일 때는 선배들이 저를 어떻게 대했는지, 무엇을 해주셨는지 떠올리게 됩니다."

그가 신입이던 시절, 수리 작업이 쏟아져 들어올 때는 2교대로 1주일씩 돌아가며 근무하는 것은 드문 경우가 아니었다. 한 번은 사흘 동안 야간 근무를 하고 피로가 어찌나 쌓였던지 다음 날 아침에 일어나지 못했다. 알람이 울렸지만 그 소리도 듣지 못했던 것이다. 교대 시간이 됐는데도 그가 나타나지 않자 담당 반장이 오토바이를 타고 그가 자취하는 동네까지 찾아왔다. 휴대폰도 없던 시절, 반장은 온 동네를 뒤져 그를 찾아냈고, 이정호 명장은 결국 교대 시간을 훌쩍 넘어 출근했다.

"깨우러 온 반장님을 보고 정말 아찔했습니다. 사색이 된 저를 반장님이 오히려 웃으면서 위로해주시더라고요. '우리도 신입 때는 다 그랬다.' 면서요. 저는 조직에 빈틈이 생기더라도 이런 끈끈한 관계가 빈틈을 다 메워주리란 생각을 합니다. 서로 부족한 건 채워주고 장점은 배우면서 말입니다. 중간 세대가 부족하다 보니 선배와 후배 사이 거리가 멀어 보일 수도 있겠지만, 서로 조금씩 다가서서 중간에서 만날 수 있다면 문제 될 게 없다고 봅니다."

밸런싱의 명장, 앞으로도 밀려오는 문제의 파도를 타넘을 것 ✦

요즘 이정호 명장은 후배들을 대상으로 교육도 많이 한다. 그러나 그는 기술을 전수하는 것도, 조직력을 강화하는 것도 말로 해결할 수 있는 과제는 아니라고 말한다. 그는 기술은 표준화하여 전수하면 되고, 조직 문화는 서로 노력해야 할 사항이며, 교육은 하나의 자극제일 뿐이라고 생각한다. 현장에서 만나는 선배와 후배가 문제를 함께 해결하고 극복하는 과정이 가장 중요하다는 이야기이다.

'회전기계'에서 가장 중요한 요소는 '밸런싱'이다. 밸런스를 잡아야 하는 상황은 참 여러가지겠지만 일단 밸런싱이 되면 회전에는 아무런 문제가 없다.

이런 점에서 이정호 명장을 '밸런싱의 명장'이라고 부를 수 있지 않을까? 끊임없이 밀려오는 문제의 파도를 중심을 잃지 않고 타넘는 그는 기술의 명장이자 삶의 명장이다.

이정호 명장은 1968년 경북 김천시 모암동에서 2남 3녀 중 막내로 태어났다. 초등학교 4학년 때 갑작스럽게 아버지가 돌아가시면서 집안 형편이 어려워진 가운데서도 공부 하나만큼은 소홀함이 없는 성실한 소년이었다. 언제부터인가 포스코에 대한 선망을 키워오던 그는 포철공고 기계과에 진학하면서 스스로 포스코와의 인연을 만들어갔다.

1987년 포스코에 입사한 그는 포항제철소 기계수리과 압연수리계로 발령을 받았다. 그때부터 지금까지, 기계에 대한 타고난 호기심과 남다른 성실함으로 기계 수리 특히 회전기계와 관련해 최고의 밸런싱 기술과 트러블 슈팅 능력을 발휘해왔다.

'주인정신'을 무엇보다 중요한 가치로 여긴다는 이정호 명장은 2020년 포스코명장에 선발됐으며, 자부심과 책임감을 바탕으로 용접기능장(2004년), 금속재료기능장(2015년), 제강기능장(2021년) 등 13개의 자격증과 IT e프로페셔널 1급(2003년)을 취득한 바 있고, 현장에서 습득한 실무 지식에 이론적 지식을 접목하고자 포스코기술대학(1회 졸업)에서 2년 교육과정을 마쳤을 뿐만 아니라, 평생교육진흥원에서 기계공학사(2016년)를 취득하기도 했다.

특허·노하우 44건, 우수제안 31건을 보유하고 있으며, 하반기 SSC과제 발표대회 동상(2004년), 부제안왕(4회), 제안활동 활성화·개선활동 우수직원(2020년)에 선정됐고 회장표창, 본부장표창, 제철소장표창 9회, 부소장포창 3회 등의 수상 경력을 자랑한다. 고질적인 문제를 해결하고 개선해 올해의 정비명인(2013년), 설비기술부 혁신상(2015년), 포스코패밀리대상(2016년)을 수상한 바 있는 그는 2021년 포항시 최고장인 선정에 이어 2022년 8월에도 우수숙련기술자로 장관표창을 받았다.

손병근 명장 ◆ 광양 도금부

차(車)강판 도금 기술

만루 홈런을 치다

"다들 회사의 경쟁력과 기술력이 중요하다고 말합니다. 그런데 회사든 기술이든 손에 잡히는 실체는 없습니다. 그 실체는 사람에게 있습니다."

기술 개발도, 경쟁력도 결국 사람에 의해 좌우된다

설비, 공정 기술은 물론 도금 분야에서도 독보적인 기술력을 가진 전문가인 손병근 명장. 그는 '기술력'과 '경쟁력'에 대해 묻자 이렇게 말문을 열었다. 그는 '직원 한 명 한 명이 가지고 있는 기술의 총합이 회사의 기술력이고, 직원 한 명 한 명의 경쟁력이 모이면 회사의 경쟁력이 된다. 그 한 명 한 명의 역량을 유기적으로 결합하면 더 큰 시너지가 나온다.'고 설명했다. 결국 사람이 중요하고 사람이 엮어내는 조직력이 중요하다는 뜻이다.

손병근 명장은 인터뷰 첫머리부터 직원들이 하루하루를 행복하게 보내면서 자신의 역량을 키우고, 또 그 역량을 발휘할 수 있는 일터를 만드는 것이 무엇보다 중요하다고 강조했다.

30명이 30%씩만 더 잘해도 총합은 900%

"직책 승진은 직원들에게 중요한 비전을 제시하는 요소임에는 틀림없지만 자리는 너무 한정적이죠. 그것만으로는 직원들 마음속에 충분한 동기를 심어주기 어렵습니다. 그래서 저는 기술 수준을 등급화한 테크니컬 레벨(technical level) 등을 적극 활용해 직원들 각각이 잘하는 것이 무엇인지 알아내고, 그 부분을 격려해 스스로 성장할 수 있게 이끌어주려고 노력합니다."

손병근 명장은 자신이 개발한 기술에 대한 자부심이나 향후 성과에

"회사든 기술이든, 그 실체는 사람에게 있습니다."

대한 개인적 욕심보다 직원들이 함께 해낼 수 있는 것, 해내야 할 것들에 더 큰 관심을 보였다.

"한 사람이 두 배로 잘하면 개선은 200%가 이루어집니다. 그러나 조직 구성원 30명이 30%씩만 더 잘해도 개선의 총합은 900%가 됩니다."

그는 개선 역량에 대해 이렇게 말하며, 이것이 바로 조직 구성원 모두가 문제 해결 능력을 키우고 기술력을 향상할 수 있도록 선배들이 적극 나서야 하는 이유라고 강조했다.

현장에서 겪은 뜻밖의 사건, '설비 개선'으로 인생 항로 변경 ◆

연속소둔라인(Continuous Annealing Line; CAL), 용용아연도금라인(Continuous Galvanizing Line; CGL), 전기아연도금라인(Electrolytic Galvanizing Line; EGL) 등은 모두 연속작업으로 하기 때문에 압연 중에 선행 코일의 끝부분과 후행 코일의 선단부를 용접으로 붙여야 한다. 손병근 명장은 신입사원 때 바로 이 '심(seam) 용접'을 시작했다.

의욕이 넘쳤던 그는 용접을 잘한다는 선배를 찾아다니면서까지 기술을 배워 금세 실력이 늘었고, 자신감이 충만해졌다. 이렇게 열정적이다 보니 주변에서도 인정해주는 분위기였다. 하루는 야간근무를 마치고 퇴근하려는데 공장장이 그를 부르더니, '병근 씨가 심 용접을 잘하니 좀 부탁한다.'라고 했다. 피곤하긴 했지만 인정을 받는 느낌이 좋아 흔쾌히 했는데, 그 후 그가 용접을 한 부분에서 사고가 생겼다. 회장이 참석하는 준공식 10분을 남기고 용접한 코일이 터진 것이었다. 용접 불량이 원인인 경우가 많은 '판파단(板破斷)'이었다.

"정말 조마조마했죠. 그런데 나중에 문제가 생긴 부위를 확인해보니 용

광양 도금공장 전기도금라인. 손병근 명장은 심 용접을 잘하기 위해 선배들을 찾아다니면서까지 기술을 배웠다.

접부는 문제가 없었습니다. 스트립이 쏠리면서 생긴 판파단이었습니다."

그의 용접 실력은 그렇게 다시 확인됐지만, 손병근 명장은 이 사건을 계기로 커다란 심리적 변화를 겪었다. 당시 한 선배가 건넨 조언 때문이었다. 선배는 "병근 씨는 열정도 넘치고, 머리도 뛰어나고, 성격도 좋아. 하지만 조직에서 성공하려면 독불장군식으로 혼자 일을 잘하는 것만으론 부족해."라고 말했다. 스스로 올바른 길로 잘 나아가고 있다고 자신했던 손병근 명장은 스스로를 너무 과신하고 있었던 것은 아닌지 되돌아보게 됐다. 남들에게 피해를 주지 않고 혼자서만 실력을 쌓으면 된다는 믿음이 과연 옳았는지, 주변의 시선은 어떤지 성찰한 것이다.

선배의 객관적이고 냉정한 조언은 손병근 명장 인생에 터닝포인트를 마련해줬다. 설비 개선으로 인생 항로를 변경한 것이다.

직원 한 명 한 명의 경쟁력이 모이면 회사의 경쟁력이 된다.

철강인의 어려운 숙제, 전기도금 고강도강 생산에 성공하다! ✦

    손병근이 설비 개선에 도전하던 즈음, 그의 열정을 자극하는 과제가 던져졌다. 바로 전기도금 고강도강(EG AHSS) 생산이었다. 그 당시 포스코는 전기도금 고강도강을 대표 브랜드로 키워나가고 있었다. AHSS(Advanced High Strength Steel)란, 강도(단단함)와 연신율(늘어나는 성질)을 적절히 조절해 만드는 강종으로, 튼튼하면서도 가공성이 좋아 자동차 강판의 변화를 주도해나가는 소재이다. 높은 강도와 연신율을 지닌 신개념 고장력강으로 자동차 외판재와 내판재, 보강재 등으로 사용된다. 국내 자동차사의 전기도금 고강도강 채용 비율은 20%를 넘었으며 북미에서는 35%대 수준까지 증가할 것으로 전망된다고 하니 전망이 매우 좋은 강종이 아닐 수 없었다.

그러나 전기도금 고강도강은 늘 철강인에게 풀기 어려운 숙제를 던져주는 강종이었다. 강도와 연신율은 늘 서로 배척하는 성질이기 때문이다. 철강의 특성 중 하나가 견고함이기 때문에 특수한 경우를 제외하고는 철강이 단단하다는 것은 큰 장점이 된다. 가공성 등을 결정하는 '연신율'도 철강의 매우 중요한 특성 중 하나이다. 그러나 이 두 성질은 말했다시피 서로 배척하는 성질이므로, 하나를 취하면 하나를 버려야 한다. 이 두 가지를 적절히 조화시켜 튼튼하면서도 가공성이 좋아 자동차강판 소재로 안성맞춤인 전기도금 고강도강을 만드는 것은 어려운 일이었다.

"전기도금 고강도강을 연속생산하려면 소재를 계속 공급해야 해서 공급부에서 스트립을 용접으로 계속 이어 붙여야 합니다. 일반적으로 이 용접 부위에서 문제가 많이 생기는데, 일반강보다 이 용접 부위에서 더욱 많은 문제가 생겼습니다. 우리가 당시 보유한 설비가 사실 일반강을 만들어내는 설비였기 때문입니다. 이 설비에서 전기도금 고강도강을 도금하려니 더욱 까다롭고 문제도 많이 생겼던 거죠."

설비 손상을 막으려 테스트는 새벽에 진행, 그 기간이 무려 6년 ✦

손병근 명장은 이 문제를 베네핏셰어링(benefit sharing) 과제로 설정하고 집중했다. 그러나 기존 사례가 전혀 없어 금세 난관에 부딪혔다. 그렇다고 조업에 지장을 주며 멀쩡한 설비에 막무가내로 테스트를 할 수는 없었다. 전기도금 고강도강은 강도가 높아 자칫하면 설비의 롤까지 손상될 수 있기 때문이었다. 이때, 손병근 명장이 설비 수리가 필요한 시점에 테스트를 진행하자는 아이디어를 냈다. 어차피 수리는 해야 하는 것이니, 수리 직전에 테스트를 한다면 만일의 경우 문제가 생겨도 계획대로 수리를 하면 된다. 그는 매일 새벽 5시, 수리 직전에 집중적으로 테스트를 했다. 조업에 영향을 주지 않고 안정적으로 테스트를 할 수 있었지만, 그와 동료들의 피로감은 이루 말할 수 없었다.

"그렇게 시작한 새벽 테스트를 지속한 기간이 무려 6년이었습니다. 60회 이상 테스트를 했지요. 그런 과정을 거치고서야 비로소 전기도금 고강도강을 5가지 강종으로 생산해낼 수 있었습니다."

그러나 그는 극한의 피로에 지지 않았고, 끝끝내 철강인들의 숙제, '고품질 전기도금 고강도강 생산'이라는 꿈을 이뤘다.

조업에 영향을 주지 않고 안정적으로 테스트하기 위해 새벽 테스트를 지속한 기간이 무려 6년이었다.

테니스 구력 40년, 지역 대회 우승을 휩쓴 근성과 집념

짧지 않은 기간, 끝이 보이지 않는 도전…. 그런 도전을 중간에 포기하지 않고 끝까지 밀고 나가 기어코 성공시키는 손병근 명장의 끈질김과 근성은 듣는 이를 감탄하게 한다. 그러나 다른 한편으로는 그런 프로젝트를 성공으로 이끌기까지 손병근 명장이 느꼈을 책임감과 스트레스가 얼마나 컸을지에 대해 생각하지 않을 수 없다.

"이루 말할 수 없는 스트레스를 느꼈죠. 이런 스트레스를 풀려면 각자의 방법을 찾아야 하는데, 저는 그게 바로 테니스였습니다."

그가 테니스와 인연을 맺은 건 고등학교에 다니던 때였다. 지역 공원에서 우연히 부녀가 함께 테니스를 치는 모습을 보았는데, 하얀 옷을 맞춰 입고 운동을 하는 모습이 참 멋있어 보였다. '나도 해보고 싶다.'라는 욕심이 생겨, 바로 다음 날부터 테니스를 시작했다. 꾸준히 테니스를 계속 해서 나중에는 제철소 내 크고 작은 대회를 휩쓸 수준까지 올라갔고 마침내 광주·전남 지역대회에서도 우승을 차지했다.

"테니스에 푹 빠져서 어느덧 구력이 40년이 넘었습니다. 얼마나 열정적이었냐면, 결혼을 하고 신혼여행을 가니 여행 기간에도 테니스가 치고 싶을 정도였습니다. 그래서 돌아오자마자 짐 푼다고 바쁜 아내를 두고 라켓 하나 들고 테니스 코트로 달려 나갔죠. 지금도 아내는 웃으며 그 일을 종종 이야기하곤 합니다."

처음에는 혼자 스트레스를 풀고 복잡한 머리를 식히려고 테니스를 쳤다. 그러나 이제는 조금 다르다. 테니스 코트는 선후배들과 만나 소통하는 광장 노릇도 해준다. 볼을 주고받으며 현장의 얽힌 문제를 조금 더 부드럽게 풀어가기도 하는 것이다.

명장의 영광을 안겨준
'자동차 외판 후도금재 덴트 결함' 개선 활동

손병근 명장의 대표적인 성과 중 하나는 '자동차 외판 후도금재 덴트(dent) 결함 해결'이다. 전기도금라인에서 생산해내는 전기아연도금(EG) 제품은 용융아연도금(CG) 제품에 비해 더욱 미려한 표면을 자랑하는 고가의 제품이다. 그만큼 생산은 매우 까다롭다. 특히 전기도금라인에서는 도금을 두껍게 하는 후(厚)도금이 가장 어려운 공정이다. 후도금은 전기의 플러스 극, 마이너스 극의 성질을 이용해 스트립의 표면에 아연을 도금하는 방식인데, 가까스로 두껍게 아연을 도금해내면 스트립의 양쪽 측면에 아연 덩어리가 찌꺼기 형태로 거칠거칠하게 달라붙는다. 이건 불가피한 현상이다. 문제는 이 덩어리들을 그대로 두면 생산 과정에서 떨어져 나가면서 제품에 떨어져 표면에 흠집을 낸다는 것이었다. 이렇게 생긴 흠집을 '덴트(dent)'라고 한다.

"이 '덴트'가 아주 골치 아픈 문제입니다. 냉연강판은 고로에서 생산한 쇳물인 용선이 제강을 거치고, 열연·냉연·소둔까지 거쳐온 소중한 제품입니다. 그런데 전기도금까지 마친 후에 확인했을 때 스트립 표면에 미세한 결함이 생겼다면 그 앞 모든 공정에서의 노력이 물거품이 되는 겁니다. 30톤이나 되는 코일 하나가 전부 불량이 되죠. 당시 이 덴트 문제를 해결하려고 운전·정비·엔지니어 모두가 모여서 머리를 맞댔습니다만, 좀처럼 답이 나오지 않았습니다."

아무리 노력해도 뾰족한 해결책이 나오지 않자, 손병근 명장이 발상의 전환을 시도했다. '결함이 생기는 것을 막을 수 없다면, 발생한 결함을 없애면 되지 않을까?' 하는 아이디어를 낸 것이다. 그는 아연 도금 찌

2017년 4월 준공한 기가스틸 전용 광양제철소 7CGL.

꺼기를 제거할 수 있는 '제거용 롤'을 설비에 달아보기로 했다. 아이디어는 좋았지만 문제가 한꺼번에 해결되지는 않았다.

"도금용액은 산성이 무척 강합니다. 이런 환경에서 제거용 롤이 금방 부식돼 견디지 못했습니다. 관건은 '이 롤을 어떻게 만들어야 산성을 견딜 수 있을까?'하는 것이었습니다. 세라믹도 써보고, 티타늄도 써보고, 산에 강하다는 재질을 다양하게 사용해가면서 개발을 이어갔습니다. 아찔한 순간도 많았습니다. 테스트하는 와중에 롤이나 스트립이 파손되기도 했으니까요. 사전에 운전 정비 파트와 일어날 수 있는 상황을 미리 시뮬레이션해가면서 대비를 했기에 큰 사고는 없었습니다만, 어려운 고비를 많이 넘겼습니다."

수많은 시행착오와 실패를 겪고서야 마침내 손병근 명장은 용도에 맞는 롤, '내산성 초경합금 롤러'를 내놓을 수 있었다. 이 개선은 회사로부터 중요성을 인정받아 1등급 우수제안으로 등재됐고, 명장이라는 영광도 안겨줬다.

'엔드 마크' 문제 해결로 고객에 만족 안겨

손병근 명장은 획기적인 발상과 문제에 끝까지 매달리는 특유의 끈기로 코일(coil)에 생기는 '엔드 마크(end mark)' 문제도 해결했다. 엔드 마크란 코일을 감으면서 생기는 마크를 말한다. 도금공정을 마친 최종제품은 두루마리 형태, 즉 코일로 감는데 적당량을 감으면 절단하고 또 다른 코일을 만든다. 그런데 이렇게 코일을 만들어놓고 보니 내부에 눌린 자국이 여러 겹에 걸쳐 생겼다. 이유는 분명했다. 코일 절단면이 거칠어, 감으면서 겹겹이 마크가 생기는 것이다. 이 마크를 없애려고 완충 소재를 넣었는데, 이렇게 하니 완충 소재가 들어간 부분이 불룩해지는 새로운 문제가 생겼다. 고객들로부터 클레임이 들어올 정도로 심각한 문제였다. 이번에도 손병근 명장은 문제를 보는 시각을 달리해 명쾌한 해답을 내놓았다.

"문제 해결은 생각보다 간단했습니다. 코일을 자르면 자른 부분에서 한쪽 방향으로만 거칠어집니다. 이 거칠어진 면이 감는 바깥 부분으로 나오기 때문에 코일을 감는 '권취(捲取)' 작업을 하면서 계속 코일 표면에 마크가 생기는 것이었죠. 권취할 때 방향을 반대로 하니 골치 아픈 엔드 마크를 없앨 수 있었습니다."

"후배들이 포스코라는 직장을 선택한 것이 신의 한 수라고 믿었으면 좋겠습니다."

이 개선으로 포스코는 엔드 마크를 획기적으로 줄일 수 있었다. 이 개선은 우수제안 3등급을 획득했고, 특허출원으로까지 이어졌다.

신념을 가지고 제 역할에 충실할 때, 자신만의 '만루 홈런'이 나온다

수많은 개선을 통해 문제를 해결해온 손병근 명장은 이제 후배들이 그 배턴을 이어받아주길 바란다. 그래서일까, 후배들에게 당부하고 싶은 것도 많고 바라는 것도 많다.

"포스코라는 직장을 선택한 것이 자신의 인생에 있어서 '신의 한 수'라고 믿었으면 좋겠습니다. 행복한 직장생활은 자신의 선택에 대한 신념에서 나옵니다. 그런 신념을 품고 자신의 자리에서 역할에 충실하면 됩니다. 야구를 보면 1번 타자는 '볼 넷'이든 '몸에 맞는 공'이든 일단 1루로 나가는 게 제 역할입니다. 2번 타자는 '번트'를 대서라도 진루를 시키는 게 제 역할이며 3, 4번 타자는 그 주자를 홈으로 불러들여야 하고요. 타석에 선다고 누구나 홈런을 노리는 건 아닙니다. 어떻게 보면 번트를 대고 아웃된 2번 타자도 '자신만의 홈런'을 친 것입니다. 포스코인들도 마찬가지입니다. 신입일 때, 또 고참일 때 상황과 경력에 따라 자신의 자리에서 '자신만의 홈런'을 쳐야 한다고 생각합니다."

그는 후배들에게 인생과 직장생활은 긴 호흡으로 보아야 한다고 강조하며, 매 순간 성취감을 느낄 수 있는 목표를 세우라고 권한다.

"저는 매년 자긍심을 느낄 수 있는 성과와 추억을 만들고자 노력합니다. 2014년에는 올해의 도금인에 선정됐고, 그 후에는 아내와 서유럽으로 여행을 떠나기도 했습니다. 테니스 모임에서도 매년 즐거운 이벤트를 만들죠. 사랑하는 후배들도 하루하루를 소중하고 기쁜 추억들로 채워갔으면 좋겠습니다. 또, 도움을 주고받는 믿을 만한 동료를 만들고 그 관계를 유지하는 일도 중요합니다. 아프리카 격언에 '멀리 가려면 함께 가라.'라는 말도 있지 않습니까?"

손병근 명장은 많은 이들과 어깨동무를 하고 먼 길을 걸어온 사람이다. 그러나 그는 아직도 갈 길이 더 남았다고 말한다. 다만, 이제 그는 종종 걸어온 길을 돌아보며 따라오는 후배들을 따뜻한 눈으로 지켜보곤 한다. 후배들이 자신이 걸어온 길보다 더 멀리, 더 힘차게 나아가주길 진심으로 바라며.

손병근 명장은 1964년 전남 순천시 덕진마을에서 3남 1녀 중 셋째로 태어났다. 태어난 산골 마을에서 유년기를 보내고 순천 시내까지 무려 8km를 통학하며 순천공고 기계과를 졸업했다.
1987년 7월 포스코에 입사해 포항제철소 전기도금공장에서 근무를 시작, 1년을 근무한 뒤 광양으로 근무지를 옮겼다. 이후 광양제철소 도금부 1CGL, 1EGL, 2EGL을 거쳐 다시 1EGL를 거쳐 현재 AHSS기술섹션에서 근무 중이다.
고등학교 시절 이미 전기용접기능사, 위험물관리기능사, 에너지관리기능사 자격을 취득했고, 기계정비산업기사(2008년), 압연기능장(2019년), 산업안전기사(2020년) 등 다양한 자격증을 보유하고 있다.
2020년 포스코명장에 오른 그는 포스코패밀리기술상 도전상(2016년) 등 회장표창 3회, 본부장표창, 제철소장표창 3회, 올해의 도금인(2014년) 선정 등 화려한 수상 경력이 있다.

김수학 명장 ◆ 포항 제선부

제철소의 심벌은 누가 뭐라 해도 고로다. 고로의 압도적 규모는 보는 이를 압도한다. 형산강 다리를 건너면서 마주하게 되는 포항제철소의 고로군(高爐群)은 이집트의 피라미드, 뉴욕의 엠파이어스테이트 빌딩, 파리의 에펠탑과 같은 대한민국 산업의 랜드마크라 해도 넘침이 없다.

이 고로라는 거인은 상상하기 어려운 뜨거운 열기를 품고 24시간 쉼 없이 돌아가는 탓에 예민해서 알뜰살뜰한 보살핌이 필수이다. 따라서 고로를 위한 고도의 전문성을 지닌 주치의가 필요하다. 그런 고로를 평생의 벗이자 동반자로 여기며 살아온 기능인, 고로만큼이나 뜨거운 열정을 품은 김수학 명장을 만났다.

주물선고로의 탄생에서 종풍까지, 한 설비의 일대기를 함께하다

김수학 명장이 인연을 맺은 첫 고로는 '주물선고로'였다. 주물선고로란 무엇인지, 또 그 역할은 무엇인지 묻자 그는 고로 전문가답게 명쾌한 설명을 들려줬다.

고로를 평생의 벗이자 동반자로 여기며 살아온 김수학 명장.

"주물선고로도 용선을 뽑아내는 고로입니다. 다만, 일반 고로의 용선과는 성분에서 다소 차이가 있죠. 일반적인 고로에서는 철광석과 코크스로 용선이라는 쇳물을 뽑아내고, 이 용선을 제강공정에서 받아 취련을 거친 뒤 압연공정으로 보냅니다. 제철공정을 아주 단순하게 표현하면 그렇습니다. 그런데 때로는 제선공정, 그러니까 고로에서 생산하는 쇳물의 양과 제강공정에서 필요로 하는 쇳물이 양이 맞아떨어지지 않는 경우가 생깁니다. 제강에서는 용선이 100만큼 필요한데 고로에서 생산하는 양이 90인 거죠. 이럴 때 주물선고로가 용선 수급을 조절하는 역할을 합니다. 제강에서 용선이 부족할 경우 주물선고로에서 생산한 용선으로 모자란 양을 보충해주는 거죠. 반대로 고로 생산량이 제강 사용량보다 많을 경우 주물용 냉선, 즉 괴(塊)의 형태로 만들어 완제품으로 판매하거나 제강에서 사용하도록 하니 용선 생산 밸런스를 맞추는 데 중요한 역할을 했습니다. 시황에 따라 주물용 냉선은 부가가치가 높은 완제품이 되기도 했죠."

김수학 명장이 처음 인연을 맺었던 주물선고로는 330㎥ 크기였다. 현재 일반 고로의 기준으로 보면 아담한 규모이다. 이 고로가 그냥 계속 운영됐더라면 그는 인생을 뒤흔들 귀중한 경험을 하지 못했을 것이고 그랬더라면 그의 운명은 지금보다 조금 심심했을 수도 있다. 하지만 운명은 김수학 명장을 가만히 두지 않았다. 입사 후 몇 년이 지났을 무렵 주물선고로가 1080㎥ 규모의 신주물선고로로 대체된 것이다. 자연스럽게 그는 고로를 건설하는 단계부터 이 프로젝트의 진행 과정에 참여할 기회를 얻었다.

"무슨 일이든 다 갖춰진 자리에서 일을 하는 것보다, 무(無)의 상태에서 만들어가는 것이 더 힘들죠. 그렇지만 고단함을 잊을 정도로 귀중한 경험입니다. 제게는 그런 경험이 두 번 정도 있었는데, 그 첫 번째가 바

신주물선고로의 화입식.

로 신주물선고로를 건설하는 단계부터 참여한 일입니다."

쉬운 일은 아니었을 것이다. 그냥 하던 일을 하는 익숙함과는 달랐다. 속된 말로 '맨땅에 헤딩'하듯이 신주물선고로를 새로 짓고 가동 후 조업을 하고…. 그렇게 주물선고로와 인연을 맺고 설비 관리를 총괄하며 지낸 지 22년이 흘렀을 때였다. 이번에는 그렇게 지은 신주물선고로를 종풍하는, 보기 드문 아픔까지 겪게 된다. '종풍'이란 설비를 더 이상 운영하지 않고 폐쇄하는 것을 말한다. 2012년의 일이었다. 종풍 후 보전 작업을 거쳐 2021년 이 주물선고로를 완전히 철거하는 공사에도 참여했다.

"주물선고로는 저와 어려움과 기쁨 그리고 아쉬움까지, 희로애락을 모두 함께했던 설비입니다. 저는 이런 주물선고로를 2기나 역사 속으로 보내줬습니다. 지금은 흔적조차 남아 있지 않지요. 한 사람이 이렇게 한 설비가 태어날 때부터 사라질 때까지 모든 과정을 함께하는 경우가 거의 없죠. 제철소에서 보기 드문 일이 아닐까요?"

2012년 신주물선고로의 종풍.

주물선고로는 일반 고로에 비해 규모는 작아도 고로 조업에 필요한 모든 과정은 다 필요하고, 고로가 겪을 수 있는 문제 또한 모두 겪을 수 있다. 그렇기에 주물선고로와 함께하는 동안 김수학 명장은 고로에 대한 거의 모든 것을 경험하고 배웠다.

QSS 시범요원 활동 경험, 현장을 대하는 자세를 바꾸다

김수학 명장은 또한 QSS 시범요원으로 활동하며 불모의 땅을 개간해 농토를 만드는 경험을 다시 하게 됐다. 2006년, 포스코가 QSS를 도입하기 직전에 시범요원을 뽑았는데, 여기에 김수학 명장이 이름을 올리게 된 것이다. 그것은 이후 삶의 중요한 변곡점에 이를 때마다 방향을 안내하는 나침반이 돼줄 정도로 귀중한 경험이었다. QSS를 쉽게 설명해달라는 요청에 그는 이렇게 답했다.

"모든 것에 대해 기본과 원칙에 따라 단계를 설정하고 그것을 표준화하여 정립하는 과정입니다. QSS 개념이 없을 때도 작업을 하고 개선도 했죠. 그런데 그게 어떤 원칙에 근거해 표준화돼 있지 않으니 할 때마다 달라졌습니다. 또 노하우가 생겨도 제대로 공유하는 게 아니라 개개인이 몸에 익혀두거나 머릿속에 정리했다가 상황에 따라 실행하거나 말거나 하는 식이었습니다. 기본과 원칙이 확실하지 않으니 어떤 상황이 발생해도 사람마다 대응하는 방법이 달랐고, 근본 원인을 찾기보다 그저 현상만 무마하려는 분위기도 있었습니다."

'기본과 원칙에 입각해 가장 효율적인 업무 방식을 찾아내고 정립해서 향후에는 그 방식에 따라 일하자는 기준'은 반드시 세워야 하고 옳은 일임은 틀림없다. 하지만 현장에서 나름의 방식을 가지고 일하던 이들은 낯설어하고 힘들어할 수밖에 없다. 선례조차 없는 '시범요원'인 김수학 명장이 이들을 설득하고 이끌어가는 일은 또 다른 차원의 문제였다.

"말 그대로 '시범요원'이었잖아요. 우리끼리는 스스로 'QSS 0기'라고 하기도 하고, 조금 과장해 '특수요원'이라고 부르기도 했습니다. 저희도 잘 모르고, 현장 사람들에게도 낯선 'QSS 시범요원 활동'은 어려움이 참 많았습니다. 가장 어려웠던 점은 역시 문화 차이였습니다. 현장마다 분위기도 다르고, 우리를 이끌어줄 외부 QSS 컨설턴트도 철강회사라는 무거운 이미지와 생소한 문화 때문에 어려움을 겪는 상황이었습니다."

그러나 어려웠던 만큼 무엇과도 바꾸기 어려운 어마어마한 소득이 있었다. 일반 업무를 하면서는 도저히 알 수 없었던 많은 것들을 배웠다. 물론 당시에는 몰랐지만, QSS 시범요원으로 활동하면서 익힌 수단과 수많은 개선 활동으로 그는 '명장'의 자리까지 오를 수 있는 풍요로운 자양분을 마음껏 흡수했다.

신주물선고로의 종풍, 새로운 길을 보여주다

고로에 대한 전반적 이해와 경험을 쌓고, QSS 시범요원 활동으로 원칙에 입각한 업무 방식을 습득하는 한편 수많은 개선 사항을 찾으며 의지를 불태우고 있었던 김수학 명장에게, 그가 관리하고 총괄했던 신주물선고로의 예기치 못한 종풍은 평생 일해온 자리가 사라진다는 것을 뜻했다. 비록 생명체는 아니지만 운명을 함께해온 동반자를 떠나보낸다는 의미이기도 했다. 그렇게 신주물선고로를 떠나보내는 김수학 명장의 심정은 말로 표현하기 어려웠다. 비록 단위 공장이었지만 '포스코도 공장을 닫을 수가 있구나!' 하는 생각에 실로 가슴이 뻥 뚫린 듯한 상실감이

들었다.

  그러나 '사랑의 상처는 또 다른 사랑으로 치료된다'라는 노래 가사처럼, 그에게 또 다른 운명의 숙제가 다가오고 있었다. 한동안 임시보직으로 공중에 붕 뜬 것 같은 시간을 보낸 그는 평소 업무 능력을 인정해준 상사의 배려로 '고로 내화물'이라는 새로운 업무를 접했고 업무에 익숙해질 때쯤 새로운 경험과 더 큰 도전을 하고자 해외 파견을 떠났다. 포스코의 기술력을 전파하는 동시에 완전히 낯선 곳에서 새로운 지식을 습득하는 기회를 얻은 그는 그곳에서 내화물에 대한 번뜩이는 아이디어를 떠올릴 수 있었다.

  2016년 그가 새로운 도전과 경험을 하고자 선택한 곳은 바로 브라질이었다. CSP(Companhia Siderurgica do Pecem)제철소에 슈퍼바이저로 파견 근무를 갔다. 멀리 지구 반대편, 두근거리는 심정으로 날아간 그곳에서 그는 모든 것을 다시 시작하는 듯한 어려움을 겪었다. 일단 기후와 문화가 몸에 맞지 않고 사람들도 낯설기만 했다. 짧은 파견 기간이었지만 익숙한 설비, 편안한 땅을 뒤로 하고 짐을 푼 브라질에서의 생활은 생각보다 호락호락하지 않았다. 낯설고 배타적이었던 곳에서 상상했던 것보다 더 큰 막막함에 봉착한 그는 심지어 중도 귀국도 고민했다고.

  그러나 그는 고로 전문가일 뿐만 아니라 QSS 분야의 개척자이기도 했다. 이 두 가지 경험과 전문성, 그리고 자신만의 열정을 무기로 그는 서서히 현장을 이끌어나가기 시작했다. 그곳에 새로 놓이는 고로에 포스코의 기술과 노하우를 적용해 성공적으로 가동하는 데 전력투구했다. 시간이 지나면서 배타적이기만 했던 현지의 분위기도 점점 김수학 명장의 능력과 진심에 마음을 열었다. 그러나 그는 우리 기술을 그곳에 적용하는 데만 집중하지 않았다. 반대로 그곳에서 무엇을 배워서 우리 현장에 적용할지도 고민했다. 시간 여유가 생기면 근무지와 관계없는 다른 공장과 설비를 찾아 다니면서 호기심을 해소했다.

특허 취득까지 이어진 '내화물 열풍 건조 장치'

"제철소같이 고온의 환경에서 많은 작업이 이루어지는 곳에서는 내화물을 많이 사용할 수밖에 없죠. 특히 제가 일해온 고로 분야는 더하고요. 내화물은 크게 두 가지로 분류할 수 있습니다. 첫째가 흔히 아는 내화벽돌같이 일정한 형태를 갖추되 다양한 모양과 성질로 제작된 '정형 내화물'입니다. 그런데 현장은 꼭 이렇게 모양이 갖추어진 것만 사용할 수 있는 상황이 아닙니다. 내화물 소재별로 현장에서 혼련(混鍊) 작업을 거쳐 설비나 현장 상황에 맞게 거푸집 등으로 모양을 만들어서 사용해야 합니다. 이런 것은 '부정형 내화물'이라고 하죠. 부정형 내화물은 도자기를 만들 때 진흙을 물과 반죽해 모양을 만들고 그걸 구워서 완성하듯이 설비의 구조에 맞게 시공하고 건조해서 완성합니다. 이때 건조가 아주 중요합니다. 그래야 내화물의 본래 성능을 발휘할 수 있죠."

건조 작업은 아주 까다롭다. 무턱대고 열을 가한다고 해서 건조되지 않고, 부정형 내화물을 혼련할 때 수분을 잘 빼내야 하는데 이 작업이 재료의 성능과 내화물의 품질을 좌우한다. 수분을 빼내려면 시간에 따라 구간별로 온도를 달리해 점진적으로 승온하며 건조 작업을 해야 하는데, 그러려면 정해진 '승온 그래프'를 따라야 한다. 기존의 건조 방식은 직화식으로, 오븐에 불을 때서 굽는 방식이었는데, 이 방식으로는 아무리 해도 정해진 승온 그래프에 맞게 내화물 온도를 조절하면서 건조하는 것이 불가능했고, 건조를 마친 결과물인 내화물 품질도 기대에 못 미쳤다.

아무것도 없는 데서 새로 시작하는 일은 엄청난 고통을 가져오지만 그에 못지 않은 소중한 가르침도 남겨준다.

그런데 CSP제철소에서는 이런 문제를 놀라운 방식으로 극복하고 있었다. 직화식이 아니라 열풍으로 건조하는 방식을 택했던 것이다. 김수학 명장은 무릎을 쳤다.

직화 방식에 쓰는 코크스오븐가스는 이산화탄소를 많이 뿜어내는 문제도 있었으니, 열풍 건조 방식을 사용하면 일석이조였다. 이 열풍 건조 방식이 독일의 고로전문 컨설턴트가 2012년 포항과 광양제철소의 제선부를 방문했을 때 권고한 방식이었다는 사실도 뒤늦게 알게 됐다. 그러나 건조 방식 교체는 간단한 문제가 아니었다. 기존의 직화 방식은 제철소가 고로 조업을 시작한 이후 내내 무려 50년간, 반세기를 지속해온 방식이었다. 오랜 세월 문제없이 해오던 방법인데, 그 방식을 뿌리째 뽑아내고 전혀 새로운 방식을 시작하는 일이 어떻게 쉽겠는가? 하지만 김수학 명장은 이런 어려움을 극복하는 데 일가견이 있는 사람이었다. 무슨 일이든 맡겨만 놓으면 끝장을 보는 성격도 있었고, QSS 시범요원으로서의 경험도 요긴했다. 하지만 이것 말고도 풀어야 할 문제가 더 있었다.

"무조건 적용해야 한다는 마음이 절실했습니다. 귀국하자마자 개선 작업에 들어갔죠. 우선적으로 풀어야 할 문제는 열풍 건조용 버너를 새로 개발하는 것이었습니다. 어차피 CSP에서 기술 공유를 받기 어려운 데다 비용을 들여 사다 쓸 마음도 없었고, 기본 원리는 좋지만 우리 현실에 맞는 것도 아니어서 개발을 하는 수밖에 없었는데 이것 또한 무에서 유를 만드는 일이라 쉽지는 않았습니다. 당시 브라질에 유사 설비를 공급했던 국내 업체 전문가를 섭외해서 수없이 미팅을 가졌습니다. 이때 CSP에서 관찰했던 바가 큰 도움이 됐고, 전문가들과 연구를 거듭해 송풍지관 열풍 건조 장치, 대탕도 커버 내화물 열풍 건조 장치를 단계적으로 개발했습니다. 물론 CSP 설비보다 훨씬 우수한 성능의 장치를 개발할 수 있었죠.

여기에 그치지 않고 유럽 아르셀로미탈과 티센크루프(TKS), 독일 버너 제작사 등을 폭넓게 벤치마킹해 포스코형 대탕도 내화물 열풍 건조 장치를 설계하는 데 성공했으며 2024년 적용을 앞두고 있습니다. 끊임없는 도전으로 포스코형 내화물 열풍 건조 장치 3종을 만들어낼 수 있었고, 이 장치로 대한민국 특허까지 획득했습니다. 이렇게 개발된 장치들은 파이넥스공장과 광양제철소에도 적용해 내화물 품질 향상과 에너지 절감, 안전성 향상, 원가절감, 환경 개선 등에 엄청난 효과를 내고 있으며 무엇보다 그동안 불가능했던 표준 작업이 가능해졌습니다. 오랜 노력을 기울인 장치 개발에 성공하는 순간, 주물선고로가 종풍할 때 느꼈던 '뿌리를 내릴 땅을 잃어버린 듯한 허탈감'을 말끔하게 씻었습니다. 새롭게 뿌리내릴 땅과 임무를 찾은 듯 마음이 뿌듯했습니다."

이렇게 수많은 어려움을 뚫고 끊임없는 열정으로 한길을 걸어온 그의 앞에 명장이라는 큰 영예가 기다리고 있었다.

냉천 범람의 위기, 쇳물 받을 사처리장을 만들어 고로를 살리다 ◆

명장의 영예를 안은 김수학 명장에게 꽃길만 기다리는 듯했지만, 운명의 장난처럼 태풍 힌남노라는 감당하기 어려운 상대가 도전을 해왔다. 평생 잊지 못할 날인 2022년 9월 6일, 힌남노로 냉천이 범람해 포항제철소가 침수되면서 정전이 일어났고 고로가 멈췄다. 압연 지역과 비교해볼 때, 고로는 범람으로 인한 직접 피해는 크지 않았다. 문제는 전기였으나 이 또한 전기 부문이 불철주야 노력해준 덕분에 고로 가동은 할 수 있게 됐다. 진짜 문제는 고로가 가동돼도 생산하는 쇳물을 받아줄 곳이 없다는 것이었다.

"고로가 재가동되면 하루 4000톤에 달하는 쇳물이 생산됩니다. 그런데 제강에서는 하루 3000톤밖에 받아줄 수 없는 상황이었습니다. 1000톤을 어찌할까요? 과거 제강 사고 때 밭고랑 주선기 이야기를 기억하는 사람들이 있습니다. 동일한 원리로 처리할 수밖에 없지요. 모래밭에 쇳물을 부어서 고철로 만드는 수밖에 없습니다. 이런 처리장을 '사(沙)처리장'이라 합니다. CSP나 크라카타우포스코 등에는 단위 설비로 처리 능력이 충분한 사처리장이 잘 갖춰져 있고, 1987년 전후 광양제철소에서 사처리장을 만들어 운용하다가 폐쇄한 적도 있습니다. 하지만 포항제철소에는 대량 사처리 작업을 운영해본 경험도 전혀 없고, 인프라도 없는 상황이었죠. 이 사처리장을 최대한 빨리 만들고자 9월 8일 긴급 사처리장 조성팀을 구성했습니다."

냉천 범람의 위기 때 김수학 명장은 포스코 후배들의 주인 의식을 보았다.

하필 추석 명절이라 장비도 인력도 구하기 쉽지 않은 상황이었다. 우선 인력은 사처리작업 전문가인 퇴직 직원을 수소문하고, 광양 제선부, 광양 RM테크 등 협력사 직원 등으로 팀을 꾸려 사처리장 조성을 시작했다. 그런데 옛날 제강 사고 때와는 달리 물난리 뒤라 마른 땅을 구하는 것조차 쉽지 않았다. 물기 있는 곳에 뜨거운 쇳물을 부으면 폭발 위험이 있기 때문에 마른 땅이 꼭 필요했다. 또 용선을 운반하는 용선 운반차(TLC)가 접근할 수 있는 선로 옆에 만들어야 한다는 위치상 제약도 있었고 가스관 등 안전상에도 문제가 없는 장소여야 했다.

겨우 조건에 맞는 장소인 냉선 야드를 찾아 9000톤의 모래를 긴급 구매해 조성 작업을 시작하고, 대형 굴삭기, 비상 발전기, 소방차 등 수많은 장비를 동원해 기적처럼 임시 사처리장을 만들었다. 그러나 문제는 또 있었다. 용선 운반차 안에서 쇳물이 굳었기에 온도가 높은 쇳물을 섞어 처리해야 했다. 그렇게 10대 중 7대를 복구할 수 있었는데, 이번에는 용선 운반차에 실린 용선을 사처리장에 부을 때 용선 운반차를 기울일 전력이 부족했다. 선로에 450톤급 대형 크레인을 비상 설치해야 했다.

"9월 11일부터 30일까지 20일 동안 비상 작업을 해서 9000톤이 넘는 쇳물을 모래 위에 부으며 제강공정이 복구되기 전까지 고로의 숨통을 틀 수 있었습니다. 불행한 사태였지만, 모두가 힘을 모아 아이디어를 내서 어떻게든 위기를 넘길 수 있었습니다. 끝내 위기를 극복해내는 이런 모습이 바로 우리 포스코의 저력이 아닐까 합니다."

위기 앞에서 자리를 지키는 '주인 정신'으로…

후배들에게 하고픈 말이 있냐고 묻자, 김수학 명장은 선배 세대의 '숙제' 이야기를 먼저 했다. 포스코의 선배들은 후배들을 인정하면서 포스코의 목표를 이루어나갈, 즉 변화를 받아들이고 후배 세대의 사고를 수용하면서도 좋은 전통은 이어가야 하는 숙제가 있다고 말했다. 변화하는 세상에 맞추어 바뀔 수도 있어야 한다고 말이다. 그래야 미래의 주축이 될 후배들이 포스코를 100년 기업을 넘어 영속기업으로 만들어나갈 수 있다고. 그리고 나서야 그는 후배들에게 거는 기대감을 말했다.

"저는 평소 젊은 후배들에게 주인 의식이 중요하다고 강조하고는 했는데, 이번 사태는 주인 의식을 가늠해볼 수 있는 기회이기도 했죠. 집에 불이 났을 때 '도망가는 사람은 손님이고 불을 끄러 달려드는 사람은 주인'이라는 말이 있습니다. 저는 이번 사태를 겪으면서 불을 끄러 달려드는 사람만 많이 보았지, 도망가는 사람은 보지 못했습니다. 선배들은 늘 젊은 세대가 지나칠 정도로 합리적이고 개성이 강하다고 말하지만 그들의 개성과 특징이 '주인 의식'에 반하지는 않더군요. 이번에 포스코의 젊은 세대들이 보여준 모습만 봐도 그렇죠. 선배든 후배든 모두가 위기에 한마음으로 헤쳐 나갈 수 있다면, 포스코가 영속기업으로 성장해나가는 건 어렵지 않습니다."

주인의 마음으로 주인을 알아보는 김수학 명장, 그에게서 쇳물의 열기를 닮은 뜨거운 열정을 느꼈다. 앞으로도 그는 평생 고로에서 쌓은 기술과 경험을 전파하며 100년 기업 포스코의 새로운 길을 열어갈 것이다.

김수학 명장은 1962년 부산 범전동에서 태어났다. 3남 1녀의 가정에서 태어나 유년기와 학창 시절은 모두 부산에서 보냈다. 부산고를 졸업하고 군 복무를 마친 뒤 1986년 포스코에 입사한 그의 첫 근무지는 포항제철소 주물선고로였다.

그는 4년 뒤인 1990년 주물선고로의 종풍 과정을 봤으며, 1080㎥ 규모의 신주물선고로의 건설 단계부터 참여해 2012년 종풍과 철거까지 주물선고로의 일대기를 함께한 특별한 이력을 쌓았다. 하나의 거대한 설비가 태어나는 순간부터 역사 속으로 사라지는 현장까지 전 과정을 경험하면서, 고로에 관련된 일이라면 작은 것부터 큰 것까지 두루 섭렵했다.

2021년 포스코명장에 선발된 김수학 명장은 2011년 올해의 용선인 선정을 비롯해 회장표창, 본부장표창, 제철소장 표창, 부소장표창 등을 받았으며, 제선기능장(2005년), 기계정비산업기사(2009년), 산업안전기사(2010년), 인간공학기사(2010년), 건설안전기사(2022년) 등의 많은 자격증을 보유하고, 현재 제선부 기술개발섹션에서 수작업개선TFT, 노벽보수와 책임관리 장비 개발, 주상내화물 관리 기술개발 등에 매진하고 있으며, 평생 고로와 함께한 노하우를 전파하고 안전하고 효율적인 장·설비를 개발해 현장에 적용하는 데 힘쓰고 있다.

손광호 명장 ✦ 광양 냉연부

차트 속에서 찾은 길

기가스틸 시대 열다

현대 사회는 컴퓨터로 움직이는 사회다. 컴퓨터 없는 세상은 상상조차 어렵다. 그런데 시간을 되돌려 30년만 거슬러 올라가도 주변에서 컴퓨터를 보는 것은 그리 쉬운 일이 아니었다. '286,' '386' 이런 식으로 퍼스널 컴퓨터의 능력을 표시하던 것이 바로 이즈음이었다. 이때 컴퓨터에 관심을 보인다는 것, 컴퓨터를 안다는 것은 바로 시대를 앞서간다는 의미였다. 가슴에 명장의 표식을 단, 포스코 최고의 기능인 손광호 명장은 포스코에 입사해 막 근무를 시작할 당시부터 이미 '떡잎부터 다른, 될성부른 나무'였다.

매뉴얼과 컴퓨터에 푹 빠져 지낸 신입사원 시절

"무슨 용기였는지 모르겠습니다. 요즘 말로 '질러버린' 거죠. 컴퓨터를 할부로 산 겁니다. 당시 근무하던 광양제철소 2냉연공장 사무실에도 공장장용, 행정담당용으로 컴퓨터가 딱 2대뿐이던 시절이었습니다. 가격이 300만 원 정도였는데요, 신입사원 월급으로 석 달치 정도 되는 금액

신입사원 석 달치 월급을 들여 기숙사에 컴퓨터를 들여놓았던 손광호 명장. 그는 차트 안에 문제와 답이 모두 있다고 믿고 지금도 차트를 안고 사는 중이다.

이었죠. 그걸 입사 후 바로 기숙사 방에 '떡하니' 들여놓은 겁니다."

금세 손광호 명장의 기숙사 방에 컴퓨터가 있다는 소문이 돌았고, 관심 있는 직원들이 몰려들어 문전성시를 이루는 해프닝까지 벌어졌다. 그는 컴퓨터를 그저 폼으로 들여놓은 것이 아니었다. 이미 프로그램 공부에 푹 빠져 있던 상태였기에 그 공부를 위해서도 컴퓨터는 반드시 필요했다.

매뉴얼을 읽고 또 읽어서 달달 외울 정도까지 ◆

"신입사원으로 첫 임무는 유압 배관 플러싱(flushing)이라는 작업이었습니다. 아주 간단한 작업이었죠. 배관을 씻어주는 플러싱 펌프가 있는

데 그게 제대로 작동하는지 확인만 하면 되는 작업이었습니다. 지루할 정도로 단순한 작업이었습니다. 게다가 당시는 2냉연공장에 배치되긴 했지만 아직 2냉연공장이 한창 건설되던 시점이었습니다. 그래서 설비가 막 도입되고 있었고, 설비와 함께 두꺼운 매뉴얼도 들어왔습니다. 마침 두 가지가 맞아떨어진 거죠. 시간도 있었고, 공부할 매뉴얼도 있었던 겁니다. 플러싱 펌프를 확인하면서 틈틈이 매뉴얼을 읽었습니다. 읽고 또 읽어서 달달 외울 정도였습니다. 그래서 컴퓨터도 필요했던 겁니다."

그렇게 공부했던 매뉴얼은 이내 빛을 발하게 된다. 때는 2냉연공장이 건설을 마치고, 시운전을 하는 시점이었다. 선배 직원이 손광호 명장에게 하나의 역할을 맡겼다. 압연유 시스템 중앙운전이 그것. 손광호 명장은 자신 있었다. 새롭게 도입된 컴퓨터 제어운전에 관심도 많았고, 여태껏 공부해온 것도 있었기 때문이다.

"전날까지만 해도 자신이 있었는데, 막상 당일이 되니까 긴장이 되더라고요. 그래서인지 실수를 해버렸어요. 조작이 서툴러서 지하에 있는 탱크가 넘쳐버렸습니다. 물바다가 되었지요. 큰 사건이었습니다. 아, 그때 혼난 걸 생각하면 지금도 아찔합니다. 눈물을 쏙 뺐다고 할까요?"

'압연유 뉴 차징 시스템' 개발 성공으로 제어 기술 개발의 길로 들어서다

손광호 명장은 입사 6년 차인 1996년, 새로운 시스템을 개발하며 드디어 자신의 진가를 드러내기 시작한다. 그가 개발한 시스템은 '압연유 뉴 차징 시스템(new charging system).' 그는 'PCM(Pickling and Tandem Cold Mill; 산세 및 냉간압연공정)'의 마지막 공정이자 '풀 하드(full hard) 재'를 생산하는 압연공정인 밀 스탠드(mill stand) 작업을 담당했다. 이 설비는 압연 작업 시 윤활을 위해 소재에 따라 압연유 원액에 물을 섞어서 1~5% 농도로 분사한다. 작업하는 내내 사용해야 하다 보니 사용량이 많아 외부에 압연유와 물을 받아두는 탱크가 있고, 근무자는 이 탱크의 상태를 체크해서 압연유와 물을 보충해야 했다.

"이 작업을 근무자가 자신의 판단에 따라 수동으로 하고 있었습니다. 그러다 보니 근무자에 따라 압연유와 물의 혼합 비율이 달랐고, 때론 잔량에 문제가 생기기도 했죠. 이렇게 압연유와 물에 따른 변동성이 크다 보니 제품 품질이나 롤 수명에도 영향을 주는 상황이었습니다."

그래서 손광호 명장은 이를 시스템적으로 해결할 수 있는 자동제어 시스템을 개발했다. 신입사원 시절부터 6년 동안 컴퓨터를 익히고 매뉴얼을 공부하며 현장 상황과의 연관성을 강구해온 결과였다. 손광호 명장은 이 공로로 지금의 포스코기술대상에 해당하는 '제철기술상'을 수상했다. 그러나 상을 받은 것보다 더 의미 있었던 것은 그가 냉연 설비와 그 설비의 제어 기술, 제어 시스템 개발에 본격적으로 욕심을 부리기 시작했다는 점이라 할 수 있다.

포스코를 만나게 해준 은사님과의 길고 긴 인연

사람에게 교육의 중요성은 아무리 강조해도 지나침이 없다. 오죽하면 맹자의 어머니는 이사를 세 번이나 했겠는가? 그런데 교육을 통해 사람이 인생 항로를 잡아가는 데 가장 큰 영향을 행사하는 이가 바로 선생님이다. 헬렌 켈러를 키워냈던 설리번 선생님 같은 예를 굳이 들지 않더라도 훌륭한 선생님을 만나 인생이 바뀐 케이스를 우린 무수히 많이 들어

신입사원 시절 매뉴얼을 달달 외웠던 손광호 명장은 입사 6년 차에 압연유 뉴차징 시스템을 개발했다.

말이 아닌 자신의 행동을 통해 후배들의 귀감이 되고자 한다.

알고 있지 않은가?

손광호 명장의 스토리에도 이러한 훌륭한 선생님 한 분이 등장한다. 손광호 명장이 기능인의 길로 들어서고, 또 성공할 수 있었던 데는 중학교 때 은사의 영향이 컸다고 한다. 고등학교 진학 문제로 고민하던 때, 2학년 담임선생님이 포철공고를 추천한 것이다. 호랑이 선생님으로 유명한 분이었지만 학생들 지도에서만큼은 제자들도 그 열의를 인정하는 분이었기에 그는 선생님의 조언에 따라 포철공고로 진학했다. 그런데 우연이었을까, 필연이었을까? 포철공고 입학 후 곧이어 선생님도 포항의 한 여고로 전근을 오셨다. 가뜩이나 어린 나이에 객지에서 공부하랴, 생활하랴 어려움이 컸는데, 선생님이 포항에 오신 뒤로 매우 큰 힘이 되어줬다고. 자주 집에 데려가서 밥도 챙겨주고, 이런저런 좋은 이야기도 해주셨단다. 심지어 간간히 용돈도 주머니에 찔러 넣어주셨다고 한다.

"선생님은 그 후 교편을 놓고, 경북도 교육청에서 근무하시다가 2021년에 정년퇴직을 하셨어요. 그런데 정년 퇴임식 때 저더러 학생 대표로 답사를 해달라고 하시더라고요. 저야 영광이니 '하겠습니다.' 했죠. 그런데 코로나19 상황으로 행사가 취소돼 참 아쉬웠습니다. 나중에 전해 들은 이야기로는 퇴임 자리에서 제일 기억나는 제자로 저를 꼽으셨다고 하더라고요. 고맙기 그지없는 분입니다. 제 삶의 많은 부분을 빚지고 있는 분이기도 하고요."

손광호 명장에게는 고마운 경험이고, 듣는 이들에게는 부러운 이야기일 수도 있겠다. 하늘은 스스로 돕는 자를 돕는다 했으니, 손광호 명장에게 하늘은 고마운 선생님 한 분을 내려주셨는지도 모를 일이다.

이가 없으면 잇몸으로! 직접 완성해낸 PLC 검사대 운전설계서 ✦

묵묵히 자신의 분야에서 역량을 키워가던 손광호 명장에게 2008년, 그야말로 거대한 프로젝트가 다가왔다. 2냉연공장 합리화였다. 시대의 흐름에 맞추어 '초고강도강'과 '기가스틸'을 생산하려고 압연기를 4대에서 6대로 늘리고, 늘어난 압연기에서 나온 제품을 병목현상 없이 제때 검사까지 해낼 수 있도록 검사 방식을 개선하는 프로젝트로, 연산 300만 톤 체제를 구축하는 것이 목표였다. 여기서 손광호 명장은 검사 방식 개선을 고민했다.

기존의 검사 방식은 생산된 코일을 별도의 설비에서 풀어서 검사하는 방식이었다. 검사도 불완전하거니와 시간도 많이 걸려서 검사에서 병목 구간이 발생하고 있었다. 연산 300만 톤 체제를 구축하려면 검사 방식 개선은 필수 요소였다.

문제 해결을 위해 고군분투하다 보면 문제에 대한 이해가 깊어져 결국 풍요로운 자산으로 돌아온다.

"검사대를 수평형으로 만들어 생산과 동시에 실시간 검사할 수 있도록 구상했습니다. 당시 PCM 설비 전체에 대한 제어 시스템인 PLC (Programmable Logic Controller) 프로그램을 일본의 히타치가 책임지고 있었는데요. 여기에 연결해야 할 검사대에 대한 내용을 PLC에 포함하도록 하려면 검사대의 '운전설계서'를 만들어서 히타치에 제때 전달해야 했습니다. 그런데 기계 공급사와 작업을 진행하는 중에 리먼사태라는 초유의 금융위기가 발생한 겁니다. 기계 공급사가 여러 가지 문제에 봉착했고, 결과적으로 기계 공급사는 운전설계서를 만들어줄 수 없는 상황이 되었습니다. 그렇다고 해서 전체 제어 프로그램 완성 일정을 망칠 수는 없는 노릇이었습니다."

검사대 운전설계서를 기계공급사가 만들어주지 못하면 포스코가 자체적으로라도 만들어서 전달해야 할 상황이었다. 말도 안 되는 상황이었지만 뭐가 맞고 틀리는지를 따질 상황이 아니었다. 손광호 명장이 나설 수밖에 없었다. 결국 손광호 명장은 2주일 동안 밤낮없이 좌충우돌, 동분서주하며 운전설계서를 만들어냈다. 그렇게 히타치에 검사대 운전설계서를 전달하고, 다시 4개월 동안 PLC 시운전까지 참여했다. 그렇게 넘긴 위기는 PLC 제어 기술에 대한 이해라는 보상으로 돌아왔고, 이는 향후 압연기 제어 기술을 개발하는 데 풍요로운 자산이 된다.

기가스틸에까지 적용 가능한 '포스코형 기술'의 탄생

손광호 명장이 개발하고 보유한 수많은 기술 중 대표를 하나 꼽으라면 '기가스틸 전용 압연 두께 제어 기술'을 들 수 있다. 압연의 소재가 되는 열연 코일은 일정 분량이 두루마리 화장지 모양으로 말려 있다. 그런데 냉간압연은 연속작업이다. 연속작업이 가능하려면 냉간압연 직전 앞 코일의 끝부분과 뒤 코일의 첫 부분을 용접으로 이어주어야 한다. 그런데 이 이어 붙인 부분이 트러블 메이커가 되는 경우가 많다. 특히 강도가 높아질수록 이 용접부를 중심으로 앞뒤 코일의 하중 변동이 커져서 문제를 일으킨다.

"판파단이라고 해서, 스트립이 찢어져나가는 사고가 여러 번 발생했어요. 판파단이 생기면 골치가 아픈 게, 일단 라인을 세워야 합니다. 판파단이 난 스트립을 걷어내고 다시 압연을 처음부터 시작해야 하죠. 처

6high 6stand 냉간압연기.

리해야 할 일이 한두 가지가 아닙니다. 생산성도 떨어지고, 원가도 올라가고, 무엇보다 설비에 엄청난 부담을 줍니다. 작업자도 한 번 처리하고 나면 녹초가 됩니다. 그래서 원인을 찾아보니까 역시 용접부 두께 불량이 문제더군요. 해결 방법을 고민한 끝에 용접부 두께 변화에도 적절히 대응하면서 압연할 수 있도록 다이나믹한 제어 기술이 필요하단 결론에 도달했습니다. 그래서 정비, 운전, 기술연구원 모두가 참여해서 문제 해결에 나섰습니다. 거의 같이 살다시피 했죠."

'이 제어기술을 확보하지 못하면 초고강도강으로 넘어가는 생산 패러다임을 따라갈 수 없을 것이고, 냉연의 미래는 없다.'는 것이 당시 참여자들의 각오였다고 한다. 그렇게 '기가스틸 전용 압연 두께 제어 기술' 개발은 성공하게 된다. 더불어 일본 히타치에 대한 기술 의존에서도 벗

"차트는 현상의 모든 것, 모든 문제를 담고 있습니다."

어나게 된다. 기가스틸에까지 적용이 가능한 '포스코형 기술'의 탄생이었다. 손광호 명장은 현재 닥친 문제를 해결하는 데서 한발 더 나아가 냉연의 미래 발전 가능성까지 확보한 것이다.

이 밖에도 손광호 명장은 종전 0.16㎜ 두께를 넘어 0.12㎜ 두께의 냉연을 생산하려는 포스코베트남의 긴급 요청에 따라 제어 기술을 개발하는 등 16차례의 기술지도자 파견으로 40여 건의 기술을 해외 생산 기지에 전수했다. 2019년에는 압연기 모터 부하를 최적조건으로 자동분배해서 압연기 생산성을 극대화하는 '기가스틸 고정도 압연 하중 예측 기술'을 개발했다. 이 기술로 오퍼레이터들이 수작업으로 밀을 조정하는 비율을 30%에서 무려 5%로 줄여내 포스코기술대상 '창의상'을 수상하기도 했다.

차트는 문제와 해답을 모두 담고 있다

"저는 좀 특이한 케이스입니다. 교대 근무자로 현장 조업을 하는 인력도 아니고, 그렇다고 정통 스태프 인력도 아니거든요. 상주 근무를 하는 기술 전문가로 관리직군 대우인 거죠. 일이야 컴퓨터를 중심으로 하는 제어 기술을 파고드는 일이라 만족도가 높았지만 현장에서의 정상적인 승진 루트를 따라가지 못하다 보니 다른 측면에서 동기 부여가 잘 안 되는 부분도 솔직히 있었다고 봐야죠. 그런데 그런 제게 확실한 동기 부여가 되어준 것이 바로 2017년 회사가 신설한 PCE(POSCO Certified Expert) 전문직 제도였습니다 제가 PCE 1기인데요. 이 제도에 따라 명장으로의 길도 활짝 열린 셈이었습니다."

명장은 문제를 해결하고, 그 과정에서 기술을 개발하며, 개발된 기술을 전수하고 또 기술 개발이 지속적으로 이루어질 수 있도록 후배를 양성하는 임무를 띤다. 그렇다면 후배들을 어떻게 끌어줄 것인가? 손광호 명장은 '라떼' 식의 고리타분한 방식을 거부한다. 그는 스스로의 행동으로 후배들의 귀감이 되고자 한다. 명장이 될 당시 인터뷰에서 그는 여가 시간을 어떻게 보내냐는 질문에 '분석이 필요한 차트를 보며 왜 그럴까 생각한다.'라고 답했다.

"냉간압연기에서는 어마어마한 속도로 작업이 진행됩니다. 소리도 시끄럽고요. 그런데 체크해야 할 사항은 무척 많습니다. 그걸 눈으로 보고(볼 수도 없겠지만요) 판단한다는 건 불가능합니다. 그럼 빠르게 진행되는 작업 중에 실시간 작업 상황을 이해하려면 어떻게 해야 할까요? 그건 바로 설비가 제공하는 차트를 분석하는 방법뿐입니다. 이건 심장 전문의가 심전도 차트를 보는 것, 신경과 의사가 뇌파 검사 차트를 보는 것과 같습니다. 차트는 현상의 모든 것, 모든 문제를 담고 있기 때문입니다. 물론 이걸 읽어내려면 공부도 많이 해야 하고, 경험도 쌓아야 하죠. 하지만 차트에 문제와 답이 모두 있기 때문에 저는 지금도 차트를 안고 살고, 또 그러한 모습을 후배들에게 보여주려고 노력하고 있습니다."

손광호 명장, 오늘도 차트와 씨름하는 그가 있기에 포스코 냉연이 그려낼 '미래 차트'는 영원한 상승 곡선을 그려낼 것이라 기대한다.

손광호 명장은 1971년 경상북도 봉화군 춘양면에서 2남 2녀 중 막내로 태어났다. 고등학교를 포철공고로 진학하면서 태어나 처음으로 고향을 떠났다. 포철공고 압연과에서 수학한 그는 1990년 1월 포스코에 입사하면서 철강인의 삶, 기능인의 삶을 시작했다.

광양제철소 2냉연공장에서 6년간 냉간압연 오퍼레이터로 일했으며 냉연설비개선팀에서 공장합리화 프로젝트 등 다양한 경험을 쌓았다. 처음 맺은 냉연설비와의 질긴 인연은 그를 명장이라는 자리로까지 이끌었다.

컴퓨터에 남다른 관심이 있었던 그는 좀 더 깊은 공부를 위해 한국방송통신대학 컴퓨터과학과에 진학, 2001년 졸업해 관련 지식을 업무에 폭넓게 활용하고 있다.

포스코기술대상 등 회장표창 3회, 제철소장표창 5회, 본부장표창 2회 등을 수상했고, 2021년 포스코명장이 된 그는 2022년 철의 날에 산업통상자원부장관표창도 수상한 바 있다. 보유한 자격증은 e테스트 프로페셔널(e-test professional) 1급(2002년), 압연기능장(2004년), 기계정비산업기사(2008년), 6시그마 블랙벨트(2018년) 등이 있다.

이영춘 명장 ✦ 포항 후판부

포항소 건설
이주민에서

최고 후판 전문가로

제철소에서 후판은 단순해 보이지만 섬세한 손길을 요하면서, 고부가 가치강으로 생산되는 다이내믹한 제품이기도 하다. 이영춘 명장은 다양한 후판 제품을 우수한 품질로 만들어내려면 조업 인력의 노하우와 기술이 핵심이라고 강조한다. "다른 부문과 달리 후판은 조업자의 기술 수준과 직무 능력이 제조 가능한 제품의 범위와 품질을 크게 좌우합니다. 뛰어난 숙련 인력이 있고 없고가 정말 중요한 분야지요." 그렇다면 포스코의 후판 제조 기술은 세계에서 어느 정도의 위상일까?

후판 조업 기술과 노하우는 포스코가 세계 최고

"저는 포스코가 생산한 후판 제품이 세계 최고라고 생각합니다." 조심스러우면서도 자부심 넘치는 대답이다. 과연 그럴까? 자부심의 근거를 하나하나 들어보기로 한다. 후판의 품질이 중요한 이슈가 된 것은 2008년 금융위기 이후였다고 말문을 열었다.

"금융위기와 같은 경제위기 상황이 닥치면 고품질 제품 주문이 상대

"포스코가 생산한 후판 제품이 세계 최고라고 생각합니다."

적으로 많아집니다. 다른 철강사도 생산할 수 있는 일반적인 제품은 결국 가격 경쟁력이 승부를 결정합니다. 그런데 우리가 중국과 같은 후발 철강사와 가격 경쟁을 하고 있을 수는 없지요. 다른 철강사가 생산하지 못하는 제품의 주문이 우리에게 몰리기 때문에 거기서 승부를 보아야 합니다."

그렇게 수요가 늘어난 후판 제품이 바로 4~6㎜ 두께의 초극박재나 WTP(World Top Premium) 같은 고품질 제품이었다. 포스코로서도 이런 제품으로 승부를 보아야 하는 시점이기도 했다. 그러나 문제는 준비 상황이었다. 아직은 고객사의 요구 사항에 적절히 대응해 그런 제품을 주력으로 내세울 만한 상황은 아니었다. 초극박재의 경우만 해도 불량률이 꽤 높은 수치를 기록하고 있는 상황이어서 문제 해결이 시급했다. 후판 기술섹션, 후판공장, EIC기술부 등 관련 부문이 힘을 합쳐 TFT를 구성하고, 이영춘 명장은 후판조업 부문을 대표해서 이 작업에 참여했다.

롤 얼라인먼트 개선, 페어 크로스 설비 응용 등
설비 개선만 150여 건

우선 해결해야 할 과제 중 하나가 롤 얼라인먼트를 개선하는 것이었다. 예를 들어 후판과 같은 소재를 '수제비를 만들기 위한 밀가루 반죽'이라고 생각하고, 밀가루 반죽을 얇게 펴서 밀어내는 것을 '밀방망이'라고 가정해보자. 밀방망이로 밀가루 반죽을 눌러 밀어낼 때 밀방망이 양 끝을 두 손으로 잡고 밀어낸다고 하면, 손으로 밀방망이를 어떻게 잡을 것인가? 너무 꽉 쥐면 방망이가 굴러가지 않고, 너무 헐렁하게 쥐면 누르는 힘을 밀가루 반죽에 전달할 수 없어 반죽이 얇고 균일하게 펴지지 않고 울퉁불퉁해진다.

후판을 압연하는 롤의 원리도 이와 같다. 롤을 잡아주는 장치가 롤의 양 끝에 걸리는데, 이 장치가 롤을 너무 꽉 잡으면 롤이 제 역할을 해내기 어렵다. 반면에 롤을 너무 헐겁게 잡으면 압연하면서 롤이 흔들려 제대로 해내지 못할 뿐만 아니라, 압연기 설비 전체에 좋지 않은 영향을 준다. 그래서 롤을 잡고 있는 장치는 적당한 유격을 두고 잡아야 한다. 그런데 문제는 롤을 설치할 때 이 적당한 간격을 두기가 어렵다는 점이다.

"이때 활용한 것이 바로 페어 크로스(pair cross) 설비입니다. 롤을 위에서 내려다볼 때, 위·아래 롤은 조금씩 엇갈려서 엑스(X) 자 형태로 움직이며 압연을 합니다. 그렇게 롤을 움직이게 해주는 장치가 페어 크로스인데요. 페어 크로스 설비가 밀고 당기며 움직이는 장치이니 롤을 설치할 때 활용하면 좋지 않을까 하는 생각이 들더라고요."

일단 이 설비를 이용해서 롤을 최대한 꽉 잡아놓고, 필요한 유격이 되도록 조금 벌려주면 되는 것이었다. 물론 페어 크로스 설비는 이러한 용

'이걸 꼭 이런 식으로 해야 하나' 생각하다 보면 해결책이 떠오르기도 한다.

도로 쓰는 장치가 아니었지만, 이영춘 명장의 아이디어가 기가 막히게 들어맞아 압연기 롤 얼라인먼트 문제를 속 시원하게 해결해주었다. 롤 얼라인먼트 최적화가 가능해지니 설비 강건화도 일사천리였다. 그는 TFT 참여 인력과 협업해 무려 150여 건의 설비 개선을 이뤄냈다. 이와 함께 모델 분야에서도 성과를 냈다.

"후판은 가역식 압연입니다. 다른 압연도 마찬가지이지만 최종 두께로 압연하기 위해서는 여러 차례 압연을 하게 되지요. 다른 부문에서는 압연기가 한 줄로 쭉 늘어서 있어서 소재가 그 압연기를 모두 통과하면 최종 제품, 즉 원하는 두께를 지닌 제품이 되어 나옵니다. 그런데 후판은 압연기가 하나이고, 소재는 이 한 대의 압연기를 앞에서 뒤로 통과했다가 다시 뒤에서 앞으로 통과하는 식으로 여러 번 왔다 갔다 하면서 원하는 두께까지 압연됩니다. 이렇게 왔다 갔다 할 때마다 압연하는 압력 등 제어 수치를 조정해서 스케줄을 최적화해야만 원하는 품질을 얻어낼 수 있습니다. 이를 압연 패스 스케줄이라고 하는데, 저희는 세계에서 처음

3후판공장 압연기. 포스코는 세계 최초로 압연력 제어 방식으로 압연 패스 스케줄을 전환해, 가역식 후판압연기의 최적 패스 스케줄을 확립했다.

으로 위치 제어 방식에서 압연력 제어 방식으로 압연 패스 스케줄을 전환하고, 가역식 후판압연기의 최적 패스 스케줄을 확립했습니다. 민감하고 예측이 어려워 경험치에 크게 의존해야 했던 기존 조업 방식을 바꿔내면서 새롭게 업무를 맡은 직원도 조금만 익히면 차질 없이 제품을 생산할 수 있게 되었지요."

가장 힘들었던 시기가 오히려 '인생의 전성기'였다 ◆

이렇게 이영춘 명장은 포스코 후판의 자부심을 담금질해 나갔다. 분명 물리적으로는 피곤한 작업이었을 텐데, 그 시절에 대한 이영춘 명장의 기억은 예상과 달랐다.

"일이 정말 즐거웠습니다. 아이디어를 내고, 다른 부문과 한 몸처럼 협업해서 문제를 해결하고, 또 다른 문제를 찾아내고. 2010년 1월부터 여섯 달을 이렇게 미친 듯이 일했죠. 힘든 줄도 몰랐습니다. 친구들과 한잔 하다가도 회사에 다시 돌아가곤 했어요. 그럴 때면 친구들은 혀를 차기도 했는데요. 저는 이렇게 말했습니다. '연예인이나 운동선수들이 지금이 전성기라는 말을 하는데, 난 지금이 그 전성기인 것 같다.'고 말입니다. 그땐 정말 그런 느낌이 들었거든요."

초극박재 불량률은 제로(0)가 됐다. 이제는 불량률보다 '교정조차 하지 않고 바로 생산한 소재를 제품으로 내놓는 것이 몇 퍼센트인가'를 따질 정도이다. 조업 수준이 '천지개벽'이라고 할 만큼 달라진 것이다.

일반적으로 직장생활을 하면서 일만으로 전성기를 느낄 수 있는 사람이 얼마나 될까? 있다 한들 그런 전성기는 사실 객관적 사실이라기보다는 주관적 보람 같은 것이 아닐까? 이영춘 명장은 도대체 어떤 가치관을 가진 사람일까 더욱더 궁금해졌다.

"가치관이라…. 세상 모든 것에는 원래 정해진 값이 있을 수가 없지요. 가치는 그 가치를 믿는 사람이 만드는 것일 뿐이죠. 그래서 저는 가치를 만드는 사람의 관계를 중요하게 생각합니다. 관계를 원활하게 하려면 끊임없이 소통해야 합니다. 역지사지하는 공감도 매우 중요할 것이고요."

'심봤다'를 외쳐보았지만, '산삼'은 돈 주고 사 먹자 ◆

사람을 중요하게 생각하는 그의 가치관이 행동으로 옮겨진 재미있는 사례가 있다. 그가 주임일 때였다. 평소 건강이 좋지 못한 동료가 늘 마음에 걸렸던 그는 반원 4명을 자의 반, 타의 반으로 끌고 산으로 들어갔다. 팀 파워를 겸해 산삼을 직접 캐서 건강이 좋지 못한 그 동료에게 주자는 것이었다. 어찌 보면 참 뚱딴지같은 행동이었다. 반원들 중 누구 하나 산삼을 실제로 본 적도 없었기 때문이다. 그래서 달랑 사진 하나 구해 들고 무작정 산으로 갔다. 어디서 본 건 있어서 산신제도 지내고, 호기롭게 출발했지만, 심마니도 어렵다는 산삼 채취가 쉬웠을 리 없다. 그런데 놀라운 일이 생겼다. 산신령이 죽을 고생을 해가면서 산을 뒤지는 반원들의 정성을 갸륵하게 여기기라도 한 걸까? 믿기 어려운 일이지만 '진짜로 산삼을 캤다!'

"심봤다! 하고 목청이 터지게 외쳤습니다. 감격이었죠. 나중에 내려와서 한국심마니협회에서 검증까지 받았습니다. 10년에서 15년 사이 정도 되는 산삼이라더군요. 계획했던 대로 그 동료에게 전달했습니다. 어찌나 기쁘던지. 그렇게 큰소리치고 출발해서 못 캤으면 어쩔 뻔했어요? 그런데 지금 하는 이야기지만, 산삼은 필요하면 돈 주고 사 먹는 게 나을 것 같아요. 진짜 너무너무 힘들었습니다. 뱀도 너무 많았고요."

달걀을 세운 콜럼버스의 기발함으로 엣저롤 교체 방법 개선

산삼 캐는 것만큼이나 업무에서도 특히 힘들었던 일이 있다. 바로 엣저 롤(edger roll)이라고 하는 롤 교체 작업이다. 엣저 롤은 후판의 폭 방향을 잡아주려고 수직 방향으로 서 있는 롤인데 두 달에 한 번 정도 교체해야 했다. 그런데 이게 보통 힘든 작업이 아니었다. 게다가 위험하기까지 해서 긴장되는 작업이기도 했다.

이 롤은 케이스에 들어가 있는 형태여서 교체를 하려면 위에서 잡아서 수평 방향으로 당긴 후 케이스에서 들어 올려 교체를 해야 했다. 그런데 롤을 들어 올리는 크레인이 수직으로 들어 올리는 것은 할 수 있지만 수평 방향으로 당기는 것은 하지 못했다. 그러다 보니 크레인은 롤을 기

"가치는 그 가치를 믿는 사람이 만드는 것일 뿐."

울여주기만 하고, 사람이 그 틈을 노려 롤 옆쪽에 고임목을 집어넣고, 반대 방향에서는 자키를 이용해 들어 올리는 작업을 해야 했다. 그렇게 롤을 수평 방향으로 빼내야만 비로소 크레인이 롤을 들어 올려서 교체할 수 있었다.

"이걸 꼭 사람이 이런 식으로 해야 하나, 하는 의문이 들었습니다. 어차피 크레인이 롤을 수평으로 끌어내지 못한다면, 롤을 그대로 두고 케이스를 벗겨내서 크레인은 롤을 들어올리기만 하면 되지 않을까 하는 생각을 하게 된 거죠. 이렇게 생각하고 나니 허탈하리만큼 간단히 해결되더라고요. 이걸 사람이 할 때는 2~3시간 동안 진땀을 빼야 했는데, 지금은 10분이면 뚝딱 해치울 수 있게 됐습니다."

달걀을 깨서 테이블에 세운 콜럼버스의 기발함, 칼로 싹둑 잘라서 꼬인 매듭을 풀어낸 알렉산더 대왕의 신박함과 비슷했다. 늘 보는 시각에서만 보기를 거부하고 고개를 돌려 다른 각도에서 봄으로써 문제 해결

어떤 문제는 새로운 시각으로 풀리지만, 어떤 문제는 집요하게 파고들고 연구해야만 하는 것도 있다.

책을 찾아냈다는 점에서 그의 개선안은 간단하지만, 아니 간단해서 더욱 놀랍고, 경탄할 만한 것이었다.

'조업·정비·외부 전문가' 삼위일체로 문제 해결

어떤 문제는 이렇게 새로운 시각으로 풀리지만, 또 어떤 문제는 집요하게 파고들고 연구해야만 하는 것도 있다. '롤러 테이블' 관련 문제가 그런 것이었다. 롤러 테이블은 압연기 앞과 뒤에 위치한, 소재가 굴러가는 통로이다. 이 통로는 소재가 잘 이동할 수 있도록 작은 롤이 연이어 깔려 있는데, 문제는 소재가 이 롤러 테이블을 통과할 때 소재 표면에 결함이 생기곤 한다는 것이었다. 이유는 롤에 생긴 흠집 때문이었다. 롤에 흠집이 생기는 이유는 단단한 소재가 롤러 테이블 위를 이동하면서 롤을 손상시키기 때문이다. 소재의 경도가 점점 올라가는 추세이다 보니 이런 문제는 어쩌면 필연적인 것이기도 했다. 단단해진 소재가 롤러 테이블을 지나면서 롤에 흠집을 내고, 그 흠집은 또다시 다른 소재에 결함을 발생시켰다.

"결국 롤러 테이블의 롤을 더 단단하게 만드는 수밖에 없었죠. 그런데 이건 소재의 문제더군요. 경도를 높이는 거야 롤을 만드는 금속을 고크롬강으로 하면 되기 때문에 어려운 문제가 아니었습니다. 크롬을 12% 이상 되도록 하면 된다고 봤죠. 그런데 적용을 하고 보니 다른 문제가 생겼습니다. 경도도 오르고 수분 부식에도 강해지긴 했는데, 끈끈하다고 할까요. 그런 성질이 생긴 겁니다. 소재가 롤러 테이블에 묻어나는 거죠. 그래서 경도는 유지하면서 끈끈한 성질을 없애려고 '왕수'를 써서 강제로 롤 표면을 살짝 부식시켜보니 효과가 있더군요. 크롬 함량을 낮추고 망간으로 경도 보전을 하여 문제를 해결하는 데 성공했어요. 후판조업, 후판정비섹션, 외부 전문업체 등이 삼위일체가 되어 씨름한 끝에 해결한 케이스였습니다."

소재에 대한 이해까지 파고들어 문제 해결

이영춘 명장은 이렇게 소재에까지 이르는 깊은 연구와 이해가 필요한 문제 앞에서도 결코 주저함이 없었다.

또 다른 과제는 소재에 '녹'이 생기는 문제였다. 녹은 스케일이라고 불리는데, 열과 깊은 관계가 있다. 열이 높으면 스케일도 두껍게 생기는데 이것이 소재를 깊이 파고들면서 품질을 떨어뜨리는 것이다. 물론 열을 낮추면 되지만 그러면 압연 과정에서 시간을 끌어야 한다. 시간을 끄는 것은 생산성을 낮춘다는 말과 동의어가 된다.

"공랭(空冷) 방식과 수랭(水冷) 방식 등 여러 해결책을 내놓았죠. 그중에서도 사이드 시프트 테이블(side shift table)이라는 대기 장소를 활용하는 방식이 생산성을 높이면서 스케일 제거에도 큰 효과를 냈습니다. 사이드 시프트 테이블은 압연공정에서 살짝 빠져나와 별도의 장소에서 잠시 식도록 두는 장소라고 보면 됩니다. 사이드 시프트 테이블을 단순하게 활용하는 게 아니라 압연 중인 소재와 대기하는 소재, 다시 압연에 들어가는 소재 등이 어느 하나 시간을 허투루 낭비하지 않도록 타이트하게 스케줄을 관리하는 시스템을 적용하는 게 중요한 거죠."

롤 크라운을 통해 제품 품질을 확보하면서도 원가절감을 한 사례도 이영춘 명장이 자랑스럽게 생각하는 개선 성과 중 하나이다.

롤은 중간 부분이 약간 볼록하다. 배불뚝이 모양이라고 할까? 그 볼록한 것을 크라운이라고 하는데, 처음 롤을 장착할 때 그렇게 만들어진 롤을 사용한다. 롤의 중간 부분이 배불뚝이가 되는 원인은 열 때문이기도 하다. 이영춘 명장은 롤의 중간, 볼록한 정도를 일반 기준보다 더 볼록하게 하는 대신에 처음에는 수랭을 강화해 롤의 온도를 낮게 유지하도록 했다. 그렇게 해서 일정 기간 사용하면 롤의 볼록한 부분이 마모된다. 일반적인 롤이라면 교체해야겠지만 개선된 롤은 평소보다 열을 낮게 유지했던 탓에 이 시점에서 냉각을 완화하면 열에 의해 볼록한 부분, 즉 크라운이 살아난다. 이것을 열크라운이라고 부르는데, 열크라운을 이용하면 롤 수명이 연장돼 더 오래 사용할 수 있다. 결국 이영춘 명장이 내놓은 개선안에 따라 롤 수명은 대폭 연장됐고, 원가절감도 달성할 수 있었다.

그는 2010년 스스로 전성기를 느꼈다고 했다. 그러면 이후 그는 전성기를 지나 내리막길을 걷고 있는 것일까? 옆에서 보는 이들은 모두 고개를

"안다고 생각하는 것은 의심해보고, 또 설명해보는 것을 추천합니다."

가로저을 것이다. 그의 전성기는 누가 봐도 아직 진행형이기 때문이다.

아는 것도 의심하고, 설명해보라

그는 '의심하라'라는 말을 중시한다. 늘 하던 방식도 그에겐 의심의 대상이 된다. 이게 최선일까, 하는 의심 말이다. 신입사원에게는 이렇게 강조한다.

"멘토에게 메모할 수 있는 메모장을 드리고 그곳에 글이든 그림이든 그리면서 설명해달라고 부탁해서 그 메모를 받으세요. 그리고 그걸 다시 풀어서 기록해보세요. 그럼 말로만 들을 때는 알 것 같았지만 모르는 내용들이 많이 나올 겁니다. 그럼 다시 묻고 확실하게 이해해야 합니다. 또 알게 된 내용은 설명해보세요. 설명하다 보면 또 모르는 게 나올 수 있습니다. 안다고 생각하는 것은 의심해보고, 또 설명해보는 것을 추천합니다. 아마 느끼는 게 많을 겁니다."

그는 인터뷰 말미에 이렇게 말했다.

나를 잉태한 곳으로 연어가 돌아오듯

"나는 스스로 포스코의 '오너'라고 생각합니다. 그렇게 하면 내가 하는 일에 한 치의 소홀함도 있을 수 없기 때문이죠. 내 회사 일에 대충이란 있을 수가 없으니까요. 그렇게 보내는 하루하루, 하는 일 하나하나는 꽃을 피우는 일이라고 할 수 있습니다. '나만의 꽃'을 피우는 거지요."

그가 스스로를 포스코의 오너라고 생각하는 데는 남다른 사연도 있었다.

"어머니가 저를 가졌을 때, 아마 저는 지금 포항제철소 공장이 들어선 어디엔가 있었을 겁니다."

무슨 이야기인가 싶어 되물으니, 부모님이 살던 곳에 제철소가 들어서면서 오천읍으로 이사를 했으며, 이사하기 전 이영춘 명장은 어머니 배 속에 있었다는 것이다.

"포항제철소 자리에서 잉태되어 제철소 밖에서 성장한 뒤, 다시 제철소로 들어왔습니다. 마치 연어가 강에서 치어로 살다가 바다에서 성장한 뒤 다시 강으로 돌아오는 것처럼 말이죠."

마지막으로 앞으로 무엇을 할 계획이냐는 우문에 이영춘 명장은 이런 답을 내놓았다.

"포스코가 경쟁력과 기술력으로 존경받는 100년 기업이란 지위를 누렸으면 합니다. 그 가운데 제가 할 수 있는 역할을 다하며 조금이라도 기여하고 싶고요. 그러기 위해서 항상 도전적인 자세로 개선과 혁신을 이뤄가야겠지요. 특히 후판 WTP재 치수 확대와 형상 안정화, 에너지 원단위 절감 개선에 기여하고 싶습니다. 그렇게 해서 포스코 후판이 세계 최고의 브랜드가 되는 데 일조하겠습니다."

그에게 포스코는 단순한 일터가 아니었다. 질긴 실로 단단히 이어진 운명처럼 보였다.

이영춘 명장은 1969년 포항시 오천읍에서 태어났다. 1남 3녀 중 막내로 태어난 그는 태어난 곳에서 유년기를 보냈고, 포철공고 압연과에서 공부했으며, 1987년 4월 포스코에 입사해 지금까지 근무해오고 있다. 따라서 그의 삶은 포항이란 지역과 떼려야 뗄 수 없는 인연의 끈으로 이어져 있다고 해도 과언이 아닐 듯하다. 그는 포항제철소 2냉연공장에서 첫발을 내디디며 기능인으로서의 삶을 시작했으나 1989년 2후판공장으로 자리를 옮겼고, 1997년부터는 3후판공장에서 근무를 시작해 현재에 다다르며 자타가 공인하는 골수 후판인이 되었다.

2022년 명장의 자리에 오른 그는 창립기념모범사원(2014년), 올해의후판인(2014년) 등 굵직한 수상 경력에 본부장포상(2회), 부문장표창(2회), 부사장표창, 제철소장표창(5회), 부소장표창(9회) 등 2010년 이후에도 이루 헤아리기 힘든 수상 경력을 자랑한다. 학구열도 높아 압연기능장, 열간·냉간 압연기능사, 열처리기능사, 금속재료시험기능사, 산업안전기사, IT e-프로페셔널 1급 등 수많은 자격증으로 명장으로서의 전문성을 뒷받침하고 있다.

김제성 명장

◆ 광양 화성부

세계 유일!

열간 상태
노체 보수 기술 확보하다

흔히 '제철소'라고 하면 떠올리는 이미지가 있다. 바로, '고로'다. 보통 고로에서 시뻘건 쇳물인 용선이 만들어지고 다음으로 제강과 압연공정이 뒤따른다고 생각한다. 하지만 잊지 말아야 할 것이 있다. 고로도 어떤 '입력'이 있어야 '쇳물'이라는 출력값을 낼 수 있다는 사실이다. 이때 '입력'이 좋아야 '출력'이 좋아지는 것은 말할 필요도 없다. '코크스'는 바로 그 중요한 입력 중 하나이다. 김제성 명장은 좋은 쇳물 생산의 필요충분조건인 양질의 코크스를 만드는 광양제철소 코크스공장을 지켜온 노체 관리 전문가이다.

쇳물 생산의 필요충분조건, '검은 진주' 코크스를 만들다

'검은 진주'라 불리는 코크스는 유연탄인 원료탄을 연소해 만든다. 쉽게 말하면 열로 쪄서 만든다고 할 수 있는데, 초벌구이를 해서 내놓는 음식에 비유할 수 있다. 코크스는 제철소에서 아주 다양한 역할을 한다. 고로는 펄펄 끓는 뜨거운 쇳물의 세계로, 이런 정도의 열을 내려면 열원이

노체와 연소를 관리해 양질의 코크스를 만드는 일은 쇳물을 생산하는 데 빠져서는 안 될 중요한 과정이다.

필요한데, 그 열원 역할을 하는 것이 바로 코크스이다. 또 철과 산소가 결합한 상태인 '철광석'에서 산소를 뽑아내는 환원제이자 고로 내부에서 통기성을 유지하는 역할도 한다. 한마디로 코크스는 쇳물 생산의 필요충분조건이다. 양질의 쇳물을 만들어내려면 반드시 양질의 코크스가 필요하다. 그렇다면 양질의 코크스는 어떻게 만들어질까? 김제성 명장이 일하는 코크스공장에서 그 답을 찾을 수 있다.

"제가 일하는 코크스공장에서는 원료탄을 이용해 고로에서 쇳물을 만드는 열원으로 사용하는 덩어리 형태의 코크스를 만듭니다. 원료탄을 쪄내려면 커다란 오븐(oven)이 필요한데, 오븐은 탄화실과 연소실로 나뉘니다. 중앙에 탄화실이 있고, 탄화실 양쪽에 연소실이 있죠. 탄화실에서는 원료탄을 넣어서 찌는 '건류(乾溜: 석탄, 목재 등 고체유기물을 공기가 안 통하는 기구에 넣고 가열해 휘발성 물질과 비휘발성 물질을 분리하는 일)' 공정이 이뤄지고, 탄화실 양쪽의 연소실은 가스를 태워 뜨거운 열을 공급하는 곳입니다. 여기서 가장 중요한 포인트는 탄화실과 연소실이 맞닿는 벽입니다. 이 벽에는 실리카 재질의 내화벽돌을 부착했는데, 연소실의 열을 간접적으로 탄화실 내부의 원료탄에 전달해 코크스를 건류합니다."

"코크스를 밥이라고 한다면 노체는 밥솥, 연소는 불이라고 할 수 있습니다. 좋은 밥을 지으려면 이상이 없는 솥에 쌀을 넣고, 불 관리를 잘해야겠지요."

탄화실과 연소실을 망라한 설비를 '노체(爐體)'라고 부르는데, 김제성 명장은 노체를 관리하는 '노체 관리'와 원활한 연소를 책임지는 '연소 관리'를 담당한다. 즉 김제성 명장은 노체와 연소를 관리해 양질의 코크스를 만들어 한국산업의 '쌀'인 철을 생산하는 제철소의 주인이다.

말썽꾸러기 소년, 어머니의 사랑으로 개과천선하다 ◆

명장이라고 하면 어린 시절부터 남다른 면모를 보였을 걸로 짐작하기 쉽다. 실제로 칭찬이 자자한 모범생이었거나, 1등을 놓치지 않는 수재였던 명장의 이야기를 자주 듣는다. 하지만 김제성 명장은 조금 다르다.

"저는 개과천선(改過遷善)한 케이스입니다. 학창 시절에 저는 공부에는 도통 관심이 없고, 친구들과 어울려 사고를 치고 다니는 학생이었습니다. 부끄러운 이야기인데, 고등학교 1학년 첫 중간고사 성적이 총 62명 중에서 58등이었습니다. 성적은 좋지 않고 말썽은 자주 부리니, 선

코크스 노체 관리와 연소 관리 분야 최고봉에 오른 김제성 명장.

생님들이 좋은 학생으로 보지는 않았죠."

그런데 질풍노도의 시기를 보내던 그의 마음가짐을 바꾸는 사건이 벌어졌다. 화학공학과에 다녔던 그가 화학약품을 다루는 수업 시간에 장난을 치다가 실수로 암모니아를 친구 얼굴에 뿌린 것이다. 친구는 큰 부상을 입었고, 학교에서는 그의 퇴학을 거론하기에 이르렀다. 그때 학교로 불려 온 그의 어머니가 '퇴학만은 면하게 해달라'며 선생님들 앞에 무릎을 꿇고 사정했다. 이런 어머니의 모습을 보자 철없던 그도 '쿵' 하고 가슴이 내려앉는 충격을 느꼈다. 그는 이 사건으로 180도 달라졌다.

정신을 차리고 공부에 매진해 학교를 졸업할 때는 성적을 상위권까지 끌어올렸다. 뛰어난 성적은 포스코 입사로 이어졌고, 마침내 그는 '명장'이라는 영예도 안았다. 이렇게 지극한 사랑으로 그를 올바른 길로 이끄셨던 어머니가 2021년 돌아가셨다. 포스코명장 임명패를 받기 10여

"협력을 끌어내려면 업적을 공유할 줄 알아야 합니다."

일 전에. 그는 '명장'이라는 영광도 어머님이 주신 마지막 선물이라고 믿는다.

쓰디쓴 실패 끝에 세계 최초로
열간 상태 노체 보수 기술을 개발하다

김제성 명장을 노체 관리와 연소 관리 분야에서 최고봉이라고 자타가 인정하도록 만든 성과 중 으뜸은 역시 '코크스 노체 아이들 오븐(idle oven) 보수 기술'이다. 앞서 설명한 탄화실과 연소실 사이의 벽은 주방에서 사용하는 오븐의 열선과 비슷한 역할을 한다. 열을 간접적으로 전달하는 오븐의 열선에 이상이 생기면 음식을 조리할 수가 없는 것과 마찬가지로 탄화실 내부 벽에 이상이 생기면 코크스 건류에 문제가 생긴다.

문제는 내화벽돌이다. 내화벽돌로 구분돼 있는 벽면은 일부가 손상된 경우, 조업 중 보수가 가능하다. 그러나 손상 면적이 광범위하면 조업이 불가능해진다. 이 경우에는 설비를 세워야 하는데, 이런 조업 휴지 상태의 오븐을 '아이들 오븐'이라고 부른다. 김제성 명장에게도 이런 문제가 닥쳤다.

"여기서 제가 실패를 경험했지요. 우선 보수를 해서 내화벽돌을 다시 축조했는데, 그 과정에서 경험 부족, 기술 부족을 뼈저리게 절감했습니다. 2014년에 두 번의 실패를 경험했습니다. 첫 번째는 보수를 했는데 내화벽돌의 열 팽창률을 고려하지 못했지요. 내화벽돌은 열을 받으면 팽창하니까 간격을 벌려서 축조하고 그 벌어진 틈에는 모르타르와 톱밥을 섞어서 만든 '팽창대'를 넣습니다. 그런데 내화벽돌이 팽창하는 정도를 제대로 고려하지 못해 벽이 불룩하게 솟아오르는 '배부름 현상'이 생겨버렸죠. 두 번째에는 축조 후에 온도를 높이는 과정에서 온도 관리를 제대로 하지 못해 내화벽돌이 갈라지고 일부 탈락하는 문제가 생겼습니다."

두 번의 실패는 그에게 무척이나 충격이었고, 또 스트레스였다. 머리에 무려 8군데나 원형탈모가 생겼고 치료에만도 몇 년이 걸릴 정도였다. 당시 탈모를 감추려고 머리를 길게 장발로 하고 다니는 웃지 못할 경험도 했다. 그러나 김제성 명장은 이러한 실패 경험을 바탕으로 최고의 성과를 냈다. 휴지 상태의 오븐을 열간 상태에서 해체하고 부분 재축조하는 기술을 개발해낸 것이다. 이는 '세계 최초'일 뿐만 아니라, 현재 시점에서 '세계 유일'의 기술이다. 어떻게 가능했을까?

"손상 부위를 보수하려면 섭씨 1100℃에 달하는 뜨거운 탄화실 내부로 작업자가 들어가야 합니다. 어떻게 할까 고민하다가 분리형 단열장치를 개발했습니다. 분리형 단열장치라는 것은 탄화실 내부에 사람이 작업하는 공간을 단열장치로 마련해주는 장치입니다. 내부 온도는 섭씨 100℃ 이하가 되도록 했고요. 이 장치를 탄화실 내부에 설치하면 광범위한 손상 부위에 대한 작업도 가능해집니다."

내화물 팽창률 문제의 근원적인 해결을 위해

"1차 실패의 원인은 내화물의 팽창률을 제대로 알지 못했다는 것이었죠. 그래서 팽창률을 최소화하자는 아이디어를 냈습니다. 이 문제를 근원적으로 해결해보자 하는 생각에 내화물 공급업체 관계자와 의견충돌하면서까지 고민하고 연구했습니다."

이 과정을 거쳐 기존의 실리카 재질의 내화물보다 팽창률이 획기적으로 낮으면서도 열전도율은 더 좋은 '무팽창벽돌'을 국산화했다. 이 성과는 그 특성을 고려해 노체를 보호할 수 있는 '단기 승온 패턴' 개발로까지 이어졌다.

결과는 놀라웠다. 재축조 기술 개발로 코크스 생산량은 연간 5만 1000톤 증산했고, 소비 열량을 10메가 칼로리 저감해 43억 원에 달하는 연간 수익성을 기대할 수 있게 됐다. 무엇보다 이번 보수 기술은 외국의 슈퍼바이징 없이 자력으로 개발한 세계 최초의 기술인 데다, 여러 종류의 보수에 활용할 수 있어 그 가치가 컸다. 김제성 명장은 이 기술의 높은 활용성과 독창성을 인정받아 '2017년 우수 노하우상'을 수상했다.

휴지 상태의 오븐을 열간 상태에서 해체하고 부분 재축조하는 기술은 세계 최초이자 세계 유일이다.

거대한 설비를 다루는 광범위한 업무에서 팀 워크는 필수 요소이다.

빈틈없는 사전 준비로 '저온 연소실 보수 기술' 확보

그가 개발한 또 다른 기술은 '저온 연소실 보수 기술'이다. 탄화실에 원료탄을 공급하려면 연소실 위로 75톤에 달하는 무거운 장입차가 다녀야 한다. 레일을 설치하고 그 위로 이동하는데, 워낙 무겁다 보니 노체 상부 연와가 쉽게 손상되고 크랙도 생겼다. 문제는 이렇게 생긴 크랙 틈으로 원료탄 가루가 새어 들어간다는 것이다. 또 환경이 고온이다 보니 틈새에서 원료탄 가루가 굳어버리기도 했다. 결국 이 가루들은 연소계통을 막고, 연소계통이 막히면 막힌 부분 때문에 부분적으로 연소실의 온도가 낮아졌다. 온도가 낮은 부분은 결국 코크스를 충분히 건류시키지 못하고 품질 편차를 발생시키는 원인이 됐다. 이런 과정에서 노체 손상마저 생겼다.

김제성 명장은 이 문제에도 치열하게 매달려 고민해서 해결 방안을 찾아냈다. 막힘 현상을 해결하려면 다음 순서로 작업을 진행해야 한다. 페이싱 브릭(facing brick) 해체, 체커 브릭(checker brick) 인출, 디비전 월(division wall) 관통, 체커 브릭 다시 삽입, 페이싱 브릭 축조…. 벤치마킹을 했던 해외사는 체커 브릭 인출 시 '거울을 이용해 막힘 상황을 보고 작업하라.'는 조언을 했다. 그런데 실제로 해보니 거울로는 잘 보이지가 않았다. 그래서 그는 소형 카메라에 단열 처리를 하고 컴퓨터와 연결해 작업하는 방법을 고안해냈다. 이 모든 과정의 핵심은 '신속하고 정확한 작업'이었다.

의료 현장에서 더미를 이용해 수술하듯, 콜드 모델로 시뮬레이션 ✦

그래서 만든 것이 소위 말하는 콜드 모델(cold model)이다. 실제 노체 작업개소와 동일한 형태의 모델을 만들어 작업을 충분히 시뮬레이션해 보는 것이었다.

"콜드 모델은 의료 현장에서 의사들이 더미를 이용해 수술을 해보는 것과 같은 원리입니다. 환자를 수술하는 데 충분한 연습을 하면 수술을 성공적으로 할 수 있겠지만, 그렇다고 실제 사람으로 연습할 수는 없지 않겠습니까? 더미를 이용해서 장기 내부 모양이나 위치, 병변 등을 정확하게 숙지하고, 손놀림을 숙달시키면 실제 수술할 때 과정이 매끄러워지겠죠. 콜드 모델도 이와 같습니다. 노체에서 하는 작업은 시간이 생명이니, 이렇게 모형을 만들어서 숙달한 뒤 실제 작업할 때는 최단 시간에 정확하게, 실수 없이 보수를 하자는 겁니다."

이런 철저한 사전 준비는 보수에 특화된 공구를 개발하는 데까지 이

"세계 최고의 코크스 경쟁력을 확보하겠습니다."

르렀다. 이런 과정을 거친 보수는 대성공으로, 저온 연소실 문제를 깔끔하게 해결했다. 동일한 문제가 발생하는 것을 최소화하는 예방 조치가 남았는데, 무거운 장입차와 그 장입차가 이동하는 레일이 문제였다. 그래서 김제성 명장은 연와 위에 얹은 레일에 판 스프링 형태의 보조 완충 장치를 설치해 연와가 장입차의 무게를 더 잘 견딜 수 있도록 개선했다.

선배님의 가르침을 따라, 협력의 지혜를 실천하다 ✦

거대한 설비를 다루는 광범위한 업무에서 개인의 역량만으로 성과를 내기는 어렵다. 많은 이들과의 협력, 팀 워크가 필수적인 요소이다. 그런데 김제성 명장처럼 일을 좋아해서 자꾸만 도전을 하는 사람은 일명 '일을 만드는 사람'으로 알려져, 주변 사람 입장에서는 피곤하게 느껴질 수 있다. 그럼에도 필요한 일이라면 어떻게 해서든 협력을 끌어내 성과를 만들어내야 한다. 그런 면에서 김제성 명장은 탁월하다.

"협력을 끌어내려면 업적을 공유할 줄 알아야 합니다. 저는 가능하면 성과를 프로젝트에 참여한 다른 이들에게 돌리려고 노력합니다. 사실 그들의 도움이 결정적이었기 때문이기도 하고, 이렇게 해야 계속 협력을 이끌어내 지속적인 성과를 낼 수 있기 때문이기도 합니다."

김제성 명장에 대한 주변의 평가를 들어보면 빈말이 아님을 알 수 있다.

"모든 업무에서 구성원 간 협조를 구해 업무 성과를 극대화하는 데 최선을 다한다. 정해진 목표는 끝까지 완결하려는 열정과 책임감이 있다."

"업무를 추진할 때, 주제를 명확하게 선정하고 관련 아이디어를 제공해 조직원 모두가 같은 방향으로 나아갈 수 있도록 방향성을 제시한다."

"개방적인 사고를 바탕으로 주어진 문제를 훌륭하게 해결해낸다. 안전, 환경, 설비 관리, 원가, 품질 등 다양한 분야에서 탁월하다."

그런데 그는 동료들이 칭찬하는 이런 업무 방식과 인간관계의 모든 것을 두 명의 선배에게 배웠다고 말한다.

"기술 분야에 있어서는 지금은 고인이 되신 김종인 선배님에게 많은 것을 배웠습니다. 사실 기술적인 모든 것을 당시 사수였던 그분으로부터 배웠다고 해도 과언이 아닙니다. 노체, 연소 설비의 기초부터 하나하나 세심하게 지도해주시던 모습이 지금도 눈에 선합니다. 인격적인 부분은 백난선 선배님의 영향이 컸습니다. 제가 한때 경제적 어려움에 처한 적이 있는데요. 선배님은 자신의 보험이니 적금이니 이런 것을 다 해약해서 5500만 원이라는 거금을 선뜻 빌려주실 정도로 후배 사랑이 지극한 분이었습니다. 지금도 그렇지만 당시는 1997년이었으니까 정말 큰돈이었죠. 나중에 갚긴 했지만, 지금도 가끔 나였다면 똑같이 할 수 있었을까 생각하곤 합니다. '모나게 살지 마라, 남을 먼저 배려해라, 동료와의 갈등은 대화로 풀어라, 남 이야기하지 말고 입이 무거워야 한다.' 이런 이야기를 늘 해주셨죠. 명장이 됐다는 소식을 전하니 저보다 더 기뻐하셨습니다."

넥스트 50년의 초석을 닦고자

명장이라는 포스코 기능인 최고의 자리에 올라선 김제성 명장. 앞으로의 계획을 묻자 '넥스트(next) 50년의 초석을 닦아 최고의 코크스 제조 경쟁력을 확보하는 데 일조하고 싶다.'는 포부를 밝혔다.

"코로나19와 힌남노라는 큰 어려움이 있었지만, 포스코는 모두가 각자의 역할을 묵묵히 하면서 위기를 지혜롭게 극복해나가고 있습니다. 저도 현재에 안주하지 않겠습니다. 명장은 시작이지 끝이 아니니까요. 포스코가 100년 영속기업으로 지속 성장해나갈 수 있도록 기술 개발과 전수를 게을리하지 않겠습니다. 궁극적으로는 세계 최고의 코크스 제조 경쟁력을 확보하겠습니다."

김제성 명장이 있기에 한국 산업의 쌀, '포스코의 철' 생산은 멈추지 않을 것이다.

김제성 명장은 1965년 목포에서 5남 2녀 중 셋째로 태어났다. 목포에서 유년기, 학창 시절을 보내며 목포기계공고 화공과를 졸업한 그는 1988년 2월 포스코에 입사하면서 처음 고향을 떠났다. 첫 근무지인 포항제철소 1코크스공장에서 기능인의 삶을 시작한 이후, 1990년 광양제철소 2코크스공장으로 자리를 옮겼다. 현재는 노체관리섹션에서 근무하고 있다.

노체공정 설비를 더 잘 이해하고 관련 문제 해결 능력을 키우고자 순천제일대 공업경영학과에서 공부했고, 사회복지학과에서 사회복지 분야에 대한 지식도 쌓았다.

용접기능장(2005년), 축로기능사(2008년), 기계정비산업기사(2008년), 산업안전산업기사(2009년), 제선기능장(2016년) 등의 수많은 자격증을 보유하고 있는 그는 회장표창(2회), 제철소장표창(5회) 등을 수상했으며 2022년 포스코명장에 선발됐다. 그중 특히 자타가 공인하는 최고의 수상은 2017년 '우수 노하우-코크스 노체 아이들 오븐 보수 기술'로 수상한 본부장표창이다. 이 외에도 '코크스 오븐 축열실 내부 가스측 체커연와 잔류가스 치환장치' 등 15건에 이르는 특허도 보유하고 있다.

이영진 명장
✦ 포항 제강부

무결점 취련 36년,
전로 출강 작업을

자동화하다

"개천에서 용 난다."라는 말은 예전에는 심심치 않게 들을 수 있었는데, 지금은 마치 박제된 표현 같다. 그런데 바로 이 사람, 이영진 명장과 이야기를 나누다 보니 이 박제된 표현이 생생하게 되살아난다는 느낌을 받았다. 그만큼 그가 살아온 삶에는 짜릿한 '스토리'가 있다. 개천에서 난 용, 이영진 명장을 만났다.

어려운 가정 환경 때문에 공고로 진학, 그의 삶을 바꾼 포스코

그가 태어난 곳은 강원도 두메산골로 버스는커녕 전기마저 들어오지 않던 영월군 김삿갓면이었다. 외진 산골이었지만 그의 집은 제법 단란한 가정이었다. 불의의 사고로 아버지를 여의기 전까지는. 어려운 경제 형편에 당장 고등학교 진학이 문제가 되자, 담임선생님의 조언이 이영진 명장을 포스코로 이끌었다.

선생님의 말에 따르면, 포스코에서 설립한 포철공고에 진학하면 우선 학비가 무료이고 기숙사도 제공된다는 것이었다. 가정 형편이 어려웠던

제강공장에서 가장 섬세하고 위험하며, 중요한 작업인 전로 출강을 자동화한 이영진 명장.

이영진 명장으로서는 솔깃할 수밖에 없었다. 더구나 우리나라 최고의 기업 포스코에 입사할 기회도 있다고 하니, '바로 이거다!' 싶은 생각이 들었다. 그러나 포항으로 떠나는 그의 발걸음은 가볍지만은 않았다. "먼 데까지 가서 혼자 공부할 수 있겠냐"며 걱정하시던 어머니가 눈에 밟혔고, 아무 연고도 없는 낯선 환경에서 지내야 한다고 생각하니, 나름 강단이 있다고 자부했던 그의 마음도 크게 흔들렸다. 실제로 포항에 내려온 뒤, 처음에는 고향을 그리워하며 외로움에 눈물도 많이 흘렸다. 그때마다 그는 가족들을 생각하며 마음을 굳게 먹었다. 이영진 명장은 포철공고 제강과에서 수학하고, 1987년 4월 포스코에 입사했다.

생산과 품질을 결정짓는 전로반, 전로취련사로 첫발을 내딛다 ✦

눈을 돌려 어디를 보아도, 무엇을 보아도 다 도전일 수밖에 없는 어려운 환경 때문이었을까. 이영진 명장은 도전을 받아들이는 데 익숙하고 또 한편으로는 즐기기까지 했다. 그가 포스코에 입사해서 발령을 받은 곳은 포항제철소 2제강공장 전로반이었다. 이곳에서의 일은 정말 도전일 수밖에 없었다.

전로반에서 일하면 취련사가 될 수 있다. 하지만 취련사는 작업자에게 의존하는 속인성 작업을 주로 하고, 고열에 분진까지 많은 거친 작업 환경에서 일해야 했다. 전로에서의 고된 작업은 취련사가 안고 살아가야 할 운명이었다. 취련은 생산과 품질을 결정짓는 중요한 업무로, 작업자의 부담감 또한 이루 말로 다 표현하기 어렵다. 그러다 보니 전로반에 남아서 계속 근무하고 싶어 하는 사람은 열에 한둘조차 꼽기 어려웠고, 신입사원이라면 거의 모두가 손사래를 치며 기피했다.

그럼에도 불구하고 이영진 명장은 이곳에서 일의 의미를 찾으려는 노력을 게을리하지 않았다. 당시에는 취련 조업 기술이 낙후한 때였기에 '성분격외,' 즉 정해진 성분 범위를 벗어나는 일종의 '불량품'이 자주 발생했다. 이런 상황이 벌어지면 당연히 일과 후에 퇴근하지 못하고 품질 불량이 난 원인을 찾아내고 거기에 따른 대책을 마련하는 품질검토회를 열곤 했다. 이영진 명장은 이런 노력에 적극 동참하는 것은 물론 성분격외 문제를 제대로 알고자 개인적으로 금속에 대한 이론도 공부했다.

700번 이상 무결함 작업한 '기록 제조기,' 취련에 대한 애정이 그 원동력

이렇게 노력한 끝에 그는 모두에게 인정받는 최고의 취련사로 손꼽히는 경지에 이르렀다. 항상 남보다 일찍 출근해서 앞서 작업한 취련사의

취련사들은 불꽃 색깔만 보고도 섭씨 1600~1700℃에 이르는 온도를 정확히 읽어내야 한다.

작업 내용을 정밀 분석하고, 취련에 들어가면 작업에만 무서울 정도로 집중했다. 이영진 명장은 취련사로서 2제강공장에서 항상 우수한 성적을 기록했고, 2001년 7월에는 무결함 500차지(charge)라는 기록을 달성하기도 했다. 500번이나 취련 작업을 하면서 한 번도 결함을 내지 않았다는 뜻인데, 지금에야 더 좋은 기록들도 많지만 당시로선 입이 떡 벌어지는 대단한 기록이었다. 2004년 6월에는 무결함 취련 700차지까지 달성하면서 '기록 제조기'란 별명도 생겼다.

취련 역시 사람이 하는 일이다. 웬만한 베테랑 취련사도 1~2개월에 한 번쯤은 크고 작은 실수를 하는 법인데, 이런 놀라운 대기록을 한 사람이 계속 쏟아내려면 남다른 노력이 뒷받침되지 않고서는 불가능하다. 이영진 명장의 남다른 노력은 크고 작은 수상으로도 이어져 포항제철소장 표창 등 각종 상을 수차례 받았다. 2005년에 올해의 제강인으로 선정되는 영예를 안았고, 2006년에 우수 취련사로 선정됐다.

그래서일까, 이영진 명장은 취련사와 전로에 대해 남다른 애정을 보였다. 그는 특수 직종인 취련사가 제철소에서 가장 중요한 일을 한다고 말했다. 수백 종에 이르는 철강 제품의 성질이 취련으로 결정되기 때문이다. 고로에서 막 나온 쇳물은 불순물을 제거하지 않으면 강도가 약한 철(iron)이 된다. 이를 강도가 강한 강(steel)로 만드는 것이 취련인데, 이 작업이 바로 거대한 용기인 '전로'에서 이뤄진다.

"취련사들은 불꽃 색깔만 보고도 섭씨 1600~1700℃에 이르는 온도를 정확히 읽어내야 합니다. 제가 작업했던 전로는 높이 12m로, 처리 용량이 300톤 규모의 거대한 설비입니다. 포항제철소 철강 제품의 78%가 이곳을 거치죠. 취련공정이 특히 중요한 까닭은 산소 취입량과 작업 시간 등에 따라 제품 성질이 완전히 달라지기 때문입니다."

취련 작업을 하는 데 걸리는 시간은 총 45~50분이며, 이 가운데 산소 취입 등 핵심 작업 시간은 17~19분이다. 특히 준비 시간 5분 동안엔 초를 다투면서 각종 작업 조건을 치밀하게 결정해야 한다. 작업에 들어가서는 쇳물의 빛깔, 소리, 온도, 불꽃 모습, 흐르는 모습 등을 보고 산소 취입량과 시간을 결정해야 하는데, 이때 고려해야 할 요소만도 무려 70여 가지에 이른다. "그래서 제철소에선 생산직 중 유일하게 취련 작업자에 한해 '사' 자를 붙여 '취련사'로 격을 높여 부르죠." 그의 웃음 섞인 말에서 취련에 대한 애정과 자부심을 느낄 수 있었다.

멈추지 않는 도전, 3제강공장 신설 프로젝트에 뛰어들다 ✦

2제강공장에서 잔뼈가 굵은 이영진 명장은 입사 23년 차가 되던 때, '맨땅에 헤딩'하는 고된 일에 뛰어든다. 눈 감고도 일할 수 있을 정도로 2제강공장에 익숙해진 시기, 편안함과 익숙함을 뿌리치고 3제강공장 신설 프로젝트에 뛰어든 것이다. 주변에서는 다들 '왜 사서 고생을 하냐'라며 만류했다.

"신설 공장 프로젝트에 참여하면 힘들지만 얻는 것도 많습니다. 사실 조업하는 사람이 이런 프로젝트가 아니면 설비를 계획하는 근본적인 일을 경험할 방법이 없지 않습니까? 설비를 들여와서 놓고, 설비의 새로운 특성에 따라 각종 표준을 만드는 기초적인 작업을 하면서 고생을 넘어서는 소득이 있었다고 자신 있게 말씀드릴 수 있습니다. 결코 후회하지 않을 결정이었죠."

도전에 후회는 없었지만, 3제강공장 신설 프로젝트는 그 어떤 업무보다 고되고 어려웠다. 거대한 설비와 공장을 다 지어놓고 시운전을 할 때

편안함과 익숙함을 뿌리치고 새로운 일에 뛰어드는 도전과 모험에는 고생을 넘어서는 소득이 반드시 있다.

가 다가오자 걱정도 함께 찾아왔다고. '어디에 내가 모르는 어떤 문제가 있어서 시운전할 때 그 문제가 터져 나오기라도 한다면….' 하는 걱정이 꼬리에 꼬리를 물고 떠올라 수많은 밤을 뜬눈으로 지새웠다. 결국 스트레스로 원형탈모가 생기고 눈썹이 빠지는 지경까지 갔다. 3제강공장 신설에 대한 에피소드는 또 있다.

"공장은 준공됐는데, 국방부에서 3제강공장 높이가 높아서 포항공항에 비행기 착륙이 어렵다고 고도 제한 문제를 제기하면서 공장 가동을 못 하고 스탠바이 상태로 3개월이 지났습니다. 그런데 그때 포항 시민들이 포스코를 얼마나 아끼고 사랑하는지 느꼈습니다. 평소에는 이런저런 작은 트러블도 있고, 불만도 표시했던 포항 시민들이 나서서 떡을 해서 나눠주고 응원하면서 공장 가동에 대해 목소리를 내줬습니다. 그 덕분이었을까요? 문제가 원만하게 해결되어서 지금은 공장이 씽씽 잘 돌아가고 있습니다. 포항 시민들은 큰일이 있을 때면 이렇게 한결같이 포스코를 지지해주신답니다."

세계 최초, 300톤 전로 캐치 카본법 개발 ✦

이영진 명장의 도전은 그 이후로도 이어졌다. 특히 그의 성과 중 눈에 띄는 것이 300톤 전로 캐치 카본법(catch carbon法)이다.

"'취련'이란, 간단하게 말하면 고로에서 넘어온 쇳물, 즉 용선에 산소를 불어넣어 여러 가지 불순물을 제거하는 과정입니다. 산소를 불어넣으면 산소, 즉 'O'가 용선에 있는 탄소 'C'와 만나서 일산화탄소 'CO'가 나오죠. 이 과정을 탄소를 빼낸다고 해서 '탈탄'이라고 합니다. 여기서 통상 4.3% 정도 되는 탄소를 0.04% 수준으로 줄입니다. 그런데 취련 과정에서 줄이는 게 탄소만은 아닙니다. 함께 줄여야 하는 게 바로 인(P)인데, 인은 1200여 ppm 수준에서 150ppm 수준으로 줄입니다."

그러나 이영진 명장이 일하는 곳은 3제강공장이다. 3제강공장은 다른 제강공장과는 달리 타이어코드강, 엔진밸브강, 베어링강 등을 만들어내는 곳이다. 이런 강을 만들려면 취련 과정에서 탄소를 더 많이 남겨야 하는데, 0.04%보다 높은 0.8%가 적정 수준이다. 문제는 탄소는 더 많이 남기되, 인은 그렇지 않아야 한다는 점이다.

"보통 탈탄 과정에서 0.04%까지 탄소를 낮추면 나중에 다시 탄소를 보충합니다. 그런데 이때 탄소만 들어가는 게 아니고 불순물도 함께 첨가되죠. 그러니 아예 처음부터 탄소를 원하는 수준인 0.8% 수준으로 맞추고 들어가면서 인은 150ppm 수준으로 잡아주는 게 이상적입니다."

이영진 명장은 '어떻게 할 것인가?' 고민했다. 그러던 어느 날 고려 '태조 왕건'의 러브 스토리라고 알려진 일화를 읽고 힌트를 얻었다. 한 여인이 갈증이 심한 나그네에게 물 한 바가지를 주면서 버드나무 잎 하나를 살짝 띄웠다는 에피소드였다. 물을 마시면서 나뭇잎도 함께 들이킬 수는 없으니 천천히 물을 마시도록 만드는 지혜로운 방법이었다. 이영진 명장은 이와 마찬가지로, 취련 시간을 연장해 산소를 적당량 천천히 주입하며 취련하는 방법을 고안했다. 물론 말처럼 간단한 것은 아니고, 산소의 적당량, 취련의 최적 시간 등을 잡아내는 고도의 기술이 필요했다. 그가 개발한 이 방법은 기존의 작은 전로, 즉 100톤 전로에서는 이미 적용해온 방식이었지만, 3제강공장의 전로와 같이 300톤 규모의 큰 전로에서는 성공한 사례가 없었다. 이 방식이 성공하자 '세계 최초'이며, '현재로선 세계 유일'이라는 수식어가 붙었다.

국내 최초로 전로 출강 작업 자동화 성공 ◆

그의 성과 중에는 작업자들의 박수갈채를 받은 기술도 있다. 작업자 입장에서 만족도가 가장 높다는 전로 출강 작업 자동화 기술이다.

"제강공정에서 작업자들이 바짝 긴장할 수밖에 없는 시간이 있는데, 그것이 바로 전로에 담긴 용강을 래들에 옮겨 담을 때입니다."

전로에서 탈탄 등을 완료하면 전로를 기울여 전로에 담겨 있는 쇳물, 즉 '용강'을 래들이라는 용기에 옮겨 담아야 한다. 취련사는 용강이 래들에 담기는 순간 필요한 합금을 첨가하는 등의 작업을 하고, 운전자는 전로를 기울여 용강을 붓는 작업을 하는 것이다. 이론적으로는 주전자에 담긴 물을 컵에 따르는 것과 다를 게 없다. 하지만 전로와 래들을 움직이는 일은 그 난이도가 하늘과 땅 차이이다.

"제철소에선 생산직 중 유일하게 취련 작업자에 한해 '사' 자를 붙여 '취련사'로 격을 높여 부르죠."

"용강을 래들에 부을 때, 가장 큰 문제는 용강 윗부분에 떠다니는 불순물 찌꺼기인 '슬래그'입니다. 전로를 기울여 용강을 래들에 옮겨 부으면 슬래그도 같이 래들로 넘어갈 수 있는데, 절대 그래서는 안 됩니다."

자칫 이 과정에서 용강이 비산되거나 유출되기라도 하면 그건 초대형 사고이다. 제철소에서 조업 관련 사고 중 최악의 사고가 대다수 제강공정에서 용선이나 용강을 누출하는 사고이다. 포스코 역시 과거를 되짚어 올라가 보면 '제강 사고'(1977.4.24)라고 불리는 대형 사고의 역사가 있다. 이를 모르는 이가 없기에 모든 작업자에게 이 일은 그야말로 진땀을 빼는 작업이다.

"이렇게 섬세하고 위험하며 중요한 작업을 수작업에만 의존하는 게 말이 안 된다고 생각했죠. 이 작업을 자동화해야겠다고 마음먹었습니다. 문제는 자동화가 어려운 작업이라는 점이었습니다. 여태껏 자동화가 안

된 데는 나름의 이유가 있었던 거죠. 게다가 내포된 위험성이 커서 자동화 추진이 부담스러웠습니다. 그러나 끈기 있게 매달려 결국 자동화에 성공했습니다."

어려운 작업이었던 만큼 성공하고 나서 기쁨도 컸다. 무엇보다도 가슴이 뿌듯했던 점은, 첫째 작업자에 따라 품질 편차가 날 수밖에 없던 전로 출강 작업이 품질 편차가 없는 작업으로 바뀌었다는 점, 둘째 전로 운전 작업자의 안전을 확보했다는 점이다.

위기에서 더 빛난 신의 한 수, 하이 실리콘 용선 처리 기술 ✦

용강을 래들이라는 일종의 그릇으로 옮겨 담는 모습은 '제철소' 그 자체이다. 과거 언론에서 제철소를 촬영하면 고로에서 출선하는 장면을 찍기도 했는데, 지금은 용선이 나오는 과정은 다 설비에 가려져 있으니 가장 제철소다운 모습이라고 하면 보통 전로의 취련 작업을 떠올린다. 산소를 불어넣을 때 때론 붉은 쇳물이 황금빛으로 빛나고, 여기저기로 튀는 모습은 마치 화려한 그림 같다. 하지만 작업자의 입장에서 '불꽃이 튄다'는 것, '용선이 끓어 넘친다'는 것은 심각한 문제이다.

"철광석이 고품위일 때는 용선 속에 실리콘(Si)이 적습니다. 그런데 품위가 떨어지는 철광석을 사용하면 실리콘 함량이 높아집니다. 또 지난해 냉천 범람 사고 당시에 제강에서 고로의 용선을 제때 받아주지 못하다 보니 고로 운전을 의도적으로 천천히 해야 했는데요. 이런 경우에도 고로에서 나온 용선에 실리콘 함량이 높아집니다. 결국 이러나저러나 저희 제강공정에서 이 실리콘을 잡아줘야 하죠."

그렇다면 실리콘 함량을 조절하는 방법은 무엇일까? 생석회와 같은

"새로운 실적을 만들어내는 것도 중요하지만, 무엇보다 선후배가 함께 만들어내는 '조직의 힘'을 믿습니다."

부원료와 산소를 많이 불어넣어 주면 된다. 그런데 이렇게 하면 취련 과정에서 쇳물이 폭발하듯이 튀면서 넘쳐흐르는 일이 생긴다. 이러지도 저러지도 못하는 것이다.

"제가 고안한 해결책은 공정을 둘로 나누는 것이었습니다. 우선 산소를 불어넣는 과정에서 쇳물이 넘쳐흐르게 되니까, 우선 이 탈탄 과정을 뒤로 미루고 실리콘을 먼저 없애고, 그 함량이 안정되고 나면 그때 정상적인 산소 취련으로 탈탄을 하는 거죠."

이 해결책은 전로 작업에 획기적인 공정 혁신을 가져왔는데, 특히 지난해 냉천 범람 사고 당시 진가를 보여줬다. 제선공정에서 생산한 쇳물을 제강공정에서 다 받아주지 못하면 결국 정상적인 조업이 안 되고 실리콘과 인 성분이 매우 높은 용선을 내놓을 수밖에 없는데, 그가 참여해 개발한 '하이 실리콘(high silicon) 용선 처리 기술'이 뒷심을 발휘한 것이다.

명장에게는 명장이 될 수밖에 없는 고유한 특징이 한 가지씩 있다. 어떤 이는 공부를 좋아하고, 어떤 이는 기록을 좋아한다. 물론 하나의 특성으로 명장을 다 설명하는 것은 불가능하겠지만, 명장마다 나름의 특징이 있는 것은 분명하다. 이영진 명장 역시 많은 장점과 특징을 가지고 있지만, 오늘날 그를 명장의 반열까지 끌어올린 고유한 특징은 바로 부드럽고 끈기 있는 소통 능력이 아닐까. 그의 러브 스토리와 선후배 관계에서도 이런 특징을 읽어낼 수 있다.

아주 오래전, 청년 이영진은 친구들과 함께 나간 미팅 자리에서 한 아름다운 여성을 만났다. 서로 소지품을 내놓고 골라서 파트너를 정하는 정말 예스러운 방식으로 마음에 드는 여성과 짝이 됐다. 그는 다시 한번 만남을 청하고 수락을 받았는데, 다음 약속 장소에 그 여성이 나타나지 않았다. 슬며시 거절 의사를 표현한 것이었다. 그러면 보통 '우리 인연은 여기까지인가 보다.' 하고 포기했을 텐데, 이영진 명장은 그러지 않았다. 주선자에게 부탁해 다시 그녀와 대화를 나누면서 닫힌 마음을 여는 데 성공했다. 결국 그 여성은 다음 약속 장소에 등장했고, 현재는 이영진 명장의 사랑하는 아내가 돼 인생의 동반자로 살아가고 있다.

주위 사람들의 마음을 조심스럽게 배려하며 설득하는 그의 이런 부드러운 소통 능력은 후배들에게도 아낌없이 발휘된다. 진정한 선배는 후배들의 '길잡이'가 돼주는 선배라고 말하는 이영진 명장. 그는 2030세대 후배들과 제대로 소통하려면 그들이 존중받고 있다는 느낌을 주는 게 중요하다고 믿고, 그 구체적 방법론을 찾는 데 많은 시간을 할애하고 있단다. 자신이 이룬 것을 전수하는 것도 중요하고 축적한 노하우를 활용해 새로운 실적을 만들어내는 것도 중요하지만, 무엇보다 선후배가 함께 만들어내는 '조직의 힘'을 믿는 그는 후배들에게 그가 체험했던 '성공 경험'을 전해주려 노력한다.

  어려운 도전에도 좌절하지 않고 까다로운 일일수록 완벽하게 해내며 척박한 환경에서도 혁신을 만들어온 이영진 명장. 36년 무결점 취련사로서의 자부심을 넘어서 명장의 책임감으로 묵묵히 자신만의 신기록을 써 가고 있다.

이영진 명장은 1968년 강원도 영월군에서 태어났다. 중학교 때 담임선생님의 권유로 포철공고로 진학했고, 고교를 졸업한 1987년 포스코에 입사해 제철소의 심장이라고 불리는 포항제철소 2제강공장 전로반에서 제강인의 삶을 시작했다.

마라톤에 도전할 정도의 남다른 끈기와 노력으로 포항제철소에서 취련사로 두각을 나타내면서 대한민국 우수숙련 기술자(2021년), 포항시 최고장인(2020년) 등을 수상했고 사내에서는 포항제철소장이 수여하는 상을 수 차례 받았다. 2005년에는 올해의 제강인, 2006년에는 우수 취련사로 선정된 데 이어, 2023년에 포스코명장에 임명됐다.

금속제련기술사, 제강기능장, 제선기능장, 주조기능장, 산업안전기사, 산업안전산업기사, 금속재료산업기사, 기계정비산업기사 등 다수의 국가기술자격을 취득한 이영진 명장. 그는 우수제안 16건, 특허출원 5건 등 많은 제안·특허를 보유하고 있다.

이선동 명장

◆ 광양 제강설비부

특명!

연주 설비
수명을 늘려라

✦

'인연(因緣)'이란 참으로 오묘한 것이 아닐 수 없다. 사람은 살아가면서 수없이 많은 상황에 맞닥뜨리고, 그 상황마다 헤아릴 수 없이 많은 선택을 하며 살아간다. 그 선택에 따라 삶은 180도 바뀌고, 그러한 시간이 쌓여 오늘의 내가 된다. 이선동 명장, 그 역시도 인연이 터놓은 길을 따라 2023년 '포스코명장'이라는 자리에 섰기에 인연의 오묘함을 되돌아보는 감회가 남다를 수밖에 없다.

"생각해 보면 제가 이렇게 포스코명장이라는 영예로운 자리까지 오게 된 데에는 세 번의 이정표가 있었습니다. 그 이정표마다 고마운 분들이 계셨고요."

운명 같은 세 가지 인연… 인생을 바꾸다 ✦

그의 인생을 바꾼 첫 번째 이정표는 갑작스러운 전학이었다.

"제가 송파동에 있는 일신중학교 2학년일 때였습니다. 삼성 창업자 이병철 회장의 동생 이병규 씨가 이사장으로 계셨는데, 갑자기 학교가 남

녀공학에서 여자중학교로 바뀌었어요. 무슨 연유였는지 알 수는 없었지만 일이 이렇게 돼 남학생들은 인근 다른 중학교로 전학을 갈 수밖에 없었습니다. 다니던 학교를 떠나 다른 학교로 간다는 게 그리 즐거운 일은 아니었어요."

유쾌하지만은 않았던 그날의 기억. 그러나 그 사건은 인생의 새옹지마(塞翁之馬)가 됐다. 전학 간 잠실중학교에서 소중한 은인 김세희 선생님을 만났기 때문이다.

"제가 태어난 곳이 서울 송파구 석촌동입니다. 이렇게 이야기하면 다들 지금 부자겠네, 합니다만 그냥 태어난 곳이 그렇다는 이야기고요. 그때는 강남도 완전히 시골이었습니다. 참 가난했던 시절이죠. 가난한 이들에게 진학이라는 문제는 늘 고민에 고민을 거듭하게 하는 것이었습니다. 배움을 이어가고 싶지만 상황이, 여건이 이를 허락하지 않을 때 차선이나 대안을 찾게 됩니다. 한 사람의 인생에서 정말 중요한 시점이지요."

김세희 선생님은 가난한 집안 사정 때문에 진학을 고민하는 이선동 명장에게 서울북공고, 지금의 서울도시과학고를 추천했다. 그렇게 입학한 서울북공고가 그의 인생을 바꾼 두 번째 이정표이다. 이선동 명장은 기계과 수업을 들으며 정비의 꿈을 키워갔다. 그러나 이때까지만 해도 정비사로서의 최종 목적지는 불투명했다. 그가 포스코라는 운명의 일터로 한 발짝 더 다가설 수 있게 마지막 이정표를 세워준 분은 다름 아닌 그의 아버지였다.

이선동 명장이 고등학교를 졸업하고 육군에 입대해 홍천에서 군 생활을 하고 있던 때였다. 아버지는 어느 날 신문의 한 광고를 보다가 눈이 번쩍 뜨였다고 한다. 다름 아닌 포스코 군(軍) 특별채용 모집공고였다. 아들에게 꼭 맞는 일터라는 확신이 드셨던 걸까? 그의 아버지는 일언반구 없이 이선동 명장의 입사지원서를 대신 제출했다.

전학과 공고 진학, 아버지의 입사 지원까지. 포스코로 향하는 여정은 수많은 인연들이 얽혀 만들어낸 결과였다. 어쩌면 그는 포스코에 입사할 수밖에 없는 운명을 타고났는지도 모른다.

연속주조 가이드롤 재활용해 연간 37억 원 절감

이선동 명장이 자랑스러워하는 성과 중 하나는 바로 연주기 세그먼트 가이드롤(segment guide roll) 정도 관리(精度管理)와 원가절감이다.

가이드롤 재생 수리의 기준점을 만들어 엄청난 원가절감을 이룬 이선동 명장.

정비를 앞둔 연주 설비. 설비관리는 원가절감과 경쟁력 향상의 첫 단추이다.

연주공정은 액체 상태의 쇳물인 용강을 고체 상태 슬래브로 만드는 공정이다. 이 공정에는 수많은 하위 공정이 있고, 관련 설비와 기계 장치들도 헤아릴 수 없이 많다. 특히 용강이 흘러가면서 슬래브가 돼가는 통로에는 수많은 롤이 있다. 이 롤은 역할에 따라 '드라이브롤,' '아이들롤'로 나뉘는데 통상 '가이드롤'로 지칭한다. 이 가이드롤 수는 약 2만 6500개로 연주기 부품 중 가장 많은 수를 차지한다. 문제는 조업을 계속하다 보면 이 가이드롤의 수명이 다하거나 문제가 발생해 교체 또는 수리해야 한다는 것이다. 외국 설비 공급사는 이 롤을 사용하고 나면 소모성으로 폐기하는 것을 기본 원칙으로 하고 있고, 조업이나 정비 입장에서도 새 제품으로 교체해버리면 세상 편할 일이다. 문제는 비용인데, 이 롤의 가격이 만만치 않다. 설비 한 대에 14~18개의 롤이 설치되는데, 이는 고급 승용차 한 대 값을 훌쩍 넘기는 금액이다.

이 문제를 해결한 사람이 바로 이선동 명장이다. 용강이 흘러가면서 슬래브가 되는 통로는 '세그먼트'라고 불리는 여러 계열(단위)로 나누어져 있고, 이 세그먼트마다 소수의 드라이브롤과 다수의 가이드롤이 장착돼 있다. 이 세그먼트를 수리하는 데 드는 전체 수리비를 100%로 놓았을 때, 가이드롤이 차지하는 비용은 60%를 웃돈다. 이것이 바로 가이드롤을 잘 수리해서 사용해야 하는 이유이다.

문제는 재생 수리에 기준점을 만들어야 한다는 것이다. 가이드롤만 해도 그 종류가 수십 가지이다. 때문에 그 수많은 가이드롤 중 '어떤 것은 어느 정도의 문제가 있으면 어떻게 수리해서 다시 사용하고, 어떤 것은 또 다른 기준에 의해 교체하겠다.'는 수리 방법과 구성부품 재사용에 대한 재정립이 필요했다. 지난한 작업이었지만 해내고 보니 그 결과는 눈부셨다. 원가절감 기대 효과가 연 37억 원을 웃돌았을 정도로 말이다.

순환품에 이름 붙이고 이력 관리해 원가절감 성공

이선동 명장은 연주기 설비의 주요 구성품의 순환품 관리 체계도 수립했다. 순환품이란 반복적으로 재생 수리해 재사용하는 고가의 부품으로 가이드롤, 유압 실린더, 스크류 잭 등 10여 부품을 말한다.

이 부품들은 관리가 조금만 허술해도 연주기 설비의 기능 저하를 초래해 슬래브 생산 중단이라는 큰 손실을 야기한다. 그래서 사용된 순환품을 재생 수리해 다시 사용하려면 정밀한 이력 관리가 필요하다. 그런데 기존에는 담당자별로 각자 엑셀 등을 이용해 이력 관리를 하고 있어 기록 오류, 담당자 부재 등으로 인해 연주기 수리 품질 신뢰성이 저하되

후배들이 일의 '맛'을 깨우칠 수 있도록 돕고 싶다.

설비만큼이나 중요하게 여기는 것은 바로 안전이다.

는 문제가 자주 발생했다. 이선동 명장은 순환품에 고유의 코드를 부여하고, 사용·수리 이력을 관리하도록 했다. 이렇게 하니 각 순환품을 언제, 어떻게 사용했고, 문제는 무엇이었으며, 어떻게 수리했는지 등의 이력을 누구라도 한눈에 알아볼 수 있었다.

이선동 명장은 여기서 그치지 않고, 이런 이력 관리로 누적된 수많은 빅데이터를 활용한 챗GPT 시스템을 설비 이상교체 원인 분석에 적용하는 것과 사용 후 재생 수리된 순환품이 더 적합한 위치에 적용될 수 있도록 하는 시스템을 구상 중이다. 야구에서 선발투수로 제 역할을 하던 선수도 시간이 지나면 마무리 투수로 자리를 바꿔 또 다른 역할을 수행하기도 하지 않는가? 부품들 역시 마찬가지이다. 가장 쓰임새가 좋은 곳에 순환품을 배정하게 되면서 또 다른 수익성을 창출할 수 있을 것으로 판단하고 있다.

그래서 그는 이러한 판단을 인공지능에 맡기는 방안을 고민하고 있다. 명장으로서 그가 해결해야 할 또 다른 미션인 셈이다.

이외에도 이선동 명장에게는 '가이드롤 정렬 상태 자동 측정 장치와 시스템'이라는 또 다른 공적이 있다. 가이드롤이 달려 있는 세그먼트를 수리하려면 우선 톱 프레임이라고 하는 위 판과 보텀 프레임이라고 하는 아래 판을 분리해야 한다. 수리를 마친 후에는 가이드롤 등 부품을 교체한 후, 다시 원상태로 조립해야 하는데 문제는 톱 프레임과 보텀 프레임의 간격이 아주 정밀하게 맞춰져야 한다는 것이다. 위쪽 롤과 아래쪽 롤 사이를 말하는 '롤 갭' 기준 ±0.1㎜로, 아주 근소한 차이라 수작업하기 여간 까다로운 일이 아니다.

그동안은 숙련된 인력이 측정 공구를 이용해서 수작업을 해왔지만, 작업자에 따라 편차가 생길 수 있는 상황을 마냥 두고 볼 수만은 없었다.

이에 이선동 명장은 이를 레이저로 측정할 수 있도록 설비를 개선했다. 이런 모든 개선은 2007년 개발된 '연주기 설비 관리 시스템'에서 통합해 관리한다.

설비 성능 향상도 중요하지만 주된 관심사는 안전

이선동 명장이 이루어낸 것들은 설비 성능 향상과 원가절감에 따른 수익성 향상에 초점이 맞춰져 있다. 하지만 이선동 명장이 설비만큼이나 중요하게 여기는 것이 있다. 바로 안전이다.

세그먼트를 분리하는 작업은 연간 1000회 정도 이뤄진다. 그런데 이 모든 걸 수작업으로 해야 하니 작업자의 부담은 이루 말할 수 없었다. 이에 이선동 명장은 세그먼트 분리 작업을 자동으로 처리할 수 있는 '톱 프레임 반전 장치'를 3개나 개발해냈다. 물론 어려움이 많았다. 세그먼트가 다 같은 형태, 크기, 무게가 아니고 다르기 때문이다.

이선동 명장이 가지고 있는 제안 중 우수제안은 150여 건이나 되는데 그중에서 65건이 안전 관련 제안이다. 뿐만 아니라. 그가 가진 특허 44건 중에는 안전 관련 특허가 16건이나 된다. 평소 그의 마음에 안전 의식이 얼마나 크게 자리 잡고 있는지 여실히 느낄 수 있다.

그가 개발한 세그먼트 톱 프레임 반전 장치는 연주기 다른 파트에서도 벤치마킹했고, 포항제철소에서도 벤치마킹해 투자 중이다. 포항, 광양 할 것 없이 제강공정 안전 향상에 크게 기여했다는 것에는 그 누구도 이견이 없을 것이다.

이선동 명장을 만든 2명의 멘토, 새로운 인연을 엮어주다

입사 후 명장이 되기까지 이선동 명장에게는 2명의 멘토가 있었다.

"지금 포스코퓨처엠에서 근무하고 계시는 정대호 선배님과 인도네시아 크라카타우포스코에 계시는 곽판규 선배님이 저의 귀인입니다. 사실 제가 극적으로 포스코에 입사하긴 했지만, 처음부터 일에 재미를 느낀 건 아니었습니다. 그때는 서류 복사 같은 단순한 일을 했기 때문이죠. 그래서 방황도 하고, 진로에 대해 고민도 했습니다. 그런데 그때마다 두 분께서 제가 기댈 수 있는 기둥이자, 가르침을 얻을 수 있는 나침반이 돼주

빅데이터를 활용한 설비 점검과 순환품 관리 등 이선동 명장에게는 해결하고 싶은 미션이 아직 남았다.

셨습니다. 게다가 이 두 분은 제가 솔로 탈출을 할 수 있도록 엄청난 도움을 주셨어요, 하하."

신입사원 이선동이 복사를 하러 복사실에 들락거릴 때였다. 당시에는 복사실에 여직원이 근무하고 있었는데 자신도 모르게 마음이 갔다고 한다. 고향을 떠나 홀로 생활하던 차였기에 그 직원은 더욱 마음에 와닿는 존재였다.

"하루는 복사를 하러 갔는데 그 직원이 잔기침을 하더라고요. 멀뚱멀뚱 있기도 뭐해서 감기 걸렸냐고 물었습니다. 그랬더니 그렇다고 무뚝뚝하게 대답하더라고요. 그 소리를 듣자마자 감기약을 사다가 불쑥 건넸습니다. 마음이 시킨 일이었지요."

당시 감기약 가격은 2000원. 홀로 타향살이하고 있었던 그 직원 역시 외로운 처지일 것으로 생각해 이 일을 계기로 인연을 맺을 수 있을 줄 알았건만, 둘의 사이는 선뜻 진척되지 않았다. 무뚝뚝한 그를 안타깝게 쳐다보고 있었던 선배님 두 분은 결국 후배를 위해 팔을 걷어붙였다.

"두 선배님이 참 많이 도와주셨습니다. 단체 행사가 생기면 일부러 그 직원을 초대해 저와 다리를 놓아주려고 무진 애를 쓰셨죠. 그 덕분에 우린 가정을 꾸릴 수 있었습니다, 하하. 가끔 아내가 그날을 추억하면서 그래요. '2000원에 넘어가서 내가 이렇게 됐다.'고요."

많은 것을 배려해준 회사… 마음 놓고 도전하다 ✦

이선동 명장은 인터뷰를 마무리하면서 자신은 포스코에서 많은 배려를 받았고, 그 덕분에 지금 이 자리까지 올 수 있었다고 운을 뗐다.

"제 입사일이 4월 1일로 돼 있는데 원래는 4월 2일이었습니다. 4월

"누구든 하고 싶은 일이 있으면 얼마든지 할 수 있는 일터가 포스코입니다."

2일 입사는 인사 제도상 불리한 점이 있어서 회사가 바꿔준 것이죠. 회사가 직원을 배려하는 것은 이런 사소한 것에서부터 시작된다고 생각합니다. 직원이 최적의 상황에서 근무할 수 있도록 현장에서도 많이 배려해주는데요. 그래서 저는 자신 있게 말할 수 있습니다. 누구든 하고 싶은 일이 있으면 얼마든지 할 수 있는 일터가 포스코라고요. 제가 지금까지 일군 특허와 제안들 역시 누군가의 도움이 있었기에 가능한 일이었습니다. 특허 등록을 할 때 그 많고 복잡한 서류 작업을 어떻게 해야 하나 고민이 많았는데 회사에서 포스코IH와 변리사를 지원해줘서 저는 그저 좋은 아이디어를 내기만 하면 됐습니다. 실패해도 괜찮습니다. 여러분도

"후배 사원에게 노하우를 전수하고 창의적인 도전을 독려하는 것이 명장의 역할입니다."

회사를 믿고 도전해보세요."

이선동 명장은 후배들이 일의 '맛'을 깨우칠 수 있도록 매월 첫 주 수요일마다 창의활동을 하고 있다. 자신의 사례를 전파하고, 배우려고 하는 후배들에게 그간 쌓아온 노하우를 아낌없이 알려주다 보면 후배들도 일에 재미를 느끼고 스스로 동기 부여할 수 있으리라 믿기 때문이다.

"명장에게 주어진 소임 중 가장 중요한 것은 후배들을 잘 이끌어주는 것이라고 생각합니다. 시대가 변하고 있으니 후배들을 인정하고, 다가서는 법을 배우고, 연습해야 합니다. 저도 아직 완벽한 정답을 가지고 있는 건 아니에요. 다만 저에게 주어진 또 하나의 도전이기에 최선의 방법을 찾아나가야지요.

이선동 명장은 1966년 서울시 송파구 석촌동에서 태어났다. 중학교 담임선생님의 추천으로 서울북공고 기계과에 진학했고, 아버지의 권유로 1989년 4월 포스코에 입사했다. 입사 후 광양제철소 1연주, 2연주 등을 거치며 정비의 기본을 다진 뒤, 이후 수리공장에서 정비 업무를 했다. 지금은 다시 연주정비섹션에서 정비 업무를 맡아 35년 연주기 정비 경력을 이어가고 있다.

2023년 포스코명장에 선발된 이선동 명장은 기술에 대한 남다른 욕심으로 연주기 정비에 필요한 국가기술을 꾸준히 취득해 기능장 5종 등 15종에 이르는 자격증을 보유하고 있다. 2019년에는 국가평생진흥원 기계전공 전문학사를 받았고, 2023년 하반기에는 금속 관련 학위를 취득할 계획이다.

노하우 8건, A급 18건을 포함한 특허 44건, 우수제안 149건 등 우수한 공적으로 창립기념 모범사원(2회), 제철소제안왕으로 뽑혔으며, 2020년에는 고용노동부 주관 기계정비분야 대한민국명장으로 선정됐다.

인터뷰를 마치고

'맘껏 도전하라'는 문화가
명장을 낳고 또 길러와

    아침에 일어나서 밤에 자리에 눕는 순간까지 우리의 삶을 지탱해주는 소재가 있다면 단연 '철강'을 꼽지 않을 수 없습니다. 가정의 주방에서 거대한 교량까지, 삶을 편리하게 해주는 전자기기부터 비바람으로부터 우리를 지켜주는 건물에 이르기까지 철강이란 소재는 늘 우리와 함께하고 있습니다. 이렇게 철강은 인류 문명을 똑바로 세워주는 등뼈 역할을 해내고 있습니다. 그리고 포스코는 바로 이 철강을 생산하는 분야에서 '세계 최고'의 자리를 지키고 있습니다. 자랑스러운 일입니다. 그런데 조금 더 생각해보면 부담스러우리만큼 무거운 책임감을 느끼게 하는 일이기도 합니다.

    제철소로 표현되는 철강산업의 메카 포스코. 포스코는 흔히 고로와 같은 중후장대 설비로 표현되곤 합니다. 그러나 그러한 설비만으로 세계 최고의 자리에 오르거나 그 자리를 지키는 것은 불가능합니다. 세계 최고를 가능하게 하는 것은 그러한 설비를 돌아가게 하는 사람입니다. 좀 더 깊이 들어가면 그 사람들이 만들어내는, 또는 그 사람들을 만들어내는 기업문화입니다.

포스코는 세상에 내놓아 부끄럼이 없는 다양한 기업문화를 지니고 있습니다. 그런데 그중에서도 특히 자랑스러운 것은 바로 현장을 중시하는 기업문화입니다. 그리고 그 현장 중시의 기업문화는 '포스코명장'이라는 제도에서 정점을 찍습니다. 흔히들 명장제도를 현장의 기능 인력에게 좀 더 분발할 수 있는 모티브를 제공하는 단순한 제도라고 오해하곤 합니다. 그러나 포스코의 명장제도에는 그보다 더 깊은 철학이 담겨 있고, 명장제도를 통해 뿜어져나오는 현장의 에너지는 면면히 이어온 포스코 DNA의 강력한 표현형이라고 해도 과언이 아닙니다.

흔히들 어떤 기능인이 뛰어나서 명장이 되는 줄 알기 쉽습니다. 노력하는 이가 있으면 명장이 되는 게 당연하다는 식이죠. 물론 개인의 능력과 노력은 중요합니다. 그러나 명장이라는 존재를 제대로 이해하기 위해서는 명장이란 개인적인 측면과 함께 그 개인이 능력과 노력을 맘껏 발휘할 수 있는 운동장, 즉 제도와 제도 운영의 측면에서도 바라볼 필요가 있습니다. 개인의 능력과 노력은 그것을 가능하게 하는 환경의 지배를 받지 않을 수 없기 때문입니다.

오늘 현장 중심 경영의 모범적인 사례로 빛을 발하는 명장제도 역시 마찬가지입니다. 누가 보아도 자랑스러운 명장 개개인을 가능하게 했던 포스코의 현장 중심 기업문화는 명장이 시상의 영예로운 단상에 올라설 때 함께 올라설 자격이 충분한 존재입니다.

포스코 명장제도 성공의 일등공신은 뭐니뭐니 해도 '도전을 용인하는, 아니 장려하는' 문화입니다. 현장 중심이란 또한 기술 중심이기도 합니다. 철강산업, 제철소에서의 기술은 상아탑이나 연구소에서만 나오는 게 아닙니다. 현장은 늘 숙제를 내놓는 곳입니다. 그 숙제를 어떻게 잘 처리해나가느냐 하는 것이 또한 기술 혁신입니다. 그 과정이 바로 도전입니다. 도전에는 위험이 따릅니다. 쉽게 가는 길을 마다하고, 어려운 길로 들어서는 용기입니다. 그 용기와 의지는 개인의 출중함만에 기대기에는 너무나 거대한 담론입니다. '실패해도 좋으니 도전해봐라'라고 부추기는 문화가 필수입니다. 포스코는 그 문화를 가지고 있습니다. 그 문화가 오늘의 명장을 인큐베이팅하는 요람인 것입니다.

오늘날 거의 모든 기업들은 '현장 중심 경영'을 주창합니다. 그러나 그러한 슬로건만으로 현장 중심의 경영이 이루어지지는 않습니다. 문화가 축적되어야 하는 것입니다. 돌아보면 포스코의 역사는 현장을 중심으로 모든 것을 이루어온 역사입니다. 모래바람 부는 영일만 그리고 바다를 메우는 광양만 현장에서의 땀과 분투가 있었기에 포스코는 우리나라 경제 발전의 핵심 축 역할을 무리 없이 해낼 수 있었던 것입니다. 포스코는 현장을 품에서 놓은 적이 없습니다.

이제 시대가 변했습니다. 기존의 패러다임 속에서 기술을 혁신하고 경쟁력을 키워나가는 것만으로는 포스코에 주어진 역할과 책임을 다할 수 없는 시대입니다. 하던 일을 하던 방식으로 더 잘하기만 해서는 안 된다는 이야기입니다. 기후변화라는 글로벌 화두를 더 이상 외면할 수 없는 상황은 철기시대의 새로운 버전, 즉 '신철기시대'의 도래를 선언하고 있습니다. 신철기시대가 요구하는 것 중 으뜸은 바로 탄소중립을 포섭하는 '그린스틸'의 창조일 수밖에 없습니다.

그래서 포스코는 지난 여름 '그린스틸로 세상에 가치를 더합니다(Better World with Green Steel)'라는 비전을 선포했습니다. 새로운 비전 선포는 경영의 필수항목이 된 탄소중립, 시대적 요구로 대두된 ESG 경영, 그리고 한 치 앞을 내다볼 수 없는 국제 경영 환경 속에서 우리가 어떻게 하면 100년 기업을 넘어 영속기업으로 갈 수 있을까 등을 치열하게 고민한 결과물입니다.

포스코는 에너지를 많이 소비할 수밖에 없는 철강산업이라는 한계를 스스로 뛰어넘어 디지털 신기술을 적극 개발하고, 적용하는 이른바 '그린 디지털 트랜스포메이션(green digital transformation)'을 통해 2050년까지 '탄소중립'이라는 꿈을 실현하려 하고 있습니다. 이러한 노력을 통해 포스코는 신철기시대에도 시대를 선도하는 '퍼스트 무버(first mover)'로서, 친환경 미래소재의 대표기업으로서, 지금까지의 위상을 뛰어넘는 기업으로 발돋움하려는 것입니다.

이러한 상황에서 포스코는 다시 현장으로 고개를 돌립니다. 현장의 기능인들을 바라봅니다. 다행히 포스코에는 명장제도가 잉태해낼 명장의 자원이 흘러넘치고, 현장 직원들에게는 꿈을 펼쳐나갈 제도와 문화가 존재합니다. 제도와 문화는 명장을 낳고 또 명장은 제도와 문화를 더욱 공고히 하며 다음 세대 명장을 낳습니다. 아름다운 선순환 속에 포스코인들은 영속기업 포스코를 꿈꿀 수 있게 됩니다.

지금까지 포스코가 내놓은 명장은 스물다섯 명이었습니다. 그러나 이 책에는 스물네 명만이 이름을 올리고 있습니다. 인터뷰를 하지 못한 명장은 제도를 도입한 첫해인 2015년 명장으로 선발된 광양 제선부 조영기 명장입니다. 그를 인터뷰하지 못한 것은 안타깝게도 그가 건강상 이유로 퇴사했기 때문입니다. 쇳물 생산에 있어서 탁월한 기능을 자랑하며, 주변으로부터 인성까지 인정받았던 그였기에 이 책을 발간하는 시점에서의 안타까움은 더욱 큽니다. 모쪼록 빠른 쾌유를 바랍니다. 또한 그가 남긴 유무형의 유산들이 포스코에 영원히 남겨지길 바랍니다.

2만 명의 합창, 24명의 명장 면면에서 현장 중시, 기술 중시의 포스코 문화가 아름다운 하모니로 들렸으면 합니다.

2023년 12월
포스코 커뮤니케이션실

한득춘

사회생활의 첫걸음을 포스코 홍보실에서 시작했다. 그곳에서 스피치 라이팅, 보도자료, 인터뷰 등 글쓰기의 기초를 익혔다. 나름 글쓰기가 적성에 맞았는지 직장 생활은 즐거웠다. 그러나 10년쯤 지나자 '뭔가 다른 삶은 없을까?' 하는 생각이 속에서 꾸물꾸물 올라왔다. 결국 따뜻한 조직의 품을 벗어나, 북풍한설 몰아치는 밖으로 뛰쳐나갔다.

글을 쓰는 것은 즐거운 일이었지만 생활인으로서는 빵점이었던 탓에 다시 여러 직장에서 책을 만들고, 콘텐츠를 다루는 일을 했다. 그러던 중 포스코의 부름을 받아 그룹 광고대행사인 포레카에서 경영지원실장을 역임했다. 이후에는 《포스코 50년사》 작업에도 참여했다. 이래저래 콘텐츠를 다루는 게 운명이었던지, 또다시 포스코명장들을 만나게 되었다.

문서 작성기를 열고, 하얀 바탕에 커서만 깜박이는 것을 보고 있노라면 여전히 글쓰기의 막막함을 느낀다. 그런데 어지러운 생각을 조금씩 정리해서 빈 공간을 한 줄씩 채워나가는 재미에 앞으로도 글쓰기를 손에서 놓기는 어려울 듯하다.

세계 최고 철강사를 만든 사람들의 불꽃 같은 도전

포스코명장

1판 1쇄 발행 2023년 12월 22일

펴낸곳 도서출판 비엠케이

기획·진행 포스코 커뮤니케이션실
원고집필 한득춘
도움주신분들 포스코 커뮤니케이터
제자(題字) 청운 박민용
편집 상현숙
디자인 아르떼203
제작 울북컴퍼니

출판등록 2006년 5월 29일(제313-2006-000117호)
주소 121-841 서울시 마포구 성미산로10길 12 화이트빌 101
전화 (02) 323-4894 **팩스** (070) 4157-4893
이메일 bmkbook@naver.com

ⓒ 2023 주식회사 포스코
저작권자의 사전동의 없이 이 책의 전재나 복제를 금합니다.

값은 뒤표지에 있습니다.
ISBN 979-11-89703-70-7 03320